COREA DEL SUR
EL PRECIO
DE LA EFICIENCIA Y EL ÉXITO

DR. JOHN GONZÁLEZ Y YOUNG LEE

COREA DEL SUR: El precio de la eficiencia y el éxito.

Publicado de forma independiente en los Estados Unidos de América.
Primera edición, 2021.
Traducción: John González y Ana Greenberg.
Corrección de texto: David Rochelero.

Diseño de portada: Enrique Arredondo (ArsDesigns)
Tipografía: Allan Ytac (Angelleigh)

Primera edición publicada originalmente en inglés en los Estados Unidos de América en 2019.

ISBN: 978-1-7376513-0-7

Índice

Dedicado a las personas que perecieron cuando el transbordador Sewol se hundió.

Introducción

Mi recorrido por Corea del Sur

Al regresar a casa el 16 de abril de 2014, me enteré de que más de trescientas personas habían perdido la vida en un accidente marítimo. La mayoría, estudiantes de preparatoria, estaban participando en una excursión escolar a la isla de Jeju. Mi primera impresión fue que tanto mis estudiantes como yo podíamos haber sufrido esa tragedia. También pensé en lo devastador que este accidente les resultaría a una escuela, a los familiares de las víctimas y a todo el país. Muchas personas quedaron impactadas, y traumatizadas. En ese momento decidí escribir un libro acerca de Corea. Esa fue mi primera reacción al accidente del transbordador *Sewol*, una de las peores tragedias en Corea en los últimos años. Un total de trescientos cuatro personas perdieron la vida. Al momento de escribir este libro, nueve cadáveres aún no han sido rescatados.

Comencé a visitar Corea en los años noventa. Antes de poner pie en tierra coreana hablé con mis amigos coreanos quienes me relataron lo precioso que es su país. Yo quería verlo por mí mismo. Algunos de mis primeros viajes estaban concentrados en la meditación y tuve la oportunidad de visitar templos budistas en zonas rurales. Después de las excursiones, solía quedarme en el país unos días más para visitar ciudades grandes como Seúl, la capital, y Busán para adquirir una amplia perspectiva.

Cuando visité Corea por primera vez, quedé bien impresionado con la tecnología tan avanzada que tenía el país. Recuerdo cuan conveniente era, aun en esa época, alquilar un teléfono celular en el aeropuerto para comunicarme con amigos y familiares dentro y fuera del país. También me impresionó mucho ver a tanta gente en Seúl llevando teléfono celular a fines de los años noventa. En esos tiempos en Estados Unidos parecía que un porcentaje menor de personas usaban celulares. Pensándolo bien, comprendí que la costumbre tenía mucho sentido económico para un país como Corea, el cual estaba pasando por una transformación tecnológica, eludiendo el concepto de expansión de líneas telefónicas y adoptando el uso de la banda ancha y la tecnología inalámbrica. Después de todo, es más eficiente.

En mi primera visita, los «elevadores con voz electrónica» en mi hotel me impresionaron bastante. Estaba acostumbrado a subirme en «elevadores sin voz electrónica» en Estados Unidos. Para llamarlo, yo empujaba el botón y mientras esperaba solía fijar la vista con anticipación en el panel que me indicaba en qué piso se encontraba, especialmente si yo estaba de prisa. Así me preparaba para abordarlo. Cuando el elevador llegaba, las puertas se abrían y yo abordaba. Al entrar, empujaba el botón del piso deseado y las puertas se cerraban. Durante el trayecto, yo solía monitorear el progreso del elevador para asegurarme de no perder mi piso. A mi llegada, las puertas se abrían y yo salía del elevador. Esta era mi experiencia con elevadores.

Sin embargo, en Corea, la experiencia con elevadores era mucho más completa y satisfactoria. Como de costumbre, presionaba el botón para llamar al elevador. A su llegada, una voz electrónica por el parlante interno anunciaba el piso. Aunque no comprendía el coreano, imaginaba que la siguiente frase anunciaba que las puertas se estaban abriendo. Al entrar yo empujaba el botón correspondiente al piso de mi destino y enseguida el elevador anunciaba el número del piso que yo había escogido. Después de algún tiempo me enteré de que en Corea se podía anular la elección errónea de piso; algo que no se podía hacer en Estados Unidos. La falta de disponibilidad de esta función era una fuente de frustración, especialmente cuando tenía prisa, ya que el elevador estaba forzado a hacer una parada innecesaria. En Corea, después de escoger mi piso el elevador se movía según mi indicación. Al llegar, la voz electrónica anunciaba por el parlante el piso diciendo que las puertas estaban a punto de abrirse. Las puertas se abrían y yo salía. Esta experiencia era como si estuviera en una excursión con guía que me indicaba paso a paso lo que estaba sucediendo. Podía imaginar lo eficiente que les resultaba esto a personas que entendían el idioma. Se podrían enfocar en otras actividades, por consiguiente podrían evitar la actividad ineficiente de mirar constantemente el indicador del número de piso en el panel. Esta característica de «elevadores con voz electrónica» fue y sigue siendo una herramienta efectiva para personas con capacidades diferentes y para personas con visión limitada. Hoy día, mientras el elevador lleva los pasajeros a su destino, las personas pueden ver su correo electrónico o sus cuentas de redes sociales, o pueden revisar su maquillaje en el espejo, asegurando que su tez está radiante, o que su pelo está bien peinado.

El uso eficaz de la tecnología continuaba impresionándome. En los restaurantes vi botones en las mesas que los clientes usaban para llamar meseros. Durante mi período de encuesta y preparación para escribir este libro, me di cuenta que estos botones se conocen como «sistema de apretar para servicio». Cuando el cliente presionaba el botón en su mesa, un timbre sonaba y uno de los empleados decía de inmediato algo en voz alta indicando que el llamado se había recibido. A la vez decía que uno de los meseros atendería su mesa lo más pronto posible. Basado en mi observación, el uso de este sistema se ha expandido desde que empecé a visitar Corea. El propósito del uso de la tecnología por supuesto era proveer al cliente el mejor servicio posible, pero el uso del botón era motivado por la eficiencia. El cliente recibe la atención inmediata de un mesero. Este a su vez sabe inmediatamente cual mesa necesita servicio, las necesidades del cliente son atendidas y así el cliente puede disfrutar su comida lo más pronto posible. Hay una gran diferencia entre esta situación y una similar en Estados Unidos donde es casi imposible captar la atención de un mesero, especialmente en restaurantes populares que tienen muchos clientes. Por lo general, en restaurantes norteamericanos, el servicio de mesa está asignado a mesas específicas. Es raro que un mesero provea servicio a clientes que estén sentados en una mesa fuera de su designación. Si lo hace, desafortunadamente es posible que no lo haga bien.

Un aparato tecnológico que ha surgido en Estados Unidos es el indicador de mesa (o *table tracker*), el cual es cuadrado con un lado curvo que mide aproximadamente nueve o diez centímetros por lado. De acuerdo a LRS, una de las compañías que fabrican este instrumento, el indicador de mesa aumenta la productividad y la eficiencia y amplifica la satisfacción del cliente.[1] El uso de esta tecnología elimina la responsabilidad de los meseros de tomar órdenes y evita que el restaurante tenga que emplear a un anfitrión que generalmente se encarga de atender al cliente y llevarlo desde la puerta hasta su mesa. En lugar de este proceso tradicional, el menú se encuentra en la entrada y en lugar de un anfitrión el restaurante emplea a una persona para tomar órdenes cerca de la entrada y de repartir indicadores de mesa a los clientes. Después de dar la orden y de recibir su indicador de mesa, los clientes se dirigen a la caja, que también se encuentra cerca de la entrada, para pagar. Después de pagar, el cliente escoge su mesa. El sistema le informa al cocinero la orden y el indicador de mesa le indica al mesero donde está sentado el cliente. Cuando el cocinero termina de preparar la comida, el mesero la sirve al cliente y recoge el indicador de mesa. Cuando el cliente termina de comer, el mesero recoge los platos y limpia la mesa. En realidad, los meseros se encargan de entregar la comida y de limpiar las mesas. En esta situación, los meseros hacen su propio trabajo y el de ayudante de mesa. De esta manera le ahorran dinero al dueño del restaurante. En este ejemplo es evidente que los conceptos de eficacia y automatización están claramente presentes.

Algunos restaurantes que no aceptan reservaciones y que se encuentren en áreas comerciales, como por ejemplo en centros comerciales, usan instrumentos electrónicos similares que se llaman «localizadores de clientes». Estos también son cuadrados y miden aproximadamente de nueve a diez centímetros y tienen las esquinas curvas. De acuerdo a LRS, los «localizadores de clientes» forman parte de sus «soluciones de administración de clientes».[2] Estos instrumentos proveen al cliente en el ámbito citado anteriormente, la oportunidad de realizar la experiencia de su paseo dándoles la opción de salir a caminar o ir de compras y a la vez evitar la desesperante espera en el restaurante después de dar su nombre al anfitrión. De la misma manera, el dueño o gerente del restaurante evita la pena de tener una fila de clientes con hambre y ansiosos de sentarse a comer. He usado este sistema y me parece bastante servicial y liberador, especialmente cuando el cliente no sobrepasa la distancia que abarca la señal del aparato.

En mi experiencia personal he visto que los localizadores de clientes se han usado en cafés en Corea desde hace mucho tiempo para notificar al cliente que su orden ya está preparada. En cambio, en Estados Unidos, los baristas aún tienen que llamar al cliente en voz alta.

Basando mi opinión en experiencia personal, noté que este tipo de tecnología fue usada en restaurantes y cafés en Corea muchos años antes de ser empleada en Estados Unidos. Una característica de los coreanos que se manifiesta en este libro es que ellos tienen tendencia a ser pioneros e iniciadores de moda, especialmente en lo que se refiere al uso eficaz de tecnología innovadora por una cuestión de conveniencia.

Además de tecnología y coches, Corea exporta su cultura atreves de K-Pop, telenovelas y la última moda. Tres de estas tendencias nuevas son las siguientes: El uso extenso del Botox, la cirugía plástica y el uso eficaz de la tecnología. Aunque no inventaron el Botox o la cirugía plástica, han tenido mucho éxito en atraer gente de otros países asiáticos para que reciban esta clase de atención médica en Corea. La globalización ha sido clave para difundir estas tendencias, especialmente cuando estas son congruentes con una cultura receptiva.

Mientras yo seguía visitando Corea por estadías cortas, me quedé admirado de sus brillantes centros comerciales, sus enormes rascacielos, la eficiencia del metro en Seúl y en Busán, las autopistas extensas con largos túneles que abrevian la distancia en un país montañoso y naturalmente los trenes de alta velocidad conocidos como KTX (Tren Expreso de Corea). En breve, el país personifica todos los atributos infraestructurales y culturales que suelen existir en países desarrollados. Hoy en día, el uso extenso de la tecnología avanzada es más pronunciado que en los años noventa. Un excelente ejemplo del uso extenso de la tecnología es el acceso ubicuo del Internet. La banda ancha es accesible prácticamente en cualquier parte del país. Además, es muy rápida. De hecho, es más rápida que la banda ancha disponible en muchas partes de Estados Unidos. De acuerdo a Fastmetrics, en el primer trimestre de 2017, Corea ocupó el primer lugar entre los diez países con Internet más rápido con un promedio de 28.6 Mbps (megabits por segundo). El promedio de velocidad de Internet en el mundo era de 7.2 Mbps. En el mismo trimestre, Estados Unidos por fin apareció entre los primeros diez países con un promedio de 18.7 Mbps. A diferencia de Estados Unidos, Corea ocupó el primer lugar continuamente desde que Fastmetrics comenzó a documentar estos datos en el cuarto trimestre del año 2015.[3]

Desde fines del año 2018 hasta abril de 2019, compañías de telecomunicaciones tanto coreanas (KT) como estadounidenses (AT&T y Verizon) compitieron a la par hasta la línea de meta con el propósito de ser la primera compañía en el mundo en lanzar una red 5G o la quinta generación de tecnología celular. Finalmente, compañías de ambos países afirmaron que habían sido las primeras. De cualquier manera, lo importante es que Corea ha producido tecnología que está a la vanguardia y que puede competir con los países más avanzados del mundo.[4] Esta realidad es testimonio de la transformación tecnológica que se ha logrado desde la conclusión de la guerra en Corea.

Otro ejemplo del uso efectivo de la tecnología es el empleo de videocámaras en el interior de vehículos y que están ubicadas al lado del retrovisor o arriba del tablero de mandos. Los coreanos se refieren a estas videocámaras como «cajas negras». Estas cámaras graban todo lo que pasa enfrente del vehículo. Hoy en día, varios de estos instrumentos tienen la capacidad de grabar tanto video como sonido enfrente y dentro del vehículo. Por consecuente, si el vehículo está involucrado en un accidente, no es necesario argumentar entre conductores sobre la culpabilidad puesto que todos los incidentes están grabados. En Corea, tasadores de seguros de auto revisan las grabaciones para determinar la culpabilidad del accidente. Aunque estas cámaras están disponibles en Estados Unidos en tiendas como Best Buy y Amazon y se venden a precios razonables, algunas por menos de $200 y aún otras por menos de $100, su uso no es muy común. En mi opinión, en lo que concierne a la tecnología, los coreanos tienden a adoptar su uso con más entusiasmo que los estadounidenses. Una de las razones es que los coreanos son más propensos a valorizar la eficiencia en general, especialmente la eficiencia que la tecnología proporciona.

Otra novedad práctica que me impresionó en los últimos años es la proliferación de retrovisores plegables, manuales o eléctricos. Indudablemente, una de las razones por las que estos instrumentos son tan populares es que varias calles en Corea, como en otros países del mundo, son demasiado angostas, particularmente en áreas antiguas de las ciudades. Los retrovisores plegables permiten mayor visibilidad a los conductores para navegar las calles estrechas. Hoy en día, esta opción existe en coches de lujo en Estados Unidos.

Mi fascinación con las prácticas mencionadas y el uso de la tecnología, igual que mi interés en filosofía, religión y enseñanza, me motivó a tomar un trabajo de maestro en Corea después de mi jubilación en Estados Unidos.

En el curso de mi carrera profesional, conocí a varios maestros que habían trabajado en escuelas de países extranjeros durante su período sabático. Su sentido aventurero me impresionó bastante, y estaba convencido que algún día también yo iba a tener el valor de ir a otro país a practicar la profesión por la cual siento tanto cariño. Me jubilé con anticipo y batallé durante un año para adaptarme a mi nuevo modo de vida después de haber estado muy activo comenzando en una posición de maestro, después pasando a la oficina de asesoramiento y finalmente a la administración. Ya que disponía de más tiempo libre en mi jubilación, decidí que era hora de vivir una nueva experiencia en un nuevo entorno. El apego que yo sentía por Corea me convenció que ese era el país idóneo para explorar, así que decidí alquilar un apartamento en Corea por un año. Como había vivido en ciudades grandes la mayor parte de mi vida, añoraba vivir en un ámbito menos frenético. Me decidí por Jukjeon, una ciudad pequeña al sur de Seúl. Estaba situada suficientemente cerca de la gran ciudad y a la vez se prestaba a hacer excursiones. Como en ese tiempo no tenía residencia coreana, sólo me era posible vivir dentro del país un máximo de noventa días con mi visa de turista. Esta regla me forzaba a salir del país cada tres meses. Durante mi estancia, pasé bastante tiempo paseando por lugares cercanos, asistiendo a clases de yoga, probando diferentes platillos coreanos y yendo a cafés.

La parte más valiosa de esta experiencia fue el contacto que tuve con personas coreanas por medio de mis clases de yoga. A través de mis observaciones y las conversaciones que tuve con ellos, aprendí muchísimo sobre la cultura coreana. Todo el año lo pase sin coche, por consiguiente, dependía muchísimo del transporte público, lo que limitó hasta cierto punto las excursiones que podía emprender. Me fascinaba especialmente pasear por la calle de los cafés en la ciudad de Jukjeon (los coreanos la conocen como la calle de cafés de Bojeong-Dong o 보정동카페거리). Aunque mi dependencia en el transporte público era algo restrictiva, me dio la confianza de que podía sobrevivir en un país extranjero. Me impulsó a tener una experiencia más fructífera los siguientes cuatro años.

El acoplarme a mi jubilación no fue fácil. Luego recordé que la idea de trabajar de maestro en el extranjero siempre me había fascinado. Por lo tanto, era el tiempo adecuado para conseguir ese sueño. Después de mi recorrido por corea durante un año, regresé a Estados Unidos y empecé a entregar solicitudes de trabajo para puestos de maestro en la primavera de 2012. Me invitaron a entrevistar por Skype para un puesto en una escuela secundaria americana acreditada y que se mantenía bajo los auspicios de una universidad. El puesto en cuestión era un trabajo híbrido que combinaba horas de enseñanza con horas dedicadas al asesoramiento de estudiantes y que también incluía la oportunidad de dar una clase de inglés para estudiantes de la universidad. Este trabajo me caía como anillo al dedo tomando en cuenta mi experiencia profesional. Mi sueño se había hecho realidad más rápidamente de lo que había imaginado. Pronto me encontré en Corea listo para empezar mis funciones a principios de agosto de 2012. Esta experiencia inédita me resultaba factible porque no tenía obligación alguna de familia. De no ser así, creo que la viabilidad de una experiencia de esta magnitud hubiera sido desafiante o tal vez imposible.

Al comienzo de mi función, no tenía la menor idea del impacto tan profundo que mi experiencia en Corea iba a tener en mi conciencia. Estaba a punto de aprender lo que muchos expatriados llegan a darse cuenta: El radicar en un país es muy diferente a visitarlo como turista. Como residente, estaba a punto de ahondar en la estructura de su sociedad y aprendería los matices, tanto sutiles como intensos, del comportamiento humano de los coreanos. Estaba por conocer las entrañas del país desde su interior. También tendría la oportunidad de comparar la imagen que me formé de Corea cuando visitaba el país como turista o como miembro de alguna excursión de meditación y la realidad actual del país observada por mi parte como residente. Viendo mi experiencia en Corea como una retrospección, estoy sumamente agradecido por haber gozado de esta oportunidad. Agradezco a la gente coreana, los que me acogieron con brazos abiertos, los que echaron a un lado su timidez y trataron de hablar inglés conmigo, además de aquellos que optaron por guardar su distancia. A través de su interacción social con alguien que se ve, habla y actúa en una forma muy diferente a la de ellos, fui capaz de meterme de lleno en su cultura. ¡Gracias!

Estoy muy agradecido por haber vivido y trabajado en Corea. Gracias a esta oportunidad pude presenciar y confirmar la belleza del país que mis amigos me habían transmitido. Durante los cinco años que viví ahí pude pasear por todas partes. Durante los fines de semana en la primavera y en el otoño, me gustaba especialmente visitar lugares que no conocía. Estos paseos me permitieron presenciar la fantástica variedad de colores naturales y la belleza intrínseca del país. Una de las más impresionantes imágenes que quedará para siempre grabada en mi memoria es la variedad de flores que forman un colorido paisaje en ciudades, autopistas y montañas durante la primavera, el verano y el otoño. Pareciera como si el color del paisaje cambiara cada dos o tres semanas dependiendo de cuál flor estuviera abriéndose. El caleidoscopio de colores empieza cada año con cerezos que se abren desde fines de marzo hasta principios de abril. La estación de otoño concluye con una verdadera cascada de hojas en forma de abanico de árboles ginkgo y de otros que cambian de color de verde a amarillo, luego a rojo y finalmente a color marrón. El cambio de colores en las hojas de los árboles es simplemente espectacular, especialmente en las montañas y alrededor de los templos budistas. Las cascadas y los arroyos son encantadores y refrescantes en cualquier estación del año, particularmente en el verano, el cual es extremadamente caluroso y húmedo.

Los templos budistas se encuentran habitualmente en las montañas y tienen ríos, riachuelos o arroyos muy cerca puesto que el agua es uno de los elementos principales del budismo. Las áreas donde se encuentran los templos budistas atraen a muchos turistas coreanos y de otros países. Ofrecen lugares donde se puede descansar, meditar u orar ya sea antes o después de dar una caminata o hacer senderismo en las montañas. Durante la primavera, el verano y a principios del otoño familias suelen hacer un día de campo en las montañas cerca de un rio. En el verano, tanto adultos como niños se divierten jugando en el agua de los ríos. Los gritos de los niños hacen eco en los ríos y hacen que las montañas sean aún más vibrantes. Rumbo a las montañas y de regreso, excursionistas y senderistas, tanto *millennials* como personas nacidas durante el *boom* de natalidad de la posguerra, mejor conocidos como *baby boomers* y aficionados de los templos budistas pueden satisfacer su hambre con el *bibimbap*. Este platillo es una icónica mezcla de arroz y legumbres cosechadas en las montañas como brotes de soya, zanahorias, rábanos, pepinos, con o sin carne, un huevo frito, y pasta de pimiento rojo. Se sirve al cliente ya sea en una olla de barro bien caliente o en un plato hondo al tiempo de acuerdo a su predilección. El *bibimbap* va guarnecido con una gran cantidad de legumbres como acompañamiento también cosechadas en las montañas y es la especialidad de varios restaurantes rumbo a los pueblos que se encuentran al pie de las montañas. Algunas de estas guarniciones de acompañamiento pueden ser hojas de ajonjolí fermentadas, rábanos, algas marinas y el ubicuo *kimchi* o repollo fermentado, el cual se consume en Corea con el desayuno, la comida y la cena.

Una comida en un pueblo al pie de las montañas no está completa si le falta un trago del habitual *soju*. Para aquellos que no conozcan el *soju*, la bebida nacional de Corea es una bebida alcohólica clara de sabor neutro. Tradicionalmente, el *soju* se hacía con arroz, pero hoy en día se hace con una mezcla de granos y almidones como trigo y camote.[5] Es algo similar al vodka, pero tiene 50% menos alcohol. El contenido de alcohol de *soju* es aproximadamente 20 GAV (Grado Alcohólico Volumétrico), mientras que el de vodka es 40.[6] Habitualmente, el *soju* se bebe sólo en copitas pero también se usa en cocteles. Un detalle cultural muy interesante acerca del consumo de *soju* entre coreanos es que los consumidores no se sirven solos sino se sirven los unos a los otros. Por ejemplo, si yo estoy cenando con algún amigo coreano y los dos estamos tomando *soju*, cuando nuestras copas están vacías mi amigo me sirve a mí y yo le sirvo a él. Brindamos, tomamos el *soju* y comenzamos de nuevo.

Acerca de Corea

Corea del Sur (de aquí en adelante Corea solamente) se levantó de las cenizas después de la guerra de Corea (1950–1953). Historiadores y observadores hacen referencia a esta transformación como «el milagro del rio Han». De acuerdo al *Atlas Mundial*:

> La frase fue introducida por el primer ministro de Corea del Sur, Chang Myon, en su discurso de Año Nuevo en 1961 en el cual pidió a sus compatriotas coreanos que aguantaran la incomodidad que acompaña al cambio y que fueran optimistas del crecimiento económico. Este refrán se derivó de una frase similar creada en referencia al dramático resurgimiento de Alemania Occidental poco después de la Segunda Guerra Mundial.[7]

Desde los años cincuenta, el país ha logrado mejorar su nivel económico y ha dejado de ser uno de los países más pobres de África y Asia para estar entre las veinte economías más fuertes del planeta. La expansión del producto interno bruto (PIB) desde los años sesenta ha sido espectacular. De acuerdo a estadísticas del Banco Mundial, el producto interno bruto de Corea aumentó de $2.417 mil millones en 1961 a $1.012 billones en 2006, el año en que superó por primera vez la marca de un billón de dólares.[8] Según el Fondo Monetario Internacional (FMI) y el Banco Mundial, la economía coreana es la cuarta más grande de Asia y la duodécima en el mundo de acuerdo a su producto interno bruto de 2017 el cual fue $1.531 billones. La gráfica de abajo muestra el historial del crecimiento del producto interno bruto de Corea desde 1960 hasta 2018 en billones de dólares. (vea la gráfica 1)

Gráfica 1: «PIB (billones de dólares actuales de EE. UU.)», gráfica de *datos de las cuentas nacionales del Banco Mundial*[9]

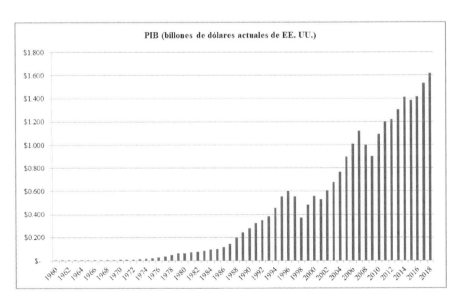

Otro indicador de esta impresionante transformación es la renta (o ingreso) nacional bruta (RNB) per cápita, denominada anteriormente como el producto interno bruto per cápita. La renta nacional bruta per cápita experimentó un notable crecimiento desde 1962 hasta 2018 (vea la gráfica 2). De acuerdo al Banco Mundial, la renta nacional bruta per cápita aumentó de $120 a $30,600 en ese período.

Gráfica 2: «RNB per cápita, método atlas (dólares actuales de EE. UU.)», gráfica de *los datos de cuentas nacionales del Banco Mundial*[10]

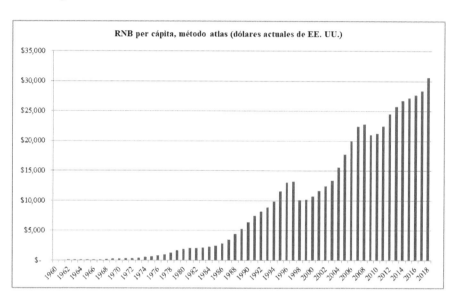

Hoy en día, la economía coreana está basada en la exportación. Por lo tanto, la trayectoria historial de sus exportaciones refleja los patrones establecidos por la expansión del producto interno bruto y de la renta nacional bruta a los cuales se hizo referencia anteriormente. «Las exportaciones de Corea del Sur, sumaron solamente 32.82 millones de dólares estadounidenses en 1960, sobrepasaron la marca de diez mil millones de dólares en 1977 y alcanzaron los 495.4 mil millones de dólares en 2016».[11]

Las cinco exportaciones mayores son las siguientes: 1) semiconductores, 2) barcos, estructuras marítimas y partes, 3) automóviles, 4) productos de petróleo, y 5) pantallas planas y sensores.[12]

La economía coreana se considera mixta. De acuerdo al *Diccionario de Negocios*, una economía mixta es «Un sistema económico en el cual tanto las iniciativas privadas como el monopolio estatal (generalmente en los servicios públicos, defensa, infraestructura e industrias básicas) coexisten. Todas las economías modernas son mixtas, especialmente si los recursos de producción son compartidos entre el sector privado y el público. También se conocen como economías duales».[13] Se sabe que la economía coreana está dominada por conglomerados que pertenecen a familias. Estas compañías son conocidas como *chaebols* y producen desde autos hasta monitores de televisión, ordenadores portátiles, teléfonos celulares, electrodomésticos y mucho más. También poseen cadenas de supermercados de renombre, hoteles, edificios de departamentos y grandes almacenes como Lotte Mart y Almacenes Lotte, así como Paris Baguette. Como consecuencia de la abrumadora influencia que estos *chaebols* tienen en la economía, tanto el país como el pueblo coreano dependen en gran medida del éxito de estas empresas multinacionales. Como cabe esperar, desde una temprana edad los coreanos aspiran a adquirir un trabajo a tiempo completo en una de estas empresas después de graduarse de la universidad por razones de seguridad económica y para asegurarse de tener una carrera exitosa de por vida.

Como se ha señalado anteriormente, Corea produce algunos de los más avanzados productos tecnológicos que están al nivel de otros que se producen por compañías de países extranjeros de varias partes del mundo. Corea ha logrado esta impresionante hazaña a través de la eficiencia en un ambiente muy competitivo que impregna la cultura de la nación. Los temas de competencia y eficiencia van a repercutir una y otra vez en varios aspectos de nuestras observaciones de la sociedad coreana. La eficiencia, en particular, es dominante desde los escalones más bajos de la sociedad hasta la Casa Azul, el equivalente de la Casa Blanca en Washington D. C. El pueblo requiere un índice de crecimiento de 3% anual del producto interno bruto y la eficiencia de cada administración está basada en su capacidad de lograr esta meta.

Compañías coreanas como Hyundai Motors, Kia Motors, LG, Samsung Electronics y muchas más compiten exitosamente en el ámbito internacional contra empresas internacionales como Apple, Ford, GE, Google, Honda, Intel, Kenmore, Toyota y Whirlpool. Sin embargo, hay una sensación, incluso entre los coreanos, que los conglomerados de empresas deben de seguir promoviendo el crecimiento, la creatividad y la innovación, pero especialmente el crecimiento, para poder conservar su ventaja competitiva.

La tecnología, las empresas y la industria han fijado el ritmo de la trayectoria inédita que está reflejada en las gráficas presentadas anteriormente. Por ejemplo, en 2017 Corea clasificó tercero entre los países que exportan componentes de circuitos electrónicos. Sólo Hong Kong y Taiwán se posicionaron delante de Corea.[14] De acuerdo a *Investopedia*, en abril 18 de 2017, Samsung Electronics cuyas ventas llegaron hasta $43.54 mil millones de dólares, era la segunda compañía de semiconductores más grande en el mundo.[15] Ese mismo año, la compañía más grande era Intel cuyas ventas totales fueron de $56.31 mil millones de dólares.

El pueblo coreano tiene muchas razones por las cuales se debe sentir orgulloso de los grandes logros de la nación. Algunos de los avances han sido expuestos en vitrina durante eventos deportivos internacionales comenzando con los Juegos Olímpicos de verano de Seúl de 1988. Corea también fue anfitrión de la Copa Mundial de 2002 que fue organizada binacionalmente con Japón. Recientemente, también organizaron los Juegos Olímpicos de invierno de PyeongChang de 2018. Los Juegos Olímpicos de verano de Seúl tuvieron un significado especial para Corea. Lee Charm, quien encabezó la Agencia Nacional de Turismo de Corea se refirió a estos Juegos Olímpicos como la consagración de Corea al nivel mundial.[16]

Antes de este evento, la gente de otros países asociaba al país casi exclusivamente con la guerra de Corea. Después de que la antorcha olímpica fue extinguida en 1988, la nación comenzó a proyectar una imagen de un pueblo donde ricas tradiciones coexisten con una sociedad vibrante, joven y tecnológicamente avanzada. La infraestructura que se construyó para todos estos eventos internacionales, un esfuerzo que continua hasta hoy con la constante expansión de túneles, autopistas, redes ferroviarias y accesibilidad a la banda ancha, ha conseguido incrementar la movilidad, la comunicación y el entretenimiento.

Como se ha señalado anteriormente, hoy en día Corea exporta mucho más que automóviles y tecnología avanzada. La comida coreana, productos de belleza y la cultura emergente se han vuelto populares por todo el mundo. Gracias al espíritu emprendedor de los coreanos, la gente puede disfrutar la comida coreana por todas partes desde Abu Dabi hasta Beijing, Londres, Los Ángeles, Nueva York, París y hasta Siem Riep. Telecomedias y K-Pop tienen alta demanda por todo el continente asiático y además han tenido un surgimiento en países occidentales. Corea exporta K-Pop a todo el planeta. De acuerdo a la Agencia de Contenido Creativo de Corea, en 2016 ventas globales relacionadas a K-Pop que incluyen entradas de ventas de CDs, boletos de conciertos, transmisión de música y mercancía y servicios relacionados alcanzaron 5.3 billones de wones coreanos (KRW por sus siglas en inglés) (~$4.7 mil millones de dólares).[17] Todas esas personas que habían estado viviendo bajo una piedra hasta entonces y no sabían nada de K-Pop, probaron una muestra de esta música contagiosa durante la ceremonia de clausura de los Juegos Olímpicos de invierno de PyeongChang de 2018 con la interpretación del grupo popular EXO. Además, cosméticos clasificados como K-Belleza se han convertido en un fenómeno mundial.

Estos logros no se dieron por accidente. Los coreanos han demostrado que son muy trabajadores, emprendedores, tenaces, eficientes y mantienen su atención en los objetivos. Estas cualidades han contribuido enormemente a la evolución de la nación, desde ser un país subdesarrollado después de la guerra de Corea hasta llegar a ser uno de los más avanzados tecnológicamente. También apoyan valores fundamentales que explican el alto nivel de vida del país. Estos valores incluyen apoyo a la agenda nacional. Este esfuerzo colectivo se refleja en la disposición uniforme de hacer los sacrificios necesarios, tanto individuales como colectivos para el bienestar de la nación, una ética de trabajo sólida, fuerte énfasis en la educación y en la eficiencia. Sin embargo, el énfasis en la eficiencia ha afectado algunos aspectos de la sociedad al igual que el psique de la nación, por ello el título de este libro. En nuestro análisis mostramos cómo es que la eficiencia penetra a través de la sociedad, además cómo es que la eficiencia es un factor impulsor del impresionante renacimiento del país desde sus cenizas después de la guerra de Corea.

Acerca de este libro

El propósito de este libro no es criticar ni al país ni al pueblo coreano, sino compartir observaciones y una perspectiva de la función que desempeña la cultura en la evolución del progreso económico. El comentario pretende demostrar como las políticas, los propósitos y las actitudes resultantes deben de ser revisadas para asegurarse que hay congruencia con el ritmo del progreso económico y tecnológico. Por último, el objetivo es de poner simbólicamente un espejo enfrente del pueblo coreano para que ellos mismos decidan si las circunstancias actuales pueden utilizarse como un trampolín hacia la exitosa evolución del desarrollo total del país. O, ¿necesitan hacer una revisión sistemática de sus políticas y procesos a varios niveles del Gobierno, los asuntos y la industria? ¿Acaso estas entidades deben de asegurarse que los reglamentos apropiados de seguridad se siguen y son aplicados estrictamente? También, ¿es necesario que reconozcan que el tomar atajos con motivaciones egoístas se lleva a cabo a expensas de otras personas y esa acción es acompañada por consecuencias imprevistas y daño a seres humanos inocentes? Cambios significativos, fundamentales y profundos dependen del pueblo coreano y respetamos esos derechos.

Este libro provee una perspectiva histórica sólo cuando esta es necesaria para comprender cómo fue que cierta situación actual se desarrolló. Un gran número de libros sobre Corea profundizan en la perspectiva histórica. En cambio, la presente obra se enfoca principalmente en la descripción de las circunstancias actuales basada en encuestas extensas, el poder de la observación y un análisis sistemático. Una gran cantidad de las fuentes citadas son periódicos coreanos confiables y fuentes informativas que ofrecen una versión de su sitio en inglés. Unas cuantas de las citas provienen de fuentes informativas que sólo publican o transmiten en coreano. En estos casos, Young Lee, el coautor, tradujo al inglés los artículos o boletines de noticias. Posteriormente, John González y Ana Greenberg los tradujeron al español. Estos casos se indican en las notas al final de cada capítulo. El resto de los artículos y reportes provienen de países de habla inglesa. Consultamos varias fuentes informativas deliberadamente con el fin de triangular la información y equilibrar las aportaciones de las diferentes fuentes. Por último, siempre que las cantidades se cotizan en «dólares», estas representan dólares estadounidenses.

Ya que este libro está enfocado en Corea, realizamos esfuerzos concentrados para evitar juzgar y hacer comparaciones cargadas de valores a otras culturas, sociedades y economías. Sin embargo, es difícil o mejor dicho imposible, ser totalmente objetivo, especialmente cuando el observador, nació y creció en una cultura totalmente diferente, y la percepción de la realidad del observador se ve afectada por su propia cultura, el entorno socioeconómico, el nivel de educación, el contexto religioso y de su crianza, por citar sólo algunos de los factores. En algunos casos se han efectuado comparaciones, pero sólo para establecer la situación en Corea en relación con otros países y no para juzgar si la situación en Corea es mejor que o peor que en otros países.

Decidí escribir este libro para demostrar mi aprecio y agradecimiento al pueblo coreano. Esta es mi forma de devolver algo al país que me abrió sus puertas y me dio la oportunidad de apreciar su larga historia y de disfrutar su belleza natural. Las conductas sociales son consideradas y tratamos de identificar patrones que tienen tendencia a repetirse de un área social a otra. Por consecuente, se puede decir que estas conductas sociales están firmemente arraigadas en la cultura. Cuestionamos la fuente de patrones de comportamiento y tratamos de establecer si el énfasis en la eficiencia es la fuerza que impulsa estas conductas, y por ello la razón del título de este libro. Reconociendo que Corea logró llegar al escenario mundial en un brevísimo tiempo, para así unirse a otras potencias económicas, preguntamos: ¿Qué es lo que se ha descuidado en esta evolución?, y ¿cuál ha sido el costo humano relacionado con los sacrificios tanto colectivos como individuales? Por consiguiente, las observaciones presentadas están dirigidas a seres humanos de cualquier origen pero que estén dispuestos a aceptar nuevas ideas y sean lo suficientemente realistas como para aceptar que en cualquier sociedad, incluso las occidentales, todavía hay mucho que hacer para lograr un progreso duradero, y para que esta sociedad sea más igualitaria y compasiva. Sociedades compasivas reconocen que los valores humanos deben ser revisados, redefinidos y cuestionados para asegurarse de su relevancia, y que el tratar de esquivar leyes y reglamentos puede aportar una ventaja a un número de entidades selectas, pero pone a otras en clara desventaja y puede poner en peligro la seguridad de muchas personas.

Es una lección de humildad y a la vez reconfortante reconocer que las sociedades suelen comportarse de una manera que refleja la naturaleza, especialmente en relación al espectro del progreso de la humanidad. Los avances económicos y tecnológicos parecen ir de la mano. Sin embargo, el desarrollo de la conciencia parece que sucede de manera independiente de los primeros dos, igual que las hojas cambian de color en el otoño a su propio ritmo y no conjuntamente. Este proceso natural nos da esperanza que la conciencia de Corea no sólo igualará sino rebasará sus avances económicos y tecnológicos en un futuro muy cercano.

John González y Young Lee

NOTAS

1. "Página principal", *LRS Table Tracker*, consultado el 25 de junio de 2019, *lrus.com*.

2. Ibid.

3. "Velocidad de conexión a Internet por país", *Fastmetrics*, consultado el 25 de junio de 2019, *fastmetrics.com*.

4. Roger Cheng, "La revolución de 5-G inalámbrica, explicada", *c|net*, 27 de octubre de 2019, *cnet.com*.

5. Sam Dangremond, "Aquí está todo lo que necesitas saber acerca del soju, la bebida nacional de Corea", *Town and Country Magazine*, 8 de febrero de 2018, *townandcountrymag.com*.

6. Cat Wolinski, "Explicación de las diferencias entre el soju, el shochu y el sake", *Vinepair*, consultado el 27 de junio de 2019, *vinepair.com*.

7. Joseph Kiprop, "¿Qué fue el milagro del río Han?", *World Atlas*, 6 de febrero de 2018, *worldatlas.com*.

8. "El PIB (US$ actuales)", archivo de datos, *World Bank national accounts data, and OECD National Accounts Data Files*, n.d., consultado el 26 de noviembre de 2019, *databank.worldbank.org*.

9. Ibid.

10. " La RNB, per cápita (US$ actuales)", gráfica, *World Bank national accounts data, and OECD National Accounts data files*, consultado el 26 de noviembre de 2019, *databank.worldbank.org*.

11. "La economía coreana: El milagro del río Han", *Korea.net*, consultado el 27 de junio de 2019, *korea.net*.

12. Ibid.

13. "Economía mixta", *Business Dictionary*, consultado el 7 de febrero de 2019, *businessdictionary.com*.

14. Daniel Workman, "Exportaciones de componentes de circuitos electrónicos por país", *World's Top Exports*, consultado el 29 de junio de 2018.

15. Justin Walton, "Las 10 principales empresas de semiconductores del mundo", Investopedia, 11 de diciembre de 2017.

16. Andrew Salmon, "Un anfitrión deportivo: Como Corea del Sur ha seguido construyendo sobre el legado de los Juegos Olímpicos de Seúl", *South China Morning Post*, 5 de julio de 2015.

17. Soohee Kim, "La industria del K-Pop de $4.7 mil millones persigue su momento de 'Michael Jackson'" *Bloomberg*, consultado el 13 de febrero de 2019.

Capítulo Uno

Patrones culturales y de comportamiento

La cultura coreana está impregnada de un ambiente sumamente competitivo. Dentro de la cultura existen patrones tanto culturales como de comportamiento que conducen al país hacia el éxito en lo que concierne el producto interno bruto (PIB), colectivamente hablando, y a individuos en áreas tal como la educación. A la larga, esta situación produce el éxito económico para el país según el ingreso nacional bruto per cápita y para las grandes empresas de acuerdo a las ganancias. Los patrones culturales y de comportamiento que determinan el éxito son la unidad, la harmonía, los sacrificios, la creación de consenso, la cultura *ppali ppali* y lo que en coreano se conoce como *gap* y *eul*. A estos patrones culturales y de comportamiento se superpone el concepto omnipresente de eficiencia. A continuación se analizan estos patrones culturales y de comportamiento y su papel dentro de este paradigma de eficiencia en un entorno competitivo.

Unidad y harmonía

Corea es un país en gran parte homogéneo en lo que concierne a los criterios lingüísticos, de raza y de etnicidad. La unidad y la harmonía son valores universales para los coreanos. Estos conceptos quedan demostrados por símbolos nacionales y comportamientos que incluyen la bandera que se conoce en coreano como *Taegukgi* (o *Taegukki*). El fondo blanco significa la pureza del pueblo coreano y su afán por la paz. El círculo central, o *taeguk*, está dividido en dos partes iguales y representa la harmonía y el balance entre *yin* y *yang*, las dos fuerzas cósmicas que se oponen la una a la otra pero que llegan a obtener un balance perfecto. La sección azul de abajo representa el *yin* y la parte roja de arriba significa el *yang*. Estos son algunos ejemplos de *yin* y *yang*:

Gráfica 1: Ejemplos de *yin* y *yang*

Yin	*Yang*
Obscuro	Luminoso
Frío	Caliente
La luna	El sol
La noche	El día
El invierno	El verano
La mujer	El hombre

Los cuatro trigramas negros conocidos como *Kwae* alrededor del circulo *taeguk* están compuestos de franjas rotas y enteras. Individualmente, representan los elementos del cielo, la tierra, el agua y el fuego. En conjunto todas representan los principios del movimiento y la harmonía de *yin* y *yang*.

Imagen 1: La bandera de Corea del Sur[1]

Conformidad y diferenciación

A pesar del carácter extremadamente competitivo de la sociedad coreana, los coreanos tienden a adaptarse a las normas sociales. Esta conformidad es congruente con los conceptos culturales de unidad y harmonía. Culturalmente los coreanos evitan destacarse entre la multitud y ser percibidos diferentes que los demás, lo cual teoréticamente parece ser un patrón social armonioso. Sin embargo, la naturaleza competitiva de la cultura obliga a los coreanos a diferenciarse entre sí en varios contextos, uno de los cuales es cuando se trata de una distinción socioeconómica. Ellos pueden superar fácilmente la dicotomía entre la conformidad y la diferenciación.

Relacionado con esta tendencia a ser conscientes del nivel socioeconómico es la cuestión relativa a la universidad de la que una persona se recibe, ya sea en Corea o en el extranjero. Por lo general, patrones prospectivos, les dan preferencia a candidatos que poseen un título universitario de una institución extranjera de renombre, particularmente de Estados Unidos por sus esperadas contribuciones lingüísticas y culturales. Por lo tanto, cabe deducir que los coreanos que han adquirido un título de una universidad de renombre del extranjero son altamente codiciados.

En cuanto a los graduados de universidades internas, los medios de comunicación y los coreanos en general, consideran a alguien con un título de universidades de renombre, incluyendo las tres que tradicionalmente han sido consideradas como las más prestigiosas: la Universidad Nacional de Seúl, la Universidad de Corea y la Universidad Yonsei. Estas tres se conocen comúnmente como SKY. Todo el mundo cree que aquellos que se reciben de una de estas tres universidades tienen su carrera y su alto nivel socioeconómico establecidos de por vida. Para el año 2019, uniRank clasificó a estas tres como las mejores universidades en Corea.[2] Estas clasificaciones están respaldadas por el hecho de que muchos políticos, doctores, abogados, ingenieros, profesores y periodistas se han recibido de una de las tres universidades conocidas como SKY. Más concretamente, en lo que respecta a la influencia de los graduados de la Universidad Nacional de Seúl:

> El cincuenta por ciento de los legisladores de la actual Asamblea Nacional de Corea se han recibido de la UNS (Universidad Nacional de Seúl). El 88% de los jueces del tribunal supremo y de la suprema corte son de UNS. Más de la mitad de los miembros del actual gabinete también son ex-alumnos de UNS. [El cincuenta y cinco por ciento] de los directores generales de las 500 empresas más importantes de Corea son graduados de UNS.[3]

Sin embargo, hoy en día con la proliferación de clasificaciones de universidades, el uso de diferentes criterios en su desarrollo y el énfasis que Corea ha puesto en la tecnología, el panorama es algo más fluido. Haciendo una recapitulación de varias de las clasificaciones universitarias que existen, el juego de sillas musicales se torna más aparente. Por consiguiente, el concepto de las tres mejores universidades compuesto por aquellas que se identifican como parte de SKY, se ha vuelto meramente simbólico. Aún están altamente clasificadas, pero no necesariamente como universidades una, dos y tres. Por ejemplo, en el año escolar 2018–2019, las cinco mejores universidades en Corea de acuerdo a *U.S. News & World Report* fueron las siguientes:

1. Universidad de Seúl
2. Universidad Sungkyunkwan
3. Instituto Avanzado de Ciencia y Tecnología de Corea (KAIST por sus siglas en inglés)
4. Universidad de Corea
5. Universidad Yonsei[4]

El *Times Higher Education: World University Rankings* que cuenta con Microsoft, Salesforce.org, Adobe, Huawei y HSBC, entre otras, como colaboradores, clasificó las siguientes como las cinco mejores universidades:

1. Universidad Nacional de Seúl
2. Universidad Sungkyunkwan.
3. Instituto Avanzado de Ciencia y Tecnología de Corea
4. Universidad de Ciencia y Tecnología de Pohang (POSTECH por sus siglas en inglés)
5. Universidad de Corea[5]

Por último, la organización que lleva el nombre de *Center for World University Rankings* (CWUR por sus siglas en inglés) (o Centro para Clasificaciones de Universidades Mundiales) clasificó las siguientes como las mejores universidades en Corea:

1. Universidad Nacional de Seúl
2. Universidad de Ciencia y Tecnología de Corea
3. Universidad Sungkyunkwan
4. Universidad Yonsei
5. Universidad de Corea[6]

Basado en estas tres clasificaciones, los únicos tres patrones que se distinguen y que conciernen a la simbólica sigla SKY son los siguientes: 1) Todas las clasificaciones ponen a la Universidad Nacional de Seúl en primer lugar, 2) La Universidad de Corea se encuentra entre las cinco mejores universidades en las tres clasificaciones y 3) La Universidad Yonsei aparece en dos de las tres clasificaciones.

Además de la universidad en la que se gradúa una persona, los coreanos tienen en cuenta otros factores dentro de la diferenciación socioeconómica, como el tipo de coche que conducen las personas, el tipo de trabajo que tienen, la ocupación de su padre, si llevan ropa de diseño o accesorios de marca y si alquilan o tienen casa propia.

Comprendo que la gente en países occidentales usa elementos similares para definir la situación socioeconómica de una persona. Sin embargo, ya que se sienten cómodos con una persona que acaban de conocer, los coreanos tienden a ser curiosos. Con el afán de conocer mejor a la persona, hacen preguntas directas que suelen ser consideradas inapropiadas en países occidentales. Las preguntas pueden incluir temas como el estado civil de la persona, la profesión del padre, la marca y el modelo del coche que manejan, el número de hijos que tienen y, si los hijos van a la universidad, es muy probable que pregunten el nombre de la institución. La pregunta acerca de la profesión del padre genera la información más útil acerca del nivel socioeconómico de la persona. La razón es que la respuesta es un indicador de variables como cuanta ayuda recibió la persona para servicios educativos suplementarios, si es que viven en un barrio de alta categoría que tiene las mejores academias y centros educativos, y si es posible que la persona herede bienes y riquezas de su padre. Las preguntas también reflejan los valores de la actual cultura coreana. Aun en esta situación de aspecto social aparentemente trivial los coreanos son bastante eficientes. Descubren la máxima cantidad de datos sobre una persona en el menor tiempo posible.

Otra área en la que la diferenciación es palpable, claramente más pronunciada que en países de occidente, es la cuestión de la edad. Los coreanos son extremadamente conscientes de la edad de las personas. Tienden a asociarse, a tener citas, y a casarse con personas de su misma edad. Asociaciones o relaciones personales en las que existe un desajuste son tan raras que cuando alguna persona forma una asociación con alguien que esté fuera de su grupo de edad se considera más que un atropello social. La gente se pregunta si hay algo malo en esa persona.

Unidad, conformidad e individualidad

En lo que resta de éste capítulo se presentarán ejemplos de patrones de comportamiento que ilustran la unidad y conformidad por una parte y la individualidad por la otra.

Los niños aprenden los conceptos de unidad y conformidad desde una temprana edad. Otros niños les hacen burla y hasta les intimidan si se desvían de las normas establecidas. Como ejemplo concreto, debido a que históricamente Corea ha sido racialmente homogénea, los coreanos pueden distinguir por instinto cuando alguien es de un matrimonio mixto, aunque para un no coreano la persona parezca y hable como un coreano de pleno derecho. Por consiguiente, es muy común que se les intimiden a los niños de raza mixta.

Tradicionalmente, se espera que los niños sigan un sendero convencional. Este camino incluye el desarrollo de las características que los lleven hasta la meta deseada de ser aceptados a una de las mejores universidades: ser aplicados y sacar buenas notas en la escuela y obtener resultados de exámenes lo suficientemente altos. El Gobierno requiere que los varones den su servicio militar, excepto los que son exonerados por razones médicas. Eventualmente, se espera que tanto los varones como las hembras tengan asegurado un trabajo de ejecutivo en una empresa reconocida, que se casen, que tengan hijos y que se sacrifiquen para proveer una buena educación a sus hijos de la manera en que sus padres se sacrificaron por ellos. Por consiguiente, también los nietos podrán seguir el camino comprobado a lo largo del tiempo para que puedan gozar de una estabilidad económica y un éxito general. Los trabajos ejecutivos existen en compañías pequeñas. Sin embargo, la meta inicial es de conseguir el trabajo idóneo o sea un trabajo de ejecutivo en una gran empresa puesto que estos trabajos pagan mejor, ofrecen mejores beneficios y seguridad laboral. Cuando las personas no logran conseguir el trabajo ideal, se tienen que conformar con un trabajo de ejecutivo, pero en una compañía pequeña por menos dinero, beneficios y seguridad laboral.

La diferenciación entre alumnos que están llamados a acceder a una universidad y los que no están empieza antes de entrar a la preparatoria. Alumnos que demuestran un potencial académico asisten a preparatorias normales excepto si los padres tienen los recursos económicos para pagar colegiatura en una escuela privada o internacional. A la inversa, alumnos cuyas notas y resultados de exámenes demuestran que no tienen un potencial académico en la escuela primaria y en la secundaria tienen la opción de asistir a una preparatoria de orientación profesional o técnica. Alumnos que asisten a preparatorias normales que no reciben buenas notas o resultados de exámenes suficientemente altos como para poder asistir a una universidad, son relegados a trabajos manuales. Pueden registrarse en una universidad que se especialice en educación técnica, o si tienen la fortuna de tener padres que administran un negocio pueden incorporarse a él. Si son de espíritu empresarial y sus padres tienen suficiente dinero para abrir su propio negocio, pueden hacerlo. Otra opción puede ser que hagan estudios y reciban algún certificado que les proporcione las destrezas necesarias para calificar para un trabajo al nivel de acceso en una compañía pequeña.

El camino bien recorrido que conduce hacia el éxito económico parece ser menos viable para los *millennials* que lo que antes era para aquellas personas nacidas durante el *boom* de natalidad de la posguerra. Hay dos factores que aparentemente contribuyen a esta percepción: el costo prohibitivo de la educación privada y la preparación para exámenes, los cuales se consideran esenciales y son universalmente utilizados para darles a los niños una ventaja para que puedan tener éxito en el ambiente competitivo de admisión a universidades. Además, la gente comparte la idea que la balanza esta inclinada hacia aquellos que tienen ingresos más altos. En teoría, esto es verdad aun en otros países capitalistas. Sin embargo, será más evidente a lo largo de este libro que la diferencia es el grado de intensidad. Al parecer, la competencia es más intensa en Corea que en otros países capitalistas como Estados Unidos.

El acceso a estudios superiores en el occidente, específicamente en Estados Unidos donde la gente de dinero también se percibe con una gran ventaja para proveer a sus hijos con la mejor preparación posible para acceso a universidades y eventualmente éxito en su profesión. Niños de familias de clase media o económicamente marginadas en EE. UU., no obstante, tienen la oportunidad de triunfar siempre y cuando demuestren potencial académico, que terminen el currículo de preparación universitaria, que saquen resultados respetables en las pruebas de admisión a estudios superiores, y que demuestren a través de medidas de ejecución como en su participación en actividades extracurriculares, participación comunitaria y liderazgo, que tienen el potencial de sobresalir y de contribuir a la diversidad de la institución.

La gran diferencia es que en Corea la educación suplementaria privada y la preparación para exámenes, según se reflejan en los resultados de exámenes para admisión a estudios superiores, son factores determinantes en el proceso de admisión a universidades. En cambio, en Estados Unidos la educación suplementaria privada no se usa generalmente, principalmente porque el proceso de admisión a estudios superiores tiene un enfoque más global. Por lo tanto, el aspecto competitivo no está enfocado en el rendimiento de las pruebas. Las universidades en EE. UU. emplean diversos criterios más ampliamente para tomar decisiones de admisión. Hacen esto con el propósito de recopilar una clase de primer año que refleje la sociedad en general y que les permita realizar contribuciones tanto a la institución como a la sociedad.

Lo cierto es que la tendencia actual en Estados Unidos de hacer opcional la Prueba Universitaria Americana (ACT por sus siglas en inglés) y la Prueba de Aptitud Escolar (SAT por sus siglas en inglés) para admisión a universidades está creciendo en popularidad. Este movimiento nació en el invierno de 2004–2005 y el crecimiento va cobrando impulso desde entonces. El 10 de junio de 2019 había 242 universidades de cuatro años que habían hecho estos exámenes opcionales.[7] De acuerdo a Fair Test, «Más de 1,000 universidades de cuatro años no usan ni el SAT ni el ACT para admitir a un número considerable de candidatos para el bachillerato».[8] El 14 de junio de 2018, la Universidad de Chicago anunció que haría los resultados de estos exámenes opcionales. Hasta ahora, la Universidad de Chicago es la universidad de más renombre en Estados Unidos que se ha unido a este movimiento. El día en el que se hizo el anuncio estaba clasificada número tres de la clasificación de universidades de 2018 publicado por *U.S. News & World Report* y el índice de aceptación de la clase del primer año del otoño de 2018 era el siete por ciento.[9] En cuanto a la razón por la que los resultados de estos exámenes se hicieron opcionales, James G. Nondorf, vicepresidente para inscripción, dijo lo siguiente por medio de un correo electrónico:

> Se trata de hacer lo correcto. En otras palabras, se trata de ayudar a estudiantes y familias de todos los entornos a comprender y a navegar mejor estos procesos y de atraer a la Universidad de Chicago a estudiantes con potencial intelectual (sin importar sus antecedentes) (¡y asegurarse de que triunfen también!).[10]

Otras razones por la baja dependencia en educación suplementaria privada en EE. UU. incluye la accesibilidad a la educación superior de alta calidad en los diferentes niveles y los diferentes caminos que los estudiantes pueden emprender.

Por ejemplo, los colegios comunitarios en Estados Unidos con su misión múltiple, incluyendo la preparación académica para facilitar la transferencia a universidades de cuatro años, representan una extraordinaria alternativa para estudiantes de preparatoria que no poseen un expediente académico digno de dar acceso a una universidad. Por consecuente, estos estudiantes tal vez no estén académicamente preparados o les falte la madurez social para triunfar en una universidad. Sin embargo, después de pasar algo de tiempo en un colegio comunitario y de cumplir con sus requisitos de cursos transferibles para títulos avanzados, estos estudiantes son muy exitosos una vez que hacen su transferencia a una universidad ya sea pública o privada. La diferencia es que en un colegio comunitario al pasar del tiempo los estudiantes van madurando y van adquiriendo una base académica bastante sólida y habilidades de estudio. También es posible que algunos estudiantes de preparatoria que son admisibles a universidades opten por asistir a un colegio comunitario por razones económicas. Es posible que sus padres no tengan los recursos para pagar los gastos universitarios o tal vez quieran ahorrarse dinero en su colegiatura mientras que terminan sus requisitos de cursos transferibles para títulos avanzados.

Otra diferencia clave social entre Corea y Estados Unidos, específicamente desde el punto de vista de futuros empleadores, es la atención que le ponen a la trayectoria académica de un solicitante de empleo. En EE. UU. no importa donde comienza el solicitante sus estudios académicos. Lo que importa es donde se recibe. Por ejemplo, el hecho de que un solicitante haya asistido a un colegio comunitario o una universidad estatal no les quita mérito a sus logros o al que se haya recibido de una universidad de primer rango o de prestigio como las que son clasificadas como *Ivy League*. Por el contrario, en Corea la institución donde uno comienza sus estudios es de suma importancia. En general, sólo los estudiantes más brillantes académicamente pueden acceder a las universidades de élite. La razón principal es la extremada competitividad del proceso de admisión a los estudios superiores. Al ser aceptado a una universidad altamente selectiva, estudiantes de preparatoria demuestran que están bien preparados académicamente y socialmente para prosperar en ese ambiente y que son capaces de tener éxito en un programa de mucha exigencia académica. Otra razón es que el fenómeno de transferencia en Corea no juega un papel esencial como en Estados Unidos. En resumen, por diferencias sistémicas los estudiantes coreanos no tienen la variedad de opciones que tienen los estadounidenses. Por consecuente, los estudiantes coreanos están presionados a tener buenos resultados tanto en sus clases de preparatoria como en el examen de admisión a la universidad conocido como el *Suneung* o el Examen de Capacidad Escolástica de Universidad (CSAT según sus siglas en inglés)

Algunos jóvenes frustrados y desanimados eligen no seguir el camino tradicional. Usan el término *infierno de Joseon* para referirse a Corea en relación con la dinastía *Joseon* (1392–1910) para expresar su punto de vista sobre el esfuerzo de vivir a la altura de las expectativas de la sociedad, especialmente para los grupos económicamente desfavorecidos. Esta tendencia se examina con más detalle en el capítulo ocho.

El énfasis en el uso de uniformes en escuelas privadas y públicas es un ejemplo de esta tendencia de seguir las normas colectivas. Esto no quiere decir que todas las escuelas requieren uniformes. Sin embargo, muchas de ellas tienen tendencia a adoptar una política que requiere el uso de uniformes. Un ejemplo ampliamente observado de esta tendencia a seguir las normas colectivas es un comportamiento que parece aplicarse exclusivamente a los coreanos. Al viajar extensamente por todo el país, particularmente en áreas que suelen ser frecuentadas por coreanos de todas partes durante los días festivos o los fines de semana, noté un comportamiento muy peculiar mientras la gente posaba para fotografías.

En la actual edad experiencial en la que las cámaras de los teléfonos inteligentes son ubicuas, según lo que observé, parece que los jóvenes coreanos usan ampliamente la cámara de su celular y los palos *selfie* para tomarse fotos y después subirlas a medios de comunicación social. Es cierto que los *millennials* en particular han adoptado universalmente las redes sociales, pero los coreanos en su modo habitual en lo que se refiere a adoptar tendencias emergentes, lo han llevado al siguiente nivel. Parece que tienen un romance con las redes sociales, especialmente la costumbre de tomar fotos de comida o *selfies* en restaurantes que visitan por primera vez para luego subirlas a sus cuentas sociales para compartirlas con amigos y seguidores. En pocas palabras, la diferencia está en el grado de intensidad. Cuando visité lugares que los turistas coreanos suelen frecuentar con celulares y palos *selfie* en mano, incluso algunos pueblos coreanos tradicionales, restaurantes típicos coreanos en mercados al aire libre y otros lugares como el barrio de murales (*Byukhwa Maul*) en la ciudad de Tongyeong. La inusual y curiosa costumbre que noté en los coreanos durante estas excursiones es la de posar para fotos haciendo el signo de la paz. En mis recorridos por Europa, Norteamérica y partes del medio oriente y Asia, nunca había yo visto tal fascinación por la señal de victoria o de la paz.

Una de las principales diferencias entre la sociedad coreana y las del occidente es el énfasis en el convencionalismo en la primera y el individualismo en la segunda. La importancia de la conformidad en Corea tiene raíces tanto geográficas como históricas. Puesto que Corea es una península estratégicamente situada y está rodeada de países de gran jerarquía como China, Rusia y Japón, ha sido propensa a la agresión extranjera y en algunos casos invasión y eventualmente ocupación. En consecuencia, los coreanos han reconocido las ventajas de ser un pueblo unido. De este modo, ellos han sido capaces de repeler agresores y de liberarse de las cadenas de la opresión por parte de países extranjeros. Unidos, los coreanos fueron capaces de recuperarse de la devastación causada por la guerra de Corea para así convertir al país en la duodécima economía más grande del mundo. Por consiguiente, el concepto de la unión está profundamente arraigado en el tejido de la sociedad. Este extenso compromiso a la integración se refleja en el dicho 뭉치면 살고 흩어지면 죽는다, que se traduce como «unidos venceremos, divididos caeremos».

Sin embargo, esta expresión en coreano tiene una connotación más fuerte. Literalmente quiere decir «unidos viviremos, si no moriremos». Algunas administraciones nacionales han usado este lema para persuadir al pueblo coreano para que respalde algunas iniciativas que son consideradas beneficiosas para toda la nación. También se señala con especial énfasis en las fuerzas armadas, en lugares de empleo, en las escuelas y hasta en familia.

El fervor nacional por la unidad fue evidente antes y durante los Juegos Olímpicos de verano en Seúl de 1988, igual que en el mundial de 2002 cuando Corea y Japón se unieron para albergar este evento de FIFA (en francés: Fédération Internationale de Football Association). En la fecha de esta publicación tal vez sea muy temprano juzgar el impacto del fervor hacia la unidad exhibida durante los Juegos Olímpicos de invierno de PyeongChang de 2018 que se dividieron entre la conmovedora demostración de unidad entre las dos Coreas durante la jornada de inauguración y el apoyo incondicional hacia los atletas surcoreanos durante varios eventos.

Los Juegos Olímpicos de verano de Seúl de 1988, incluyendo el desarrollo de la infraestructura le costaron a Corea el equivalente hoy en día de $8.2 mil millones de dólares.[11] Los juegos sirvieron de vitrina para cambiar la imagen del país frente al mundo entero. Antes de los Juegos Olímpicos de verano de Seúl de 1988 Corea era mejor conocida por la guerra de Corea. En cambio, después de las olimpíadas, el mundo percibió a Corea como un país sumamente industrializado y además tecnológicamente y económicamente avanzado. El evento sirvió como estimulante de la moral para el pueblo. Retrospectivamente, el dinero que se gastó en organizar los juegos olímpicos e introducir la Corea de hoy al mundo fue una buena inversión.

De acuerdo con el periódico *The Washington Post*, Corea gastó dos mil millones de dólares en infraestructura tal como estadios, viaductos, vías férreas y otras en preparación para el mundial de 2002.[12] Líderes gubernamentales y empresariales valoran los beneficios inmateriales generados por haber sido coanfitriones del evento. Se dice que Kim Joo Hyun, vicepresidente del Instituto de Investigación Hyundai en Seúl, afirmó: «Esto significa una renovación total de la imagen de Corea».[13]

Además de los eventos deportivos internacionales ya mencionados, el país ha albergado otros eventos deportivos internacionales con un efecto unificador menor como los Juegos Asiáticos de 2002 y 2014, tal vez porque los coreanos reconocen el inigualable potencial de beneficios inmateriales como el de albergar un evento de la magnitud de la copa mundial o una olimpiada. El desarrollo inédito de la infraestructura como preparación para los Juegos Olímpicos de verano de 1988 en Seúl y la Copa Mundial de 2002 convirtieron a Corea en un país idóneo para albergar eventos deportivos internacionales.

Es evidente que el pueblo coreano se enorgulleció en coalbergar la Copa Mundial de 2002 y de mostrar a su país al resto del mundo. Todo el país se congregó tras de su equipo. La gente en Seúl, Busán y otras ciudades en Corea y aun expatriados que vivían en Los Ángeles salieron por las calles llevando puestas la tradicional camiseta y bandana roja a ver y alentar a su equipo. Los juegos de la selección nacional se exhibieron por las calles por televisores gigantes. Sin duda, este entusiasmo y energía contribuyeron para que el país terminara en lo más alto del certamen en su historia: Corea se llevó el cuarto lugar.

La historia se encargará de juzgar el papel que desempeñó Corea como anfitrión de los Juegos Olímpicos de invierno de 2018 en PyeongChang, pero la primera impresión es que la imagen refinada que se proyectó es la de una nación mucho más madura, con una gran autoestima, segura de sí misma y más tecnológicamente avanzada que la Corea reflejada en eventos internacionales anteriores. Los Juegos Olímpicos de invierno de 2018 en PyeongChang no representaron más el debut de Corea en el escenario mundial sino una función de regreso. El mundo conocía Corea mucho más como una potencia económica, una nación que exporta productos de calidad como los teléfonos inteligentes, automóviles, cosméticos y claro también el K-Pop. El evento de 2018 fue una reafirmación que Corea del Sur tiene un lugar respetable en el escenario mundial a pesar de la tensión que existe con el vecino del norte.

El sacrificio

El concepto de sacrificio corre muy por dentro de la psique colectiva del pueblo coreano. Específicamente, la idea del sacrificio individual para el beneficio del grupo o de la sociedad en general tiene un significado muy profundo. Esta idea es evidente a lo largo y ancho de la cultura. Individuos no solamente se sacrifican voluntariamente, sino que se espera que lo hagan. Por ejemplo, un miembro de una familia sacrifica sus intereses personales por los de la familia. Un empleado de una compañía se sacrifica por el bien de la unidad empresarial o por toda la empresa. Los alumnos se sacrifican por el bien de toda la clase. Los soldados se sacrifican por el bien del pelotón. El concepto esta tan arraigado en la cultura que hasta tiene un lugar prominente en el léxico coreano. Es común escuchar el lema «대를 위한 소의 희생» que significa: «para los grandes, sacrificar a los pequeños». En otras palabras, el individuo debe actuar o sacrificarse en beneficio del grupo. Este dicho no se debe de confundir con uno del Occidente que dice: «todos para uno y uno para todos» puesto que este implica un beneficio mutuo tanto para el individuo como para el grupo. El lema coreano refleja la cultura ya que incorpora los conceptos de unidad, conformidad y harmonía. Más importante aún es que acentúa la desvalorización del individuo en comparación con el grupo, algo que se observa en varios escenarios —incluso en las aulas, en las fuerzas armadas y en reuniones sociales—.

Todos los varones, al menos que estén exentos por razones médicas, tienen que completar su servicio militar y sacrificar aproximadamente dos años de su vida por el bien de la patria. La duración del servicio depende de la rama de las fuerzas armadas, de ahí la variabilidad en la duración del servicio. Su sacrificio se considera como una contribución a repeler una posible invasión del vecino del norte.

En la mayoría de compañías, se requiere que empleados al nivel de ingreso participen en entrenamiento que por lo general incluye ejercicios físicos y para fortalecer confianza. Algunos entrenamientos pueden consistir en ejercicios militares con connotaciones de aculturación a los valores de la compañía. Esta costumbre sirve para recalcar la necesidad del sacrificio individual para el bien de la compañía.

En un nivel más sublime está la convicción por parte de las generaciones mayores (los *baby boomers*[14]), aquellas que experimentaron la pobreza antes, durante y después de la guerra de Corea. Ellos creen firmemente que los ciudadanos deben sacrificar hasta su felicidad, si es necesario, por el bien del país.

A continuación, se enumeran ejemplos concretos de notorios sacrificios colectivos:

Históricamente, Corea se ha visto obligada a repeler invasores extranjeros, principalmente debido a su estratégica ubicación geográfica entre China y Japón. En su historia moderna, superó la ocupación japonesa que duró desde 1910 hasta 1945, y posteriormente la guerra de Corea de

1950 a 1953. Los individuos que contribuyeron a la liberación del país de los japoneses al dar su vida han sido inmortalizados como héroes. Sus actos heroicos aún se enseñan enfáticamente en las escuelas.

Un ejemplo más reciente de un sacrificio colectivo se llevó a cabo durante la crisis económica asiática que afectó algunos países del este de Asia comenzando en julio de 1997. Corea fue uno de los países que fueron afectados más intensamente al igual que Tailandia e Indonesia. Otros países fueron afectados a un grado menor. Antes de la crisis, Corea acumuló un creciente déficit comercial. Los conglomerados pidieron dinero prestado imprudentemente a tal grado de poner en riesgo la solvencia de los bancos. El país prácticamente agotó sus reservas de moneda extranjera, lo que causó una fuerte devaluación de su moneda, el won coreano. También, de acuerdo a *Forbes*, «Inversionistas extranjeros extrajeron casi $18 mil millones de dólares del país. Miles de personas perdieron su empleo».[15] La crisis monetaria se conoce entre los coreanos como la crisis del Fondo Monetario Internacional (IMF por sus siglas en inglés). A cambio de un paquete de rescate de $55 mil millones de dólares, el paquete de rescate más masivo hasta esa época, a regañadientes Corea aceptó implementar severos recortes del gasto público, abrir sus mercados a productos e inversionistas extranjeros y reducir la habilidad de conglomerados de expandirse.

Estando consientes del impacto individual y colectivo de las condiciones del Fondo Monetario Internacional, aproximadamente una cuarta parte de los coreanos, o casi 3.5 millones de personas, participaron en una campaña nacional para pagar la deuda lo más pronto posible haciendo donación de sus joyas de oro, monedas, baratijas y medallas. Los participantes mostraron un gran sentido de unidad, sacrificio colectivo y nacionalismo frente a esta problemática situación haciendo cola afuera de los centros de donación para ofrecer su oro a una causa nacional. Según

Forbes, la campaña produjo 226 toneladas de trozos de oro con un valor de $2.2 mil millones de dólares. Las donaciones se fundieron en barras de oro y fueron entregadas al Fondo Monetario Internacional como un pago inicial al préstamo de rescate y la campaña sirvió como una llamada a la acción y fuente de inspiración para pagar el préstamo antes del fin del año en 2001, casi tres años antes de lo previsto.

La creación de consenso

Además de la presión actual para conformarse a las normas sociales, los coreanos poseen un deseo innato de llegar a un consenso, la idea básica que la mejor decisión es la que es avalada por la mayoría. En otras palabras, la opinión de otras personas es valorada en el proceso de toma de decisiones. Madres de alumnos de escuelas primarias, secundarias y preparatorias al seleccionar un *hagwon* para sus hijos toman en cuenta la opinión de otras madres en sus redes cuyos hijos han conseguido aceptación a universidades de prestigio. Madres utilizan el mismo proceso de consulta para escoger a un tutor privado o una escuela internacional para sus hijos.

El proceso de consulta y la creación de consenso se aplican especialmente en la vida diaria aun cuando los estudiantes se enfrentan con decisiones sumamente personales como el someter un ensayo para el proceso de admisión de universidades norteamericanas o el escoger un país para alguna práctica profesional. Tres motivos fundamentales en la creación de consenso para los coreanos son el deseo de cumplir con las normas sociales, obtener una ventaja en un entorno competitivo y desarrollar una eficiencia máxima. En este último caso, significa tomar el camino más conocido que se puede determinar a través del proceso de consulta, y así evitar cometer errores y aumentar la probabilidad del éxito.

La presión aumentada para asegurar su futuro bienestar financiero impulsa a estudiantes a comportarse de forma obsesiva. Por ejemplo, la mayoría de los estudiantes del doceavo grado que yo asesoré pidieron a dos o tres maestros, y en algunos casos a profesores de universidad, que revisaran su ensayo autobiográfico antes de entregarlo con su solicitud de ingreso a universidades. Por una parte, los estudiantes reconocen el papel fundamental que juega el ensayo en el proceso de admisión en universidades. Por otra parte, ellos tienen la creencia básica que obtener la opinión de varias personas sobre la estructura y el contenido de su ensayo les proporciona la mejor posibilidad de dar la mejor impresión.

Aparte de patrones de comportamiento impulsados por la cultura, cuestiones éticas parecen estar en juego cuando se ven a través del lente de una persona occidental. Las instrucciones proporcionadas por los funcionarios de admisiones al nivel universitario sobre cómo escribir los ensayos para las solicitudes de admisión son generalmente claras y suficientemente específicas para que los solicitantes las sigan. El propósito de estas instrucciones es de asegurar que haya un campo de juego nivelado para todos los solicitantes. Si los ensayos se utilizan por comités de admisión para determinar el potencial de los solicitantes para tener éxito en un ambiente rigurosamente académico, ¿acaso los ensayos ofrecen una medida falsa? Un aporte sustancial proporcionado por el grupo de personas aparte del estudiante que opinen sobre el ensayo puede alterar significativamente la calidad y el significado del mismo.

Para estudiantes que solicitan admisión a una universidad fuera del país el proceso de escoger una de varias universidades que les ofrecen admisión es un ejemplo más del papel que desempeña la creación de consenso en la sociedad coreana. Siendo consciente del carácter competitivo de la cultura, los estudiantes reconocen que el proceso de selección de universidad es sumamente importante para su seguridad

51

financiera, y por consecuente para su éxito en el futuro. Sin excepción alguna, todos los estudiantes a los que ayudé con el proceso de admisión a universidades no coreanas sostuvieron prolongadas consultas con parientes, amigos, amigos de la familia y miembros respetables de la comunidad incluyendo maestros, pastores y profesores de universidad antes de tomar una decisión final. Es muy posible que transcurra algo de tiempo hasta que un consejero occidental que está acostumbrado a tratar directamente con los estudiantes y sus padres acerca de estas decisiones fundamentales, se dé cuenta que cuando asesora a estudiantes coreanos hay actores adicionales que tienen una enorme influencia en la toma de decisiones que no están sentados en la mesa si no que están de pie al fondo y sólo son accesibles a los estudiantes y a sus padres. Aunque los estudiantes estaban guiados por un experto en esta especialidad, se sentían obligados a acudir al proceso oficioso de consulta para asegurarse del éxito y la eficiencia en la toma de decisiones. Un estudiante de último grado al que yo ayudé con el proceso de admisión a la universidad y que fue aceptado por aproximadamente diez universidades en Estados Unidos y además recibió una beca de $25,000 de una de ellas, consultó no solo con sus padres sino también con algunos profesores de universidad y amigos de la familia quienes habían asistido a universidades en EE. UU. antes de tomar una decisión.

En casos como este, los estudiantes tienen la oportunidad de tomar una decisión transcendental. Puede que tenga profundas repercusiones tanto personales como profesionales que les pueden afectar el resto de su vida. La preocupación es que, si piden la opinión de no expertos como familiares, amigos, amigos de la familia, profesores de universidad y otras personas respetadas de la comunidad antes de tomar una decisión, es posible que reciban información incompleta o tal vez hasta desinformación u opiniones sesgadas que tal vez vayan en contra de los intereses de los estudiantes.

Otro ejemplo similar, pero a un nivel diferente, es el de un estudiante universitario que conocí. Él consultó ampliamente no solo con familiares sino también con amigos, profesores de universidad y ex supervisores antes de decidir ir a Singapur en lugar de a Australia para un trabajo de práctica en administración de hoteles. Después de su regreso a Corea de su trabajo de práctica en Singapur tuve la oportunidad de preguntarle sobre la utilidad del proceso de consulta o búsqueda de consenso en relación a optar por Singapur y no Australia. Aquí está su respuesta según sus propias palabras:

> Consulté con mis padres, profesores y amigos acerca de mis problemas. De hecho, yo quería ir a Australia en lugar de Singapur. Sin embargo, tuve que ir a Singapur después de tomar en cuenta algunos factores tal como mi condición [financiera] y mi carrera. La gente a mi alrededor dijo que Singapur me ayudaría más en lo que concierne a mi personalidad introvertida, mi carrera y [mi situación financiera]. La gente a mi alrededor me ofreció ayuda de un punto de vista más objetivo. Entre otras cosas, la cuestión [financiera] fue [el factor] que determinó que país escogería.

> El programa de capacitación en idiomas [en] Australia era muy caro. En cambio, en Singapur, puede ganar dinero y ser autosuficiente. Entonces, por eso me decidí por Singapur.

> Es difícil decir que no me arrepentí después de haber escogido Singapur. Cuando me di cuenta que mis amigos habían decidido ir juntos a Australia pensé que me gustaría vivir allí. Pero en fin, no me arrepiento del año que pasé en Singapur. Si [hubiera ido] a Australia [en lugar de] Singapur, me hubieran quedado otros recuerdos, pero el haber vivido

en Singapur me ayudó bastante, y me quedaron muchos recuerdos inolvidables.[16]

Aunque este caso es de carácter anecdótico, nos ofrece un atisbo de las razones por las que los coreanos emprenden estrategias similares de consulta o búsqueda del consenso, cada vez que se enfrentan a decisiones críticas y los beneficios que perciben de este tipo de consulta.

Este proceso de consulta parece ser la norma y no la excepción. Suponiendo que esta norma es general y esencialmente correcta, refleja el valor que los coreanos le prestan a la construcción del consenso y optan por tomar el camino más transitado, puesto que es el que ha producido resultados positivos para otras personas. Escoger el camino más conocido aumenta la probabilidad que ellos también disfrutaran del éxito. La justificación es que no hay necesidad de reinventar la rueda y tomar riesgos innecesarios tomando una decisión independiente. El concepto de la eficiencia también entra en juego en este tipo de situaciones en las que se tiene que tomar una decisión. Los estudiantes evitan esfuerzos inútiles y desilusiones utilizando el proceso de consulta con aquellos que los conocen bien tanto a ellos al igual que sus circunstancias y que han tenido experiencias exitosas en situaciones similares.

Patrones de comportamiento de la búsqueda del consenso son evidentes también fuera de la educación. Un ejemplo del proceso de consulta que suele suceder y que se convierte en búsqueda del consenso es palpable en la industria inmobiliaria. Frente a la perspectiva de comprar una propiedad inmobiliaria los coreanos generalmente toman en cuenta la opinión de familiares, parientes y amigos. Antes de comprometerse consultan ampliamente con otras personas que han tenido experiencias exitosas en este ámbito. Este proceso de consulta y búsqueda del consenso es una manera de conducir una encuesta informal con las personas que están en su círculo de influencia en los que confían. Los resultados de tal encuesta les dan confianza que están tomando una decisión que les beneficiará a largo plazo. En esencia, este procedimiento es una manera eficiente de asegurarse del éxito, y se aplica en varias áreas aparte de las ya mencionadas, incluso la selección de médico u hospital para un tratamiento médico, selección de acciones con fines de inversión, tendencias de moda, la elección de restaurante y la adquisición de bienes y servicios.

La competición y la eficiencia

Como se ha descrito anteriormente, un entorno sumamente competitivo está inmerso en el tejido de la cultura. El método preferido para hacer frente a la competencia extrema prevalente en la sociedad desde los niveles más altos hasta los rangos más bajos es a través de la eficiencia. Con este fin, medidas cuantitativas representadas por valores numéricos y sistemas de clasificación se usan ampliamente. Generalmente, la eficiencia se logra por entidades educativas, agencias gubernamentales, instituciones empresariales e industriales, al igual que el público en general, implementando un sistema de clasificación que asigne valores numéricos a un conjunto de criterios. Reducir variables simples a una cifra numérica es sin duda eficaz. El valor añadido del uso de estos sistemas de clasificación es la percepción del sentido de justicia por el público en general. El ambiente competitivo hace que los coreanos valoren bastante la equidad. Ellos no dudan en hacer frente a la competencia mientras que haya una percepción de equidad en el proceso de evaluación.

Sin embargo, el desafío es que factores como rasgos de personalidad, el potencial, la motivación y la internalización de valores son más difíciles de cuantificar. Aunque se les puede asignar un valor numérico a factores complejos, un método cualitativo, aunque sea más complejo y puede llevar más tiempo para interpretar que estrictamente parámetros cuantitativos, es más efectivo para analizar datos empíricos, por ejemplo, el comportamiento humano, la motivación y características de personalidad. Los aspectos de efectividad y equidad de medidas cualitativas se ven acrecentadas cuando se usa una rúbrica diseñada cuidadosamente.

Como se ha expresado anteriormente, instituciones de enseñanza superior en Estados Unidos van a la vanguardia en establecer un nuevo paradigma en el que esencialmente abandonan la práctica habitual del uso de resultados de exámenes estandarizados para efectuar la admisión a universidades que comenzó en el siglo XX:

> [Estas prácticas tienen] el objetivo idealista de premiar logros académicos, romper barreras de clases sociales y darles a todos los estudiantes la oportunidad de demostrar que merecen estar en la universidad. Pero hay encuestas que han revelado una estrecha relación entre resultados y antecedentes económicos. Estudiantes privilegiados con más acceso a libros, tutores y otras formas de enriquecimiento cultural y académico tienden a recibir calificaciones más altas.[17]

Si se encontró una validez estadística en la correlación entre resultados de examines y antecedentes económicos en Estados Unidos, es posible que la misma condición exista en Corea. De ser así, esa correlación desacredita la creencia que el uso de estos resultados de exámenes es una manera más justa de establecer la admisión a la universidad. Para proveer mayor acceso, algunas universidades en Estados Unidos se basan con menos frecuencia en estos resultados de exámenes como pronósticos de éxito en un ambiente académico. Esta nueva tendencia demuestra que funcionarios de admisión han comenzado a reconocer la falacia de depender en resultados de exámenes estandarizados para tomar decisiones de admisión y la propensión de excluir estudiantes con potencial intelectual.

Estos funcionarios han comenzado a designar más peso a la información cualitativa del solicitante.

En cuanto a la equidad, el periódico *The Chronicle of Higher Education* reportó que James G. Nondorf, vicepresidente de matrícula de la Universidad de Chicago, había «sabido de inquietudes persistentes acerca de lo que algunas personas describieron como perdurables obstáculos de acceso. Una de ellas era el requisito de exámenes de la Universidad de Chicago». El señor Nondorf dijo,

> Ya era hora que revisáramos el proceso de admisión para asegurarnos que es equitativo para todos. Consejeros de preparatoria te dirán de un estudiante que encajaría perfectamente con la Universidad de Chicago, no tiene capacidad para sacar buenos resultados en exámenes, aunque tiene otros talentos. Sin embargo, eligió no enviar su solicitud. Tienes suficientes interacciones similares que te indican que el requisito está deteniendo a estudiantes, que los está ahuyentando.[18]

Este nuevo paradigma probablemente tome tiempo para llegar a Corea, principalmente por el entorno tan competitivo y la confianza que la sociedad tiene en criterios objetivos o medidas cuantitativas por razones de equidad. Lo irónico es que el proceso que está basado en exámenes es percibido como un elemento que permite un grado de equidad, pero puede estar haciendo justamente lo contrario al excluir a estudiantes que tienen un potencial intelectual.

Ejemplos de eficiencia

Clasificaciones de estudiantes

El proceso de admisión a universidades en Corea es largo y extremadamente competitivo. Empieza desde los principios de la escuela secundaria. Funcionarios escolares infunden la eficiencia en el proceso al asignar clasificaciones a estudiantes. Estas clasificaciones son conocidas como 내신 (pronunciación: naesin). Comenzando desde la escuela secundaria hasta la graduación de preparatoria, las clasificaciones de estudiantes se derivan de una combinación de exámenes desarrollados al nivel local y nacional. La clasificación de estudiantes se convierte en parte integrante de la vida del alumno y de su psique desde una temprana edad. Los estudiantes se refieren a las clasificaciones en sus conversaciones entre ellos mismos. Están conscientes que a través de estas clasificaciones ellos se están preparando para la admisión a la universidad, el primer paso hacia el trabajo de ensueño y el eventual éxito financiero. Las universidades toman en cuenta estas clasificaciones, al igual que otros factores, cuando toman decisiones sobre admisiones. En mi función de consejero, revisaba expedientes académicos de estudiantes a su llegada de escuelas coreanas y noté claramente estos sistemas de clasificaciones. Las únicas veces que revisé estas clasificaciones fue cuando había necesidad de transcribir los expedientes de estudiantes nuevos porque me daban una idea del nivel en el que estaba el alumno en relación a sus compañeros en la escuela coreana. Sin embargo, ya que el alumno comenzaba a recibir calificaciones en la escuela americana, las clasificaciones no tenían más relevancia, puesto que las calificaciones que el alumno recibiría en el instituto representaban un indicador más realista del potencial del estudiante en un entorno de segundo idioma.

Hagwons y la instrucción privada

El concepto de academias después de clases o escuelas de cursos intensivos conocidas como *hagwons* y la enseñanza privada son ejemplos del omnipresente hincapié en la eficiencia que permea la cultura coreana. *Hawgons* y la enseñanza privada se tratan más detalladamente en el capítulo tres, pero en este capítulo el debate se centrará exclusivamente en su función. A menos que se especifique, en este capítulo únicamente la referencia a *hagwons* indica tanto los *hagwons* como la enseñanza privada. Aunque existen *hagwons* que se especializan en satisfacer las necesidades académicas de los adultos, el papel fundamental que juegan los *hagwons* es de proveer el apoyo académico a los estudiantes de primaria, secundaria y preparatoria en áreas que se consideran indispensables para el éxito en el proceso de admisión a universidades. Sin embargo, hay *hagwons* que se especializan en otras áreas, incluso las artes. Generalmente, los coreanos consideran el apoyo académico que *hagwons* proveen más allá de la educación prestada por las escuelas primarias, secundarias y preparatorias. Como se ha expuesto anteriormente, estas academias se concentran en áreas como la enseñanza del inglés, tal como la conversación, las matemáticas, las ciencias y las artes escénicas. Además, proveen apoyo para la presentación del examen *Suneung*. Esta prueba contiene una sección en inglés. Otros exámenes requeridos para la admisión a universidades internacionales son el ACT, el SAT, la Prueba de Inglés como Lengua Extranjera (TOEFL por sus siglas en inglés) y la Prueba de Inglés para Comunicación Internacional (TOEIC por sus siglas en inglés). El TOEFL se requiere de los estudiantes que solicitan admisión a una universidad fuera del país y el TOEIC se emplea para asesorar el dominio del inglés para el ámbito laboral. Los padres perciben el adiestramiento para el examen *Suneung* proporcionado por los *hagwons* como una manera de nivelar el terreno de juego de un proceso de admisión a la universidad sumamente competitivo. *Hagwons* proveen a sus hijos estrategias para la realización de pruebas al igual que simulacros de presentación de exámenes. Por lo tanto, si un *hagwon* consigue que un estudiante incremente su puntaje en el examen *Suneung* en un período relativamente corto usando estrategias eficientes de toma de exámenes, la colegiatura de la escuela de cursos intensivos habrá valido la pena. Debido al proceso tan competitivo de admisión a universidades coreanas, la participación de estudiantes en *hagwons* para la preparación de pruebas no es una opción sino una necesidad. El reto para estudiantes de recursos económicos limitados es que la situación particular de la familia puede ser un obstáculo para que ellos tengan acceso a *hagwons* de más renombre que los niños de familias ricas pueden permitírselo, y es posible que les puedan impedir su participación. De esta manera los sitúan en desventaja.

Naver y los temas de actualidad

Naver, uno de los más populares portales de Internet hoy en día en Corea, fue fundada el 2 de enero de 1999.[19] Contiene servicios que son ampliamente usados tal como capacidad de motor de búsqueda, noticias, correo electrónico, servicios a la comunidad, incluso blogs, cibercafé y clasificaciones de temas de tendencia en tiempo real. Naver ocupó el lugar número treinta y cuatro en la lista de *Forbes* de 2018 de las cien mejores compañías digitales.[20] Además, ese mismo año fue clasificada número nueve de la lista de *Forbes* de compañías más innovadoras del mundo.[21] Información contradictoria arroja conclusiones no concluyentes sobre la pregunta «¿cuál es el motor de búsqueda más popular en Corea?». Algunas páginas de resultados de motor clasifican a Google más arriba y otras clasifican a Naver como el motor de búsqueda preferido por los coreanos. The Egg, una compañía que se especializa en mercadería digital y de búsqueda, condujo una encuesta para determinar la cuota de mercado de motor de búsqueda en Corea. Después de revisar los datos remitidos por páginas de resultados de motor de búsqueda que comparan volúmenes de búsquedas de muestras de palabras claves y tendencias en palabras claves en Google, Naver y Daum, The Egg determinó que la mejor fuente de datos sobre cuota de mercado de motor de búsqueda es KoreanClick (2016), la cual «indica que el motor de búsqueda dominante en Corea es aún Naver (74%), seguida por Daum, otro motor de búsqueda local (16%), y por último, Google (10%)».[22] Sin embargo, The Egg también reconoció que Google ha estado ganando cuotas de mercado rápidamente a lo largo de los años, mientras que Naver y Daum han mostrado una tendencia a la baja.[23]

El servicio de temas de tendencia en tiempo real de Naver es un fenómeno exclusivo de la cultura coreana. Además de proporcionar los temas de tendencia generales, Naver presenta los temas de tendencia por categoría basada en la edad. Este fenómeno destaca el énfasis en la eficiencia. Es muy común que los coreanos se pregunten entre ellos: «¿cuál es el tema de tendencia número uno?». Cuando una persona hace esta pregunta los coreanos saben exactamente que se refiere al tema de tendencia número uno de Naver. En otras palabras, los coreanos visitan el sitio de Naver para estar al tanto del tema de tendencia más popular. De esta manera, el tema se convierte en el tema del día gracias al uso de la tecnología, de esta manera van al grano eficientemente eliminando así toda clase de esfuerzo y tiempo innecesarios. La naturaleza del tiempo real de los temas de tendencia refleja la cualidad efímera de las cuestiones que están de moda, al igual que el carácter inconstante y la tendencia a gravitar hacia modas pasajeras. En cambio, los sitios en EE. UU. no descomponen los temas de tendencia por categorías de edad, y la gente no pregunta «¿cuál es el tema de tendencia número uno?» y esperan que los demás sepan a qué se refieren.

La cultura *ppali ppali*

Una característica cultural específica de Corea es la tendencia a hacer todo rápidamente. Esta característica se conoce como *ppali, ppali* o «rápido, rápido». En esta obra, analizaré detalladamente casos que hacen eco de esta peculiaridad. Los coreanos están bien conscientes de este concepto cultural, el cual ellos consideran como una herramienta para el éxito. Se lo inculcan a los niños desde una temprana edad. Escuelas, *hagwons* y tutores privados promueven la adopción de la característica *ppali ppali* enseñándoles a los estudiantes como resolver problemas rápidamente porque la rapidez con la que resuelven problemas determina su éxito académico.

Cuando comen en un restaurante, a los coreanos les gusta comer rápidamente, pagar la cuenta y salir, excepto cuando están disfrutando de bebidas alcohólicas. Los dueños de restaurantes y meseros no esperan menos. Ya sea que estén comiendo en casa o en un restaurante, los coreanos prefieren que el servicio de la comida sea rápido. La entrega de comida rápida es fácil y universalmente disponible. También se considera como una alternativa aceptable, particularmente porque los dueños de restaurantes se comprometen a entregar rápidamente la comida.

Como se señaló en la introducción, la velocidad de Internet en Corea se ha mantenido en el primer lugar del mundo desde que este conjunto de datos ha sido documentado comenzando en el cuarto trimestre de 2015 hasta el primer trimestre de 2017. Los coreanos también disfrutan del rápido acceso a su Internet. Además levantan estructuras rápidamente. Ejemplos y cuestiones concernientes a edificios que se construyen en tiempo récord se discutirán en el capítulo seis. El entusiasmo por la vida frenética se atribuye a la rápida expansión económica del país que ocurrió en tiempo récord después de la guerra de Corea.[24]

Mi experiencia con los servicios médicos

Durante mi estancia en Corea, tuve la oportunidad de visitar algunos hospitales y clínicas para atender a mis propias necesidades. La asequibilidad de los servicios me sorprendió bastante. Por ejemplo, en el momento de publicación de esta obra, el coste de un examen de ultrasonido del hígado en Corea es menos de cien dólares sin seguro médico. En comparación, en EE. UU. un examen similar cuesta un promedio de $390 según New Choice Health, Inc.[25]

Uno de los más grandes hospitales que visité con frecuencia estaba asociado con una universidad nacional. Como tal, era un hospital de investigación consistente de aproximadamente cuarenta departamentos. Cada vez que visité el hospital me quedé sorprendido por el número de pacientes no solo en una unidad sino en todo el hospital. Cada vez que entraba en cierto departamento, veía varias docenas de pacientes en la sala de espera. Había dos recepcionistas, una en cada lado de la sala. Aunque siempre había que esperar un largo tiempo, los doctores atendían a los pacientes en una forma muy ordenada. Ya que el paciente se registraba con la recepcionista esperaría que su nombre apareciera en una pantalla enfrente de la oficina del doctor. En lugar de ser acompañado a un cuarto de consulta, el paciente se reunía con el doctor por unos minutos en su consultorio médico individual. Los doctores no tenían que andar de una sala de reconocimiento a otra. Ellos solamente se encontraban en su consultorio médico dando consulta médica paciente tras paciente. El énfasis en la eficiencia era evidente. Aunque el número de pacientes parecía ser abrumador, el uso de la tecnología permitía que el personal atendiera a todas las personas de manera eficiente. El proceso por el que yo pasé era igual de eficiente. En un período de tres horas me hicieron exámenes de sangre, una prueba de ultrasonido y tuve una consulta con mi médico. Cuando entré en la consulta del médico, los resultados de las pruebas ya estaban en el sistema, por lo que el médico pudo consultarlos durante mi entrevista/examen.

Visité otros hospitales y clínicas y me di cuenta que usan la tecnología de una manera muy similar para proveer a los pacientes un proceso fluido y eficiente. Por lo tanto, creo que mi experiencia con este hospital representa un proceso típico y no una anomalía.

El 2 de marzo de 2018, durante el noticiero de la cadena de televisión KBS (Korean Broadcasting System), tal vez la empresa de medios de comunicación más grande de Corea, transmitieron un segmento relacionado al énfasis en la eficiencia del país. El reporte se relaciona a las observaciones que he hecho y que están descritas en la sección anterior. El segmento hizo hincapié en la preocupación en relación del número de pacientes que se les asigna a los enfermeros en Corea. La Facultad de enfermería de la Universidad Nacional de Seúl proporcionó las estadísticas presentadas durante la transmisión. Según las estadísticas citadas durante el segmento, a los enfermeros se les asignan un promedio de 43.6 pacientes, ocho veces más que en Estados Unidos donde el promedio es 5.3 pacientes y cinco veces más que en el Reino Unido con 8.6 pacientes. También se reportó durante el segmento que un estudio conjunto entre la Universidad Nacional de Chonbuk y la Universidad de Ulsan indica que el número insuficiente de enfermeros es responsable de aproximadamente 9.2% de complicaciones médicas. Estas complicaciones podrían haberse evitado si los enfermeros tuvieran un número reducido de pacientes.[26] Sin embargo, la utilización eficaz de personal médico e instalaciones contribuye a mantener los gastos médicos significativamente más asequibles al público.

Clubes casamenteros

La competitividad y la eficiencia coexisten como una pareja de características que se complementan aún en el aspecto social de la sociedad coreana. Hay muchos clubes casamenteros a los cuales tanto las damas como los caballeros que están interesados pueden acceder para encontrar su pareja ideal. Los operadores de estos clubes aceptan felizmente solicitudes de clientes que proveen detallados datos personales y de la familia. Esta información se corrobora a través de una entrevista con el candidato. Los datos se convierten en valores numéricos que se usan para generar rápida y eficazmente un sistema de clasificación. Este sistema de clasificación ayuda a los operadores de clubes casamenteros a identificar candidatos potenciales para un individuo. A continuación, hay listas de muestra del tipo de información recopilada de solicitantes. Cabe observar que, aunque los datos de las damas y de los caballeros son similares, existe una diferencia sutil entre ambos.

Información de muestra recopilada de los varones

  » Profesión y nivel de educación
  » Ingresos y derechos de propiedad
  » Patrimonio familiar, responsabilidades y posición socioeconómica
  » Apariencia (es decir: aspecto, altura, peso)
  » Edad e historial de matrimonio

Información modelo recopilada de las hembras

  » Apariencia (es decir: apariencia, altura, peso)
  » Edad e historial de matrimonio
  » Profesión y nivel de educación
  » Antecedentes familiares (por ejemplo: la ocupación del padre)

Cabe resaltar la naturaleza materialista de la información obtenida de los solicitantes. Estos cuestionarios reflejan aspectos culturales que han sido integrados en la sociedad coreana durante muchos años. Es evidente que los conjuntos de datos obtenidos de los clientes tienen una predisposición financiera. Los derechos de propiedad, por ejemplo, son sin duda un indicio de estabilidad económica y riqueza. Por una parte, la riqueza de la familia es un factor esencial específicamente para los varones. Tradicionalmente, en la sociedad coreana los varones han heredado la mayor parte del patrimonio familiar. Por otra parte, los antecedentes familiares, tal como la ocupación del padre, representan la situación económica o el prestigio de la familia y la reputación atribuida a un cliente.

Basado en las preguntas, los consuegros coreanos son claramente más directos y hacen preguntas que van más allá de las preguntas de los servicios de citas en Estados Unidos, tal como antecedentes familiares y el oficio del padre. Los consuegros coreanos usan estos datos para evaluar y clasificar al cliente. Este sistema es más exhaustivo que los sistemas de citas en EE. UU. Los sistemas de citas norteamericanos generalmente muestran la información acerca de los posibles candidatos que se ajustan a los criterios identificados por los clientes. El cliente luego elige a los candidatos potenciales para citas. Este es un sistema de ensayo y error que puede ser largo y por lo tanto, posiblemente ineficiente.

En cambio, los consuegros coreanos deciden ellos mismos cual candidato el cliente puede contactar basado en la evaluación y clasificación del candidato. Este sistema es más eficiente porque el período de ensayo y error se puede reducir considerablemente o eliminar por completo, puesto que el consuegro ya evaluó tanto al cliente como al potencial candidato y ha establecido la viabilidad de que estos hagan buena pareja de acuerdo a su clasificación. Es decir que el consuegro introduce un posible candidato al cliente si sus respectivas clasificaciones coinciden. Un consuegro no presenta al cliente a un posible candidato de un nivel diferente porque esto abriría la puerta a una posible incompatibilidad, y por eso sería una pérdida de tiempo.

La adopción de nuevas tendencias

Como se ha señalado anteriormente, la tendencia a conformarse y el deseo de diferenciarse los unos a los otros a la misma vez como consequencia de la naturaleza competitiva de la sociedad coreana representa una dicotomía que los coreanos son capaces de navegar exitosamente. El ambiente competitivo, especialmente cuando se trata de distinguir el estado socioeconómico de un individuo del resto de la sociedad, puede explicar porqué, cuando una nueva tendencia aparece, ya sea en la economia, en la moda o en las redes sociales, los pioneros o primeros usuarios suelen marchar simulataneamente en la misma dirección, por lo menos hasta que la última tendencia ha sido generalmente adoptada. Cuando una nueva tendencia está de moda, el deseo de sobresalir, de ser diferente, de ser mejor que otros, incluyendo miembros de la familia y amigos, se convierte en fuerza impulsora de comportamiento individual y posteriormente grupal.

Como la tendencia fundamental de conformarse fomenta homogeneidad y harmonía, pero desalienta la individualidad, la gente tiende a diferenciarse del resto adquiriendo bienes materiales. Estos pueden incluir cosas tales como un coche o un departamento más caro, ropa más elegante, frecuentar un restaurante más caro o moderno, o más de moda, ir a pasear o ir de compras en un centro comercial más nuevo o prestigioso en un barrio de alta categoría. Sin embargo, una vez que esta tendencia es generalmente adoptada, la gente cambia y busca un nuevo bien material, pasatiempo, lugar o actividad que los diferencie del resto. Los restaurantes, en particular, parecen ser víctimas de su propio éxito. Algunos nuevos restaurantes de especialidades que llevan a cabo una campaña promocional tienen el potencial de atraer una clientela suficientemente grande que les permita generar éxito inicial. Pero una vez que el efecto de la novedad se desvanece, las grandes multitudes se pueden esfumar rápidamente.

La popularidad inicial y posteriormente la actitud displicente hacia la comida de fusión coreana-mexicana presenta un ejemplo interesante de esta tendencia de los primeros usuarios de establecer una nueva tendencia para diferenciarse de las masas, para después adoptar una nueva área de interés una vez que la novedad desaparece o la moda se adopta de manera universal. En 2011, tres coreano-norteamericanos decidieron abrir un restaurante de comida fusión coreana y mexicana con el nombre de Vatos Urban Tacos en el barrio de Itaewon, un área multicultural con un ambiente acogedor hacia los extranjeros situada en Seúl, donde viven veinte mil extranjeros. En 1997, el área de Itaewon fue designada zona especial para turistas.[27] Viajeros [y residentes coreanos] pueden probar comida auténtica y experimentar las culturas de todo el mundo por la calle Comida del Mundo donde se encuentran cuarenta restaurantes operados por extranjeros.[28] Además de comida internacional, tanto los visitantes como los habitantes locales pueden disfrutar de tiendas, bares y clubes que son acogedores hacia los extranjeros. Durante los fines de semana, el barrio de Itaewon está lleno de gente, tanto de extranjeros como habitantes locales y hombres y mujeres que sirven en las fuerzas armadas estadounidenses quienes se reúnen en esta diversa área para ir de compras, comer y convivir en un ambiente festivo.

El restaurante tuvo gran éxito principalmente por su ubicación y el público objetivo —extranjeros que estaban familiarizados con y disfrutaban de comida coreana y mexicana, y coreanos que habían probado la comida mexicana en Estados Unidos—. Los primeros usuarios coreanos fueron aquellos que habían estudiado o viajado en EE. UU. Por eso, se presupone que su estado socioeconómico estaba a la par de aquellos que tenían las posibilidades de permitirse los gastos de viajar o estudiar en el extranjero. Otros coreanos que nunca habían visitado Estados Unidos y que nunca habían probado la comida mexicana, vieron en esta situación la oportunidad de ser percibidos como individuos de un nivel socioeconómico más alto, así que visitaron el restaurante para probar la comida. En una situación similar en EE. UU., el nivel socioeconómico de los primeros usuarios no sería considerado más alto.

Eventualmente los dueños abrieron por lo menos otros tres restaurantes en áreas estratégicas de Seúl: Yongsan-gu, el barrio de moda, Sinsa-dong y Songpa-gu. Además, una multitud de coreanos con espíritu empresarial que quedaron impresionados con el éxito del restaurante Vatos Urban Tacos trataron de duplicar la experiencia. Por consecuencia, restaurantes de comida mexicana se convirtieron en algo común en Seúl. Una vez hecha común la tendencia, la comida coreana-mexicana perdió la novedad y el criterio específico de calidad. La comida ya no se consideró de moda y perdió el atractivo con excepción de Vatos Urban Tacos. Ningún otro restaurante de comida mexicana en Seúl ha podido igualar el éxito de Vatos Urban Tacos. La cadena de noticias CNN reporta que «la espera puede durar hasta tres horas los fines de semana».[29]

Para terminar la historia, finalmente, los dueños de Vatos Urban Tacos llevaron la experiencia al mercado internacional. Abrieron un restaurante en Singapur y otro en las Filipinas.

Un amigo mío coreano me explicó la dicotomía entre el deseo de conformarse a las normas sociales y a la vez tomar acción que enfatiza la diferencia, lo que esencialmente demuestra el aspecto competitivo de la cultura diciendo lo siguiente: «Todos nos vemos similares. Todos tenemos pelo negro y ojos rasgados. Por lo tanto, todos queremos ser mejor o al menos vernos diferente y más de moda que los demás. Aparte de la moda, esa es una de las razones por las que los jóvenes se pintan el pelo de otro color, a las mujeres les atraen las cosas más costosas (*myung-poom*), por ejemplo los cosméticos, las joyas, y lujosos bolsos de mano de marca Louis Vuitton, Hermès y Chanel y a los hombres les gustan los coches caros».[30] Mi amigo prosiguió precisando que estos caros bolsos de mano representan un símbolo tan esencial de posición social para la mujer coreana que algunas compran estos bolsos de diseño aun cuando su salario no concuerda con el costo de estas cosas tan caras. La diferencia entre Estados Unidos y Corea es el grado o la intensidad de esta práctica. Más específicamente, es muy común que la mujer coreana adquiera conocimientos en el ramo de bolsos de diseño a tal grado que pueden identificar las especificaciones de un objeto, tal como el precio, si el diseño es nuevo o clásico y que tan popular es. Además, uno de los temas favoritos entre las mujeres es precisamente de los bolsos de diseño de lujo.

News 1 publicó estadísticas auténticamente reveladoras sobre la venta mundial de bolsos de lujo en 2017 que indican que Corea ocupó el cuarto lugar detrás de países que tienen claramente una población más grande como Estados Unidos, China y Japón.

Gráfica 2. Mercado de bolsos de lujo de 2017

Clasificación	País	Ventas en billones de wones coreanos*
1	Estados Unidos	16.9
2	China	6.3
3	Japón	6.2
4	Corea	3.2
5	Francia	3.0

* Excluyendo ventas de tiendas libres de impuestos y el mercado negro[31]

News 1 sostiene que los gastos en bolsos de lujo en corea en el 2017 habrían ocupado el segundo lugar en ventas mundiales si las ventas en tiendas libres de impuestos hubiesen sido incluidas.[32] Este punto se aprecia más categóricamente si se tiene en cuenta la diferencia entre la población de Estados Unidos y la coreana. En el año 2017, con cincuenta millones de personas, la población de Corea equivalía a una sexta parte de la de EE. UU. que consistía en 326 millones de habitantes.[33]

El fenómeno Shake Shack

Un ejemplo de la propensión por distinguirse de otras personas a un nivel superficial es un fenómeno reciente. Se trata de la manía por hamburguesas de Shake Shack. El 22 de julio de 2016 la cadena de restaurantes de gran prestigio Shake Shack, especializados en hamburguesas, abrió su primer restaurante en medio de una gran expectativa en el barrio opulento de Gangnam en la parte sur de Seúl por medio de un contrato con el Grupo SPC, la panadería más grande del país. El día de la inauguración del local de Shake Shack, la gente hizo cola durante horas bajo el sofocante calor del verano. Algunos informaron que habían esperado toda una noche para asegurarse de ser de los primeros en saborear las hamburguesas, papas fritas y los licuados. *The Korea Times* informó que unas mil quinientas personas esperaron entre dos y tres horas para probar la hamburguesa americana de primera calidad. La reacción de los coreanos ante esta franquicia ejemplifica su deseo de diferenciarse de la multitud, la fascinación por la novedad y el anhelo de destacar o emular un estatus socioeconómico superior. A primera vista, la actitud ante la apertura del primer restaurante Shake Shack en Seúl no sería más que una reacción típica ante la novedad. Sin embargo, cuando se analiza a través de una lente social, los patrones de comportamiento se hacen evidentes.

En primer lugar, en general, a los coreanos no les gusta hacer cola, sobre todo para comer. En todo el país es fácil encontrar comida de alta calidad, resultado de la sobresaturación de restaurantes que no sólo preparan alimentos de todo tipo, sino que hacen hincapié en la eficiencia. La comida rápida estadounidense, concretamente la pizza y las hamburguesas, es fácil de conseguir gracias a la proliferación de cadenas de comida rápida estadounidenses como Pizza Hut, Papa John's, McDonald's y Burger King. Sin embargo, estos restaurantes se afianzaron en Corea hace tanto tiempo que ya no se consideran una novedad. Según *Modern Seoul*, McDonald's abrió su primer restaurante en Seúl en 1988.[34]

En segundo lugar, en la actual cultura de la experiencia, los jóvenes coreanos, de entre veinte y treinta años en particular, han abrazado enérgicamente las redes sociales al igual que los *millennials* de todo el mundo. Una de las actividades que aumenta su visibilidad es la práctica de compartir fotos de comida. En consecuencia, la oportunidad de formar parte de una nueva tendencia que incluye soportar una espera de dos o tres horas bajo el calor abrasador del verano, para degustar una hamburguesa de primera calidad, que sólo un grupo selecto podrá experimentar, aumenta enormemente el prestigio del fotógrafo. En consecuencia, la larga espera se convierte en sí misma en un acontecimiento social. Dadas estas condiciones, las redes sociales contribuyen enormemente al fenómeno de la novedad de Shake Shack. Gracias a los medios sociales, estos creadores de tendencias publican y comparten fotos de comida y suben fotos de ellos mismos y de sus amigos en sus páginas web. Para algunos de ellos, es una oportunidad de informar o recordar a sus amigos y conocidos que el sabor de las hamburguesas Shake Shack les trae recuerdos de la primera vez que las probaron en Nueva York. Para ellos, viajar a Estados Unidos los hace «únicos».

En tercer lugar, los precios que cobran las cadenas de hamburguesas más tradicionales están dentro de la cantidad de dinero que los coreanos suelen gastar en un almuerzo, alrededor de ocho a diez mil wones coreanos (~6.80-8.50 dólares). En comparación, una salida sin lujos a un restaurante Shake Shack en Gangnam incluiría posiblemente una hamburguesa básica de Shack por 6,900 wones coreanos, papas fritas básicas por 3,900, un refresco regular por 2,700 y un licuado básico por 5,900, lo que sumaría 19,400 wones coreanos (~16.50 dólares). Al pagar dos o tres veces más de lo que suelen gastar en el almuerzo, los clientes sienten que se diferencian de la multitud. Es un símbolo de estatus que subrayan con sus *selfies*. La larga espera en el calor y la humedad de pleno verano es una ventaja adicional para mostrar la experiencia. Demuestra que las hamburguesas no sólo merecen el precio, sino también la espera. Es caro para los estándares coreanos. Por lo tanto, está de moda. El fenómeno Shake Shack se ha expandido a otras partes de Seúl, y acabará abriendo restaurantes en otras ciudades, ya que, según la NPR (National Public Radio), el Grupo SPC planea abrir hasta veinticinco restaurantes Shake Shack en Corea para 2025.[35] La novedad acabará por agotarse, aparecerán otros restaurantes caros y de moda, y los primeros en adoptarlos serán los primeros en seguir adelante mientras el resto seguirá intentando ponerse al día.

La moda de North Face

La reciente e intensa popularidad de la ropa de deporte North Face entre los jóvenes es otro excelente ejemplo de esta tendencia a encontrar algo físico para diferenciarse de las masas. No hace mucho tiempo, el uso de prendas de North Face se hizo popular entre las personas acomodadas, especialmente entre sus hijos, que harían cualquier cosa por convencer a sus padres de que compren prendas, sobre todo chaquetas, con el logotipo de este particular fabricante. La popularidad de esta marca se extendió como un reguero de pólvora. Se convirtió en la última moda entre las masas que van de excursión los fines de semana y las vacaciones, e incluso entre las personas de menor nivel socioeconómico. Cuando esta moda se extendió a la clase media, llevar este atuendo perdió su *glamour*. En consecuencia, la gente de los escalones más altos de la escala socioeconómica, y eventualmente los de abajo, pasaron a usar otras marcas. Esto no quiere decir que la marca sea impopular. Al contrario, sigue siendo un símbolo de estatus, pero sin duda ha perdido parte del atractivo que tenía cuando se hizo popular.

Tras la temporada de invierno de 2018, la marca más popular de abrigos de banco, o «abrigos largos acolchados», como suelen llamarse en Corea, fue el modelo Leicester de Discovery Expedition. Discovery Expedition es la marca de una empresa coreana de ropa, que vendió doscientos mil abrigos de banco del modelo Leicester en el invierno de 2018. El modelo Exploring de abrigos de banco de North Face quedó en segundo lugar, con unas cien mil unidades vendidas.[36]

Los abrigos de banco son gruesos y están rellenos de materiales como plumas de pato y otras aves. El término «acolchado largo» se generalizó en Corea solo después de que el «acolchado largo de PyeongChang» —un abrigo de banco vendido como mercancía oficial de los Juegos de invierno de PyeongChang— atrajo gran atención de los medios después de que la gente hizo cola durante horas fuera de los grandes almacenes para comprar uno de estos abrigos de edición limitada.[37]

Imagen 2. Abrigos de banco modelo Exploring de North Face y Leicester de Discovery Expedition[38]

El «abrigo largo acolchado» se convirtió en la última moda de invierno entre los estudiantes de secundaria y preparatoria en otoño de 2016. Con la bajada de las temperaturas en noviembre, se podían ver estos abrigos de moda en las calles. Se hicieron aún más populares en otoño de 2017, ya que la moda siguió extendiéndose entre los adolescentes. Los coreanos en general, pero especialmente los adolescentes, tienen una tendencia a gravitar hacia las nuevas propensiones con un alto grado de intensidad. Esta tendencia se magnifica especialmente con la ropa como resultado de la presión social, incluso de la propia familia, para llevar los últimos estilos. Es habitual que los familiares de una persona señalen de forma muy directa que la ropa que lleva está pasada de moda. En el caso de los abrigos largos, los adolescentes, que no querían destacar en su escuela o entre sus amigos, presionaban a sus padres para que les compraran estos abrigos cuyo precio oscilaba entre los cincuenta mil wones coreanos (KRW) (~cuarenta y siete dólares) y un millón de KRW (~935 dólares). Sin embargo, aparentemente sólo los que costaban más de doscientos mil KRW (~187 dólares) podían satisfacer a los jóvenes preocupados por la moda. Esta conciencia de la moda supone, sin duda, una carga para los padres, que ya tienen presiones financieras asociadas a los costos de la educación privada. En general, los padres asumen toda la responsabilidad financiera de la crianza de sus hijos, y normalmente prefieren que estos no trabajen para que puedan centrarse en sus estudios. Sin embargo, si un hijo desea un artículo caro que los padres no pueden permitirse, en algunos casos el adolescente tomará la iniciativa de obtener un trabajo temporal a tiempo parcial para poder comprarlo.

Los adolescentes de todo el mundo tienden a ser conscientes de la moda. Sin embargo, entre los adolescentes coreanos se añade la presión cultural y el deseo de integrarse o ajustarse a las normas del grupo. Debido a su uniformidad, estos abrigos de pelo largo parecen tener un significado social para los coreanos que encuentran «comodidad en la uniformidad más que en la individualidad».[39] No es de extrañar entonces que los abrigos largos oficiales de los Juegos Olímpicos de invierno de PyeongChang 2018, que salieron a la venta el 26 de octubre de 2017, volaran de las estanterías. Solo se presentaban en tres colores —negro, blanco y gris— y costaban 149,000 wones coreanos (KRW) (~137 dólares estadounidenses). Se agotaron a las dos semanas de su lanzamiento. La gente acampó la noche anterior frente a las tiendas que anunciaban los abrigos acolchados de PyeongChang para asegurarse de poder comprar uno.

Gap y *Eul*

Otro código profundamente arraigado en el tejido de la sociedad es la relación de *gap* y *eul*. Estos términos se utilizan para diferenciar entre dos partes: una con dinero, influencia, autoridad o poder y otra sin ellos. En español, se podrían utilizar los antónimos grande y pequeño, fuerte y débil y superior e inferior. Muchas relaciones se basan en estos dos conceptos.

Un ejemplo de la relación entre *gap* y *eul* es el incidente de la «furia de las nueces» a bordo de un vuelo de Korean Airlines. A una de las pasajeras, que resultó ser la vicepresidenta e hija del actual propietario y presidente de la compañía, le sirvieron nueces de macadamia en una bolsa en lugar de en un plato. Ordenó que el vuelo abortara el despegue y volviera a la puerta de embarque para que el sobrecargo que le había servido las nueces pudiera ser escoltado fuera del avión. Más tarde fue acusada, entre otras cosas, de violar la seguridad de la aviación, así como de emplear la violencia contra un miembro de la tripulación de vuelo. Está claro que, en este ejemplo, la vicepresidenta de la compañía se sentía con poder y el sobrecargo no. Por lo tanto, a juicio de la vicepresidenta, estaba justificado que tomara la medida que tomó.

La correlación entre las grandes empresas y los subcontratistas está relacionada con el *gap* y *eul*, así como con el concepto de eficiencia. Las empresas subcontratan trabajos que prefieren no supervisar para reducir costos. Utilizan el proceso de licitación para adjudicar contratos a los subcontratistas. Los subcontratistas presentan primero sus ofertas a las empresas, que suelen asignar el contrato al licitador más bajo en aras de la eficiencia y el beneficio económico. Los subcontratistas reconocen la necesidad de presentar propuestas bajas para tener la oportunidad de que se les adjudiquen los contratos. Por lo tanto, una vez que una corporación asigna el trato, el subcontratista no tiene más remedio que recortar gastos para que el proyecto sea rentable. Una opción es pagar salarios bajos, y otra es eliminar o minimizar cualquier formación, como la de seguridad y gestión de riesgos. En este entorno, los empleados del subcontratista asumen riesgos para maximizar su poder de ganancia. El resultado es la falta de énfasis en los procedimientos de seguridad en aras de la eficiencia y de las ganancias financieras a corto plazo, tanto por parte de los subcontratistas como de sus empleados. Como resultado de esta relación entre empresas y subcontratistas, los primeros pueden evitar la responsabilidad mientras que los segundos la absorben. Los subcontratistas o las empresas más pequeñas asumen en última instancia la responsabilidad financiera. Los subcontratistas coreanos, en áreas como la construcción, están dispuestos a asumir un mayor grado de riesgo debido al alto grado de competencia en la industria.

Los incentivos que subyacen a la relación entre las empresas, sus subcontratistas y el público en general parecen ser los siguientes:

Las grandes empresas

Las grandes empresas son todas poderosas, principalmente de propiedad gubernamental o *chaebols* familiares. Necesitan subcontratistas por estas razones:

» evitar el síndrome del monopolio,
» mantener unas buenas relaciones públicas; evitan que se les acuse de destruir a la competencia, incluidas las empresas familiares,
» eludir o minimizar los trabajos que pueden no estar dentro del ámbito de la empresa o que pueden no resultarles rentables a ellos,
» evitar o reducir los costos de formación y supervisión en el área o áreas subcontratadas,
» eludir los costos de los seguros,

» eludir la responsabilidad financiera cuando se producen accidentes,

» eludir la responsabilidad moral.

Subcontratistas

En muchos casos, los subcontratistas son pequeñas y medianas empresas, o incluso empresas familiares, que no pueden competir con las grandes empresas ni en términos financieros ni en el alcance de los proyectos que pueden realizar. Se benefician de la relación con las grandes empresas por las siguientes razones:

» generar negocio y mantener unos ingresos constantes para mantenerse a flote,

» mantener a sus empleados trabajando, o añadir empleados a su nómina, que de otro modo estarían desempleados o contratados por las grandes empresas,

» prestar un servicio en el que las grandes empresas preferirían no participar,

» mantener los costos bajos para el público en general.

El público en general

En esta relación, el público se beneficia principalmente y sobre todo de la siguiente manera:

» paga precios más bajos por los bienes y servicios suministrados por las grandes empresas en asociación con los subcontratistas.

Los tres principales actores de la economía coreana son el Gobierno, las grandes empresas y el público en general. Estas tres entidades, con sus intereses divergentes, mantienen entre sí una relación de interdependencia muy difícil de cambiar. La interdependencia entre estos tres actores clave aparece en la siguiente gráfica.

Gráfica 3. La interdependencia de los actores claves de la economía

Tal y como se muestra en el diagrama de flujo anterior, empresas como Samsung Electronics, Seoul Metro y POSCO tienen una mayor capacidad para llevar a cabo sus negocios de forma eficiente. Como resultado, son capaces de ofrecer bienes y servicios a precios más bajos al público en general. La normativa adoptada por el Gobierno favorece este sistema, proporcionando aún más beneficios, en última instancia, para el público en general. De este modo, las empresas pueden contribuir al crecimiento económico del 2–3% anual que busca el Gobierno y que espera el público en general. A cambio, el público acepta tanto las regulaciones adoptadas por el Gobierno que favorecen a las corporaciones como la vulnerabilidad inherente al alto riesgo y a un entorno propenso a los accidentes. La interdependencia entre estas tres entidades es tan sólida que, a pesar del número de accidentes mortales que se han producido como consecuencia, el statu quo es difícil de cambiar. Dado que los deseos y objetivos de cada entidad se satisfacen sistemáticamente a través de este entorno, se requeriría un esfuerzo consciente por parte de todas y cada una de las partes para adoptar un clima en el que todas las partes ganen y nadie pierda. Parece que en la relación existente se sacrifica la seguridad pública en favor de las ganancias financieras a corto plazo.

Se han producido accidentes en el proceso de los subcontratistas que realizan trabajos para grandes empresas. Cuando se producen accidentes, no es raro que las infracciones de seguridad salgan a la luz como causa principal. Sin embargo, la ironía aquí es que a menudo no se exige a los subcontratistas que proporcionen formación en materia de seguridad a sus empleados, especialmente a los empleados temporales, como ocurrió en el accidente del transbordador *Sewol* del 16 de abril de 2014, que se analiza en detalle en el capítulo seis. Los empleados temporales suelen ser contratados por razones de eficiencia financiera. Como las empresas subcontratadas realizan el trabajo, son responsables legal y económicamente de los accidentes. Por el contrario, sólo se responsabiliza a algunos funcionarios clave de la empresa contratante (por ejemplo, los responsables de seguridad in situ). En esta relación, como hemos visto antes, las empresas evitan la responsabilidad por los accidentes utilizando el mecanismo de la subcontratación, que está permitido por la ley.

Si los subcontratistas hicieran más hincapié en la seguridad y estuvieran obligado a cumplir las normas de seguridad, sus costos aumentarían. Esos costos se trasladarían a las grandes empresas y estas, a su vez, los trasladarían al público, lo que probablemente sería mal recibido. La reacción del público cuando se producen accidentes es de indignación hacia el jefe de la empresa subcontratista y la gran empresa implicada. Sin embargo, si el público está realmente interesado en minimizar el número de accidentes, debe presionar a las grandes empresas y a los subcontratistas para que den la misma importancia a la seguridad que a los beneficios.

En consecuencia, el público en general debe estar dispuesto a soportar la mayor parte de los aumentos de costos.

La reacción típica del público en general, cuando se producen accidentes en los que están implicados una gran empresa y un subcontratista, es identificar al jefe de la empresa subcontratista y al funcionario o funcionarios clave de la empresa que supervisan el proyecto (por ejemplo, el director o directores de seguridad in situ), despedirlos, procesarlos y seguir adelante. Sin embargo, centrarse únicamente en los individuos no es suficiente para evitar futuros accidentes similares. El Gobierno, el público en general, las grandes empresas y los subcontratistas también deben reconocer su papel en esta relación interdependiente y estar a la altura de su responsabilidad.

Esta relación de interdependencia indica lo que parece ser una conciencia de separación, que hace que cada entidad tenga motivaciones, metas y objetivos diferentes. En esencia, con sólo unas pocas excepciones, cada entidad trabaja en pos de sus propias metas y objetivos, que pueden no estar en consonancia con las metas y objetivos de las otras dos entidades. Lo que se necesita para que las tres entidades trabajen eficazmente de forma concertada es la adopción de una conciencia de unidad. Esto crearía un entorno en el que el éxito no sólo se mide por los beneficios de las empresas, sino también por la estricta adhesión a las medidas de seguridad que reducirán los accidentes relacionados con la seguridad pública, y generarán duras sanciones para quienes decidan desobedecer las normas de seguridad. El cumplimiento de estos criterios puede significar también que los beneficios a corto plazo se vean afectados. Por lo tanto, es posible que el Gobierno y el público en general tengan que aceptar un ajuste temporal en el aumento previsto del 2–3% del PIB al año. Además, es posible que el público en general tenga que soportar precios más altos de los bienes y servicios. A pesar del impacto económico a corto plazo, este nuevo entorno engendraría una actitud de colaboración hacia metas y objetivos comunes y la resolución de problemas. A largo plazo, si las tres entidades pudieran colaborar armoniosamente en beneficio de todos, las necesidades de los tres se verían satisfechas. Adoptar una auténtica conciencia de unidad devolvería a Corea a sus raíces como nación unida por el bien de todos.

Otro ejemplo de la relación de *gap* y *eul* es evidente en el vínculo entre los repartidores, que son ampliamente utilizados, los vendedores de comida y sus clientes. En esta tríada, los consumidores de comida a domicilio se mantienen en la cima de la jerarquía. Su posición privilegiada como consumidores que disponen de los ingresos necesarios para pagar la comida que piden, que incluye los costos de entrega, se traduce en una posición socialmente respetada. Además, los vendedores de comida conservan cierto poder como resultado de su capacidad para contratar/despedir y pagar el salario de los repartidores. Sin embargo, los vendedores de comida tienen menos poder que los clientes, porque prestan un servicio a cambio del dinero que estos están dispuestos a pagar por él. Los repartidores se encuentran, por tanto, en el nivel inferior de esta cadena.

En esta posición, reciben presiones tanto de los clientes como de los proveedores de alimentos, pero no pueden presionar a ninguna de las otras dos partes. Dada su posición en la triada, los clientes pueden exigir, y de hecho lo hacen, que su comida se entregue caliente y a tiempo. Esperan que el proveedor de servicios de entrega de comida, así como el repartidor, sea eficiente. Son capaces de presionar a los vendedores de comida y, a su vez, los vendedores presionan a los repartidores para que entreguen la comida lo más rápido posible, sin importar cuántas normas de tráfico tengan que infringir o si arriesgan su propia vida o la de los demás, con tal de hacer el trabajo a tiempo y con eficiencia. El tema de los accidentes de los repartidores de comida se trata con más detalle en el capítulo dos. Una vez más, el concepto de eficiencia está claramente presente en la triada compuesta por los repartidores, los vendedores de comida y los clientes.

Basándonos en la discusión anterior, es evidente que en la relación *gap* y *eul*, la presión fluye en la misma dirección que el flujo de dinero. Por lo tanto, es seguro asumir que, en estos ejemplos, el dinero determina quién está en la cima y quién en la base de una relación *gap* y *eul*. Aunque el modelo de relación *gap* y *eul* se parece mucho a situaciones similares en otros países capitalistas, la diferencia está en el mayor grado de intensidad que parece existir en la sociedad coreana. Este mayor grado de intensidad puede estar muy relacionado con la omnipresente competencia feroz. En el caso de la «furia de las nueces», por ejemplo, el auxiliar de vuelo tuvo que destacar en un entorno brutalmente competitivo para conseguir su puesto, mientras que la hija del propietario de Korean Airlines obtuvo su puesto de alto nivel en virtud de su relación con el propietario de la empresa, su padre. Cabe suponer que no tuvo que competir con otros por su título. Su posición privilegiada en la empresa continuará incluso después de la muerte del propietario, ya que es una práctica común que la propiedad de un *chaebol* o de cualquier empresa, de propiedad privada o pública, independientemente de su tamaño, se transfiera a la siguiente generación junto con el correspondiente estatus socioeconómico.

El resto de la obra mostrará el carácter omnipresente de los patrones culturales y de comportamiento comentados en este capítulo.

NOTAS

1. "Bandera de Corea del Sur", *Wikipedia*, consultado el 14 de noviembre de 2019, *en.wikipedia.org*.

2. "Las mejores universidades en Corea", *UniRank*, consultado el 30 de junio de 2019, *4icu.org./kr/*.

3. "Las tres universidades más prestigiosas en Corea del Sur", *Your University Guide*, consultado el 1 de julio de 2019, *youruniversityguide. wordpress.com*.

4. "Las mejores universidades globales en Corea del Sur", *U.S. News & World Report*, consultado el 6 de julio de 2019, *usnews.com*.

5. "Las mejores universidades en Corea del Sur", *Times Higher Education*, consultado el 6 de julio de 2019, *timeshighereducation.com*.

6. "Corea del Sur: CWUR Clasificación mundial de universidades 2018-2019", *Center for World University Rankings*, consultado el 6 de julio de 2019, *cwur.org*.

7. "La página principal", *Fair Test: The National Center for Fair and Open Testing*", consultado el 13 de noviembre de 2019, *fairtest.org*.

8. Ibid.

9. Eric Hoover, "Una universidad ultra selectiva acaba de dejar de lado el requisito de las pruebas SAT/ACT". ¿Y qué?, *The Chronicle of Higher Education*, consultado el 14 de junio de 2018, *chronicle.com*.

10. El *Washington Post* indica que el puesto de James G. Nondorf es «decano de admisiones y ayuda económica», mientras que *The Chronicle of Higher Education* identifica a Nondorf como «vicepresidente de matrícula». Nick Anderson, "Un cambio radical en admisiones de elite: La universidad de Chicago deja de lado el requisito de las pruebas SAT/ACT", *The Washington Post*, 14 de junio de 2018, *washingtonpost.com*.

11. Kari Huus, "El costo de las olimpiadas desde la década de 1940 hasta hoy", 15 de agosto de 2018, *msn.com*.

12. Doug Struck, "La única opción de los anfitriones es de pagar la factura de la copa del mundo", *The Washington Post*, 29 de junio de 2006, *washingtonpost.com*.

13. Ibid.

14. En general, se sabe que los *baby boomers* fueron nacidos después de la Segunda Guerra Mundial, una época en la que las tasas de natalidad experimentaron un aumento temporal.

15. Frank Holmes, "Como el oro rescató a Corea del Sur", *Forbes*, 27 de septiembre de 2016, *forbes.com*.

16. Una mirada retrospectiva de un estudiante universitario a su decisión de seleccionar Singapur en lugar de Australia para una pasantía en gestión hotelera, y el proceso de consulta que lo ayudó a tomar su decisión. Anónimo, entrevista personal por John González, entrevista por escrito, 12 y 13 de julio de 2019.

17. Anderson, "Un cambio radical".

18. Hoover, "Una universidad ultra selectiva".

19. "#1442 Naver", *Forbes*, consultado el 8 de julio de 2019, *forbes.com*.

20. Ibid.

21. Ibid.

22. "Descrédito de la cuota de mercado de búsqueda de Corea", *The Egg*, consultado el 8 de julio de 2019, *theegg.com*.

23. Ibid.

24. "La cultura ppalli ppalli", *Korea Daily*, consultado el 3 de julio de 2019, *koreadailyus.com*.

25. *New Choice Health*, consultado el 7 de julio de 2019, *newchoicehealth.com*.

26. "KBS", *Naver*, consultado el 7 de julio de 2019, *naver.me*.

27. "Destinos por región", *Official Korea Tourism Organization*, consultado el 8 de julio de 2019, *english.visitkorea.or.kr*.

28. Ibid.

29. "Las mejores cosas para hacer y ver: Seúl", *CNN*, consultado el 9 de julio de 2019, *cnn.com*.

30. Anónimo, entrevista personal por John González, en persona, 19 de junio de 2018.

31. Hemin Jung, "El amor de los coreanos por los bolsos de lujo ha superado al de los franceses… Ahora, es el 4º mercado más grande en el mundo", traducido por Young Lee, *News 1*, 1 de octubre de 2018, *naver.me/GDvyOwGg*.

32. Ibid.

33. "El libro mundial de hechos", *Central Intelligence Agency*, consultado el 8 de julio de 2018, *cia.gov*.

34. "McDonalds en Corea del Sur", *Modern Seoul*, 16 de febrero de 2018, *modernseoul.org*.

35. Sangyoub Park, "¿Qué es lo que incita la locura por Shake Shack de Corea del Sur?", *NPR*, 6 de septiembre de 2016, *npr.org*.

36. "Discovery es la marca no. 1 a medida que termina la temporada del abrigo", *Korea Joongang Daily*, consultado el 10 de julio de 2019, *koreajoongangdaily.com*.

37. Ibid.

38. Ibid.

39. Sun-young Lee, "[Fin de semana] Un abrigo que conquistó la moda callejera en Corea del Sur", *The Korea Herald*, 1 de diciembre de 2017, *koreaherald.com*

Capítulo Dos

La vida cotidiana

Es importante señalar que, aunque visité ciudades como Seúl, Busán, Daejeon, Incheon, Yeosu, Mokpo, Pohang, Suwon, Jeju y Tongyeong en muchas ocasiones durante los cinco años que residí en el país, pasé gran parte de ese tiempo en dos ciudades más bien pequeñas: Jukjeon y Jeonju. Viví un año en Jukjeon, una ciudad relativamente nueva situada aproximadamente 30 kilómetros o 18 millas al sur de Seúl, en la provincia de Gyeonggi. Jeonju es la capital de Jeollabuk-do, la provincia de Jeolla del Norte, una ciudad relativamente pequeña de 663,000 habitantes situada en la zona suroeste del país aproximadamente 195 kilómetros o 121 millas de Seúl.[1] Esta ciudad se ve empequeñecida por centros urbanos como Seúl, con 10 millones de habitantes, Busán, con más de tres millones, e Incheon y Daegu, con más de dos millones de personas cada una. Por ello, muchos coreanos que viven en las grandes ciudades consideran a Jeonju como algo provinciano. Una amiga coreana que vivía en una de las grandes ciudades me preguntó si había una tienda de Paris Baguette en Jeonju. Paris Baguette es una popular cadena de panaderías omnipresentes. La respuesta fue: «Por supuesto que hay». Aunque inocente, esta pregunta revela la actitud que los habitantes de las grandes ciudades tienen hacia las más pequeñas. De hecho, Jeonju atrae a miles de turistas coreanos de lugares tan lejanos como Incheon y Seúl los fines de semana, los días festivos y en verano a su principal atracción turística, el pueblo Hanok (pueblo tradicional coreano). A pesar de ello, la ciudad se considera rural. Esta actitud se mantiene, incluso a pesar del nombramiento de la ciudad a la Red de Ciudades Creativas de la Gastronomía de la Organización de las Naciones Unidas para la Educación, la Ciencia y la Cultura (UNESCO por sus siglas en inglés) en 2012. En gran medida, las percepciones de los residentes de ciudades grandes son correctas, ya que las dos industrias más dominantes de Jeonju son el turismo/hostelería y la agricultura.

Confirmando la designación de la UNESCO, Jeonju es vista por muchos como un centro gastronómico por su cocina casera que se ha transmitido de generación en generación. En la época en que yo vivía allí, la ciudad de Jeonju también tenía la reputación de pueblo rural, en parte debido al limitado transporte público. Las rutas hacia y desde Jeonju, y en particular entre Jeonju y Seúl, eran complicadas. Sólo un puñado de trenes KTX (Korea Train eXpress) a la semana pasaba por Jeonju. En cambio, en el momento de escribir este artículo, cuatro trenes KTX viajan diariamente de Seúl a Jeonju y cuatro regresan a la capital. El KTX, compuesto por trenes de alta velocidad que viajan a una velocidad de 300 kilómetros por hora, se considera la forma más cómoda, eficiente y rápida de desplazarse en Corea.[2]

El sitio web oficial de KORAIL (Korea Rail Road Corporation) describe el KTX de la siguiente manera:

> El servicio ferroviario de alta velocidad no sólo ha reducido el tiempo de viaje a cualquier lugar de Corea del Sur a menos de tres horas, provocando un cambio drástico en el estilo de vida de la gente, sino que también ha tenido un importante impacto social, económico y cultural. El tren de alta velocidad se perfila como un nuevo medio de transporte para el futuro, dotado de tecnologías de vanguardia que garantizan un viaje rápido, seguro, cómodo y respetuoso con el medio ambiente.[3]

Debido a mi amplia experiencia en Jeonju, mis observaciones de la vida cotidiana tienen un sabor a Jeonju. Esto no significa que estas observaciones no sean aplicables a otras partes del país. Lo que sí significa es que algunas de estas experiencias pueden haber sido más o menos pronunciadas en Jeonju que si hubiera residido y trabajado en otras partes del país.

Para equilibrar mis observaciones de la cultura y la gente, viajé mucho. En cuanto a mi propio transporte, tuve acceso a un coche mientras trabajaba en Corea, no sólo para facilitar el ir y venir del trabajo cinco días a la semana, sino también para simplificar mis viajes por el país. Por ejemplo, los fines de semana viajaba a ciudades grandes y medianas como Busán, Gunsan, Gwangju, Iksan, Incheon, Mokpo, Pohang, Pyeongchang, Seúl, Suwon, Tongyeong y Yeosu. Además, viajé a pequeñas ciudades y pueblos, como Gimje, Gochang, Im Sil, Jinan, Jumunjin, Namhae, Namwon, Nonsan, Seocheon, Sunchang y Suncheon, así como a las montañas para visitar templos budistas. También visité la isla de Jeju en varias ocasiones y asistí a conferencias sobre educación en Seúl e Incheon.

A lo largo de mis viajes, seguí observando el comportamiento de la gente. Invariablemente, dos cualidades constantes que impregnan mis observaciones son el énfasis en la eficiencia nomás en el nombre de eficiencia o la búsqueda constante de formas de eludir una norma, una política o una ley establecida por conveniencia o para obtener rápidos beneficios económicos. A continuación se exponen algunas pautas de comportamiento que he observado en la vida cotidiana. Algunas de estas observaciones pueden parecer triviales para el observador casual. Sin embargo, son representativas y un microcosmos de los patrones de comportamiento generalizados en la sociedad en general.

La experiencia de comer

Al haber realizado más de tres mil comidas en público (es decir, en restaurantes o en la cafetería de la universidad) durante mi estancia en Corea, tuve la oportunidad de hacer valiosas observaciones sobre los hábitos alimentarios de los coreanos, especialmente cuando comen en grupo. Este ejercicio de observación también me permitió reflexionar sobre los hábitos alimentarios de los occidentales para poder comparar y contrastar ambos. Este proceso facilitó la identificación de los hábitos alimentarios coreanos que parecen ser de naturaleza cultural. La observación más evidente es que, por lo general, en la cocina coreana hay una serie de guarniciones que complementan el plato principal. Estas guarniciones suelen servirse antes del plato principal o al mismo tiempo. Entre otras cosas, consisten en pequeñas capas de huevos revueltos, verduras variadas rebozadas en forma de pizza y una gran variedad de verduras marinadas con especias como ajo, pimiento rojo, cebollas verdes, aceite y/o semillas de sésamo, vinagre de arroz, jengibre y aceite de pescado. Estas guarniciones son como la paleta de un pintor que se suma a la variedad de colores, pero sobre todo al arco iris de sabores que los participantes son libres de probar en la secuencia o combinación que deseen. Decir que los coreanos disfrutan de verdad de su comida es quedarse corto. Comen con gusto y saborean la variedad de sabores, así como la consistencia de cada componente. Saben de forma innata qué guarnición elegir y qué cantidad mezclar con una pequeña porción del plato principal para maximizar su experiencia.

Es importante señalar que los coreanos tratan la comida y la cena de forma muy diferente. En general, los coreanos enfocan la comida con una actitud más eficiente. Por lo tanto, cuando comen fuera, todas las facetas, desde el viaje de ida y vuelta al restaurante hasta el pedido de la comida, el servicio y el pago de la cuenta se abordan con esta mentalidad. Incluso si se come fuera con los compañeros de trabajo, la expectativa es volver al trabajo rápidamente en una hora. Aunque en otros países capitalistas pueda existir una actitud similar hacia la hora del almuerzo, la principal diferencia es el grado aparente de intensidad de esta actitud. Todos son conscientes y respetuosos de la limitación de tiempo. El almuerzo es una breve pausa en el trabajo con el propósito de recargar el cuerpo con algún alimento para llegar al final de una larga jornada laboral. Es posible una mínima socialización. Esta tradición de aprovechar el tiempo de forma eficiente durante la hora del almuerzo parece haberse originado durante el periodo de expansión económica entre los años 60 y 80, que parece coincidir también con el inicio de la cultura *ppali ppali*: «Muchos coreanos tuvieron que trabajar mucho y durante muchas horas para alcanzar el objetivo de un alto crecimiento, acortando su descanso para comer y cenar».[4]

Un ejemplo de uso eficiente del tiempo durante las comidas, pero sobre todo en el almuerzo, es la práctica de llamar al restaurante con anticipación y hacer el pedido por teléfono para las personas del grupo. De este modo, no sólo se garantiza que la mesa esté reservada y preparada con antelación, sino que la comida se prepare y se sirva justo antes de que llegue el grupo o mientras éste llegue al restaurante. Esto garantiza que los miembros del grupo puedan empezar a consumir su comida tan pronto como lleguen al restaurante. Es obvio que no se pierde tiempo con esta costumbre.

Sin embargo, ya sea con la familia y los amigos o con los compañeros de trabajo, la cena se considera una oportunidad para socializar, relajarse y disfrutar de verdad de una comida y posiblemente de algunas bebidas, como la cerveza y el *soju*. Sin las limitaciones de tiempo del almuerzo, la cena permite a los participantes abandonar la mentalidad de eficiencia. Así, el ambiente es más relajado. Es habitual que estas cenas duren dos o tres horas. Dado que se espera que socializar ocasionalmente con los compañeros de trabajo al final de la jornada sirva para mantener la buena moral y las relaciones interpersonales en la unidad o empresa, algunos empleados se sienten impuestos. A pesar de este sentimiento, participan a pesar de todo, por temor a ser condenados al ostracismo si no lo hacen. El sentimiento de imposición no es infundado, ya que los coreanos trabajan algunas de las horas más largas del mundo, como demuestran los datos de la OCDE (Organización para la Cooperación y el Desarrollo Económicos) que se analizan con más detalle en el capítulo seis. Añadir un par de horas para una cena social a una jornada laboral ya larga les parece a muchos de ellos una imposición sobre su tiempo personal. Esta tradición es menos preocupante ahora que antes porque en 2018 se aprobó una ley que limita la semana laboral a cincuenta y dos horas. Es cierto que los trabajadores de otros países capitalistas, como Estados Unidos, también cenan ocasionalmente con sus compañeros de trabajo. Sin embargo, la diferencia es que el grado de frecuencia y el grado de presión para participar es mayor en Corea.

Compartir la comida entre los coreanos como una actividad encantadora y humanista es un hecho innegable. Tiene un significado más profundo que el mero acto de comer juntos —representa la solidaridad comunitaria, que en esencia apoya los conceptos de unidad, conformidad y armonía—. Estos atributos culturales se analizaron en el capítulo uno. Tanto si se come en pareja como en grupo, el plato o platos principales, así como las guarniciones que los acompañan, se comparten entre los comensales. Los participantes comen con entusiasmo, disfrutando de cada bocado y teniendo cuidado de no parecer demasiado ansiosos, egoístas o de comer más de prisa o en mayor cantidad que el resto de los miembros del grupo, en señal de consideración hacia los demás. Cuando hay miembros de la familia, amigos o personas muy cercanas, es una práctica común que las personas utilicen sus palillos para coger un trozo de comida, ya sea del plato principal o de las guarniciones, y lo coloquen en el plato de otra persona o incluso se ofrezcan a ponérselo en la boca como muestra de afecto. El receptor acepta el gesto y puede corresponderlo.

Cuando se come en grupo en el Occidente, las cualidades individualistas de la cultura son inconfundibles porque los individuos hacen lo que suelen hacer: dan su pedido al camarero, a menudo con indicaciones precisas sobre cómo quieren que les preparen la comida. No es sorprendente escuchar a los individuos del Occidente declarar que siguen una dieta especial o que son vegetarianos y que, por lo tanto, requieren una comida muy diferente a la del resto del grupo. Los estadounidenses, por ejemplo, creen que los individuos están ejerciendo su derecho intrínseco a ser diferentes cuando señalan sus necesidades dietéticas en una situación social. La idea de llegar a un consenso sobre qué comida pedir para todos en el grupo es a veces inimaginable, dependiendo del grupo con el que se cene.

Este escenario es muy diferente en la sociedad coreana. Los conceptos de conformidad y eficiencia son evidentes cuando grupos pequeños o grandes de personas salen a comer juntos. El grupo puede tener una breve discusión sobre las opciones del menú, pero los individuos se pondrán de acuerdo sobre lo que van a pedir como grupo y se someterán a los deseos del grupo o se remitirán a un participante. Este participante puede ser el más veterano o el que conozca mejor las opciones del menú que ofrece el restaurante. Los individuos no pueden imaginarse pidiendo algo único o diferente del resto del grupo.

Aunque el concepto de seguir una dieta vegetariana no es desconocido en Corea, cuando se sale en grupo priman los deseos colectivos. Además, la comida coreana suele contener una gran variedad de verduras, sobre todo entre las guarniciones. Por lo tanto, le resultaría fácil a un vegetariano satisfacer su hambre y adherirse a una dieta vegetariana en una salida en grupo sin mucha fanfarria. En los cinco años que viví en Corea, sólo me encontré con un coreano que había elegido seguir una dieta vegana.

En el escenario descrito, la idea de conformidad está claramente presente. El concepto de eficiencia se explica sin esfuerzo por el hecho de que el consenso del grupo facilita la realización, la toma, la preparación y el servicio del pedido. Por lo tanto, el líder del grupo que hace el pedido, el camarero que lo toma, el cocinero o chef que lo prepara y el camarero que lo sirve lo hacen sin problemas.

La situación es notablemente similar en los casos en los que se pide comida, ya sea en casa o en la oficina, y si se pide uno o varios platos. El concepto de compartir sigue siendo prominente, y la individualidad es inexistente. La ventaja de la comida coreana es que, normalmente, el plato principal se adorna con guarniciones que complementan o realzan el sabor del plato principal. La gente decide qué guarniciones quiere disfrutar.

Cuando se trata de la comida, los conceptos de uniformidad, conformidad y eficiencia se aprenden a una edad temprana. Cuando se come en casa, las familias comparten las comidas: todos comen los mismos platos. Es decir, el concepto de preparar platos diferentes para cada uno no existe. En Estados Unidos, por ejemplo, la idea de preparar platos algo diferentes para determinados miembros de la familia en función de la dieta o las preferencias no es inaudita. En Corea, a los miembros de la familia no se les ocurriría pedir que se les preparen platos únicos. Esta forma de compartir continúa en el preescolar, la escuela primaria, el ejército y el lugar de trabajo. Si la escuela proporciona el almuerzo, las opciones del menú son limitadas. Si los alumnos traen el almuerzo de casa, comparten los platos de acompañamiento con sus amigos. En el instituto en el que trabajé, observé un comportamiento de los alumnos que presentaba patrones similares. Por ejemplo, si un grupo de alumnos pedía comida para llevar al instituto, todos pedían el mismo artículo del menú. Además, cada vez que la dirección del instituto programaba una reunión de estudiantes durante el almuerzo, la comida era de encargo. Además, tanto si el grupo era grande como pequeño, la preferencia absoluta de los alumnos era que todos comieran el mismo plato, incluso cuando se les daba a elegir entre dos. Durante las excursiones nocturnas, tanto si se cenaba en un restaurante como si se hacía una comida al aire libre, los conceptos de uniformidad, conformidad y eficiencia regían también en este aspecto.

Una de las profesoras de la escuela donde trabajaba seguía una dieta vegana estricta. No encontró ninguna dificultad cuando cenaba sola en restaurantes, o en la cafetería de la universidad o cuando salía a cenar con otros occidentales. Podía elegir lo que quería. Sin embargo, cuando la administración de la escuela le proporcionaba comida para facilitar una reunión en el campus durante el horario de trabajo, le resultaba difícil que el personal administrativo se acordara de pedir una comida vegana para ella. Hacerlo significaba que había que pedir una comida especial (léase diferente) para ella. Esto supondría una desviación de la norma. Es mucho más eficiente hacer un pedido de comida para un grupo si todos comen el mismo plato, por lo que hay que tomar el pedido y prepararlo. Por lo tanto, siempre que la administración de la escuela proporcionaba el almuerzo, la probabilidad de que ella tuviera que saltarse una comida era muy alta. Aunque la administración conocía sus necesidades dietéticas, la mayoría de las veces pedían para ella el mismo almuerzo que para los demás. Parece que el concepto de uniformidad estaba arraigado en las mentes del personal administrativo. Por lo tanto, les resultaba difícil recordar que un miembro del profesorado tenía necesidades especiales.

Entrega de comida rápida

Los coreanos han adoptado el concepto de «comida rápida». Se puede decir que forma parte de la cultura. En Corea, la «comida rápida» es realmente rápida, especialmente el aspecto de la entrega. Para los coreanos que se preocupan por la eficiencia, la entrega de comida rápida es omnipresente y lo ha sido durante muchos años. La entrega de comida en este país se puso de moda muchos años antes de que Domino's Pizza, Uber Eats y Grubhub se hicieran populares en EE. UU. En Corea, ¡hasta McDonald's hace entregas! Mientras investigaba para este segmento del libro, me encontré con una serie de historias fascinantes relacionadas con la entrega de comida rápida. Todas las fuentes que consulté indican que este concepto se introdujo por primera vez durante la dinastía Joseon (1392–1910). Según el Servicio de Información y Cultura de Corea (KOCIS):

> La primera entrega de comida coreana de la que se tiene constancia es el *naengmyun*, fideos fríos de trigo sarraceno en sopa, en la era Joseon (1392-1910). En su libro, el erudito Hwang Yun-seok (1729-1791) menciona que pidió *naengmyun* para comer con sus colegas el día después del examen de Estado. Esto ocurrió en julio de 1768. Parece que el *naengmyun*, un manjar que se disfrutaba en la corte real, había ganado popularidad entre los nobles, lo que llevó a la introducción de un servicio de entrega. En el libro de Lee Yu-won, se recoge que el rey Sunjo (r. 1800–1834) de Joseon ordenó a sus sirvientes que compraran fideos fríos y los llevaran al palacio mientras observaban la luna con sus funcionarios en los primeros años de su reinado. En épocas posteriores, el reparto de comida se amplió a varias sopas y fideos en la década de 1930, y el reparto se convirtió en algo habitual.[5]

98

El puerto de Incheon, situado a unos treinta y cuatro kilómetros o veintiuna millas al suroeste de Seúl, se inauguró de manera oficial en 1883.[6] La apertura del puerto atrajo a los inmigrantes chinos especialmente a la ciudad de Incheon hasta aproximadamente 1910, cuando Corea pasó a estar bajo el dominio japonés. Durante este período, la población china aumentó de aproximadamente doscientas en 1883 a doce mil en 1910.[7] Debido al ambiente multicultural, la cultura gastronómica experimentó una especie de renacimiento. Dos de los platos que surgieron como favoritos fueron el *jajangmyun*, un plato de fideos chinos al estilo coreano con pasta de judías negras, y el *naengmyun*, fideos de trigo sarraceno en un caldo frío. A mediados de siglo, el *jajangmyun* se había convertido en «una de las comidas más populares entre el público en general».[8]

Una de las historias más interesantes que he encontrado sobre el reparto de comida proviene de la última parte de la era Joseon. Gira en torno a un plato llamado *hyojonggaeng*. La historia describe no sólo el arte culinario de los coreanos y su amor por la comida, sino también detalles culturales de valor incalculable que identifican a una nación:

> El primer registro conocido de Corea sobre el servicio comercial de entrega de comida es uno sobre hyojonggaeng, que significa «sopa que se toma para ahuyentar la resaca al amanecer, cuando la campana anuncia el levantamiento del toque de queda». [La versión moderna de esta sopa es haejangkook (해장국).] En el libro Haedong jukji («Letras de la rama de bambú de Corea»), publicado en 1925, Choe Yeongneon, un erudito y calígrafo de los últimos años de la dinastía Joseon, escribió sobre esta abundante sopa: «La gente de Gwangju (un condado al sur de Seúl, en la provincia de Gyeonggi) es conocida por ser buena para cocinar hyojonggaeng. Ponen corazones de col,

brotes de soja, hongos de pino, hongos shiitake, costillas de ternera, pepinos de mar y abulones en agua mezclada con pasta de soja espesa, y la hierven todo el día. Por la noche envuelven las ollas de sopa en mantas acolchadas para poder transportarlas a Seúl. Allí las ollas de sopa se entregan en las residencias de los altos funcionarios del Gobierno alrededor de la hora en que suena la campana de la mañana. Las ollas estarían aún calientes y la sopa era muy apreciada como cura para la resaca».[9]

No fue hasta la década de 1990 cuando el negocio de la entrega de comida a domicilio se comercializó y se expandió ampliamente como resultado de la proliferación de restaurantes de pollo frito y franquicias de pizza: «El mercado del reparto de comida creció exponencialmente a partir de este momento».[10] En 2019, «el volumen del mercado de reparto de comida... se estima en unos quince billones de KRW (unos trece millones de dólares) al año».[11]

Los factores que contribuyen al crecimiento astronómico del negocio de la comida rápida a domicilio son las condiciones meteorológicas extremas, sobre todo en verano, y el aprecio de los coreanos por la comodidad. ¿Por qué molestarse en caminar o conducir bajo una lluvia torrencial o con un calor sofocante cuando se puede recibir la comida en casa, en la escuela o en el lugar de trabajo? Otro factor fue la expansión económica que tuvo lugar entre los años 60 y 80, junto con la cultura *ppali ppali* que lo hizo posible.[12] De hecho, «el reparto de comida pudo arraigar firmemente gracias a la existencia de muchas zonas urbanizadas densamente pobladas y a la antigua costumbre de disfrutar de bocadillos a altas horas de la noche».[13]

En la década de 1990, cuando el reparto de comida rápida empezaba a despuntar, los clientes hacían sus pedidos por teléfono. Este método ya se consideraba cómodo. Hoy en día, sin embargo, las aplicaciones móviles hacen que el proceso sea aún más cómodo, ya que ofrecen a los clientes «varios servicios complementarios, como proporcionar comentarios de los usuarios, junto con funciones de pago y ofertas de descuentos especiales»:[14]

En la actualidad, entre treinta y cuarenta aplicaciones de reparto compiten ferozmente. El número combinado de descargas de las tres principales aplicaciones de reparto —Baedal Minjok, Yogiyo y Baedaltong— ha superado los cuarenta millones. Para mantenerse a la vanguardia, la aplicación Baedal Minjok permite a los clientes utilizar sus servicios de localización «todo en uno», omitiendo el proceso de introducir la información del usuario.[15]

En resumen, hoy en día, el servicio de entrega de comida a domicilio en Corea es eficiente, cómodo y a un precio razonable. Cuando uno tenga prisa y no haya tiempo para cocinar, o no le apetezca especialmente tomarse el tiempo de preparar una comida, o si ha hecho cuentas y ha calculado que preparar una comida casera en Corea es probablemente más caro que pedir comida rápida, se ahorrará el tiempo, el esfuerzo y la molestia de cocinar pidiendo desde la comodidad de su casa, escuela u oficina. ¿Por qué cocinar en casa cuando usted puede tener pollo frito, pasta, ensalada, Big Macs, Whoppers, hamburguesas de Lotteria (una cadena de comida rápida coreana), Domino's Pizza, comida china o coreana entregada rápidamente en su puerta por el mismo precio que pagaría en un restaurante? Ni siquiera tiene que dar propina al repartidor, ya que en Corea no se acostumbra a darla. Los servicios de entrega de comida a domicilio incluso recogen los platos después de que usted ha terminado de comer. Algunos servicios de reparto de comida funcionan las veinticuatro horas del día, los 365 días del año, incluidos los días festivos. Así que, si alguien tiene hambre durante la noche, no hay problema. Los repartidores en moto harán lo que sea necesario para que la comida llegue al cliente lo antes posible. Los peatones lo saben, así que se mantienen alejados de la sección de la acera destinada a las bicicletas/motos. Sí, estos repartidores hacen su trabajo de prisa porque los restauradores lo esperan, y también los clientes. De hecho, exigen que la comida se entregue rápidamente. Ser eficiente forma parte de la cultura coreana. La pregunta es: «¿a qué precio?».

Al intentar establecer en qué punto se encuentra Corea en lo que respecta a la entrega de comida rápida, es importante destacar que hay dos conceptos integrados en este debate: el concepto de entrega de comida rápida y la idea de incorporar el uso de la tecnología en el proceso. No me cabe duda de que el concepto de entrega de comida rápida y su comercialización han existido y se han integrado en la cultura desde hace más tiempo que en el Occidente, por ejemplo. Sin duda, la tecnología se utiliza también en otros países para simplificar y hacer más cómodo el proceso de pedido de comida rápida. Sin embargo, teniendo en cuenta el tiempo que lleva este concepto en Corea, el tiempo que la tecnología se ha infundido en el proceso, lo ampliamente utilizado y lo conveniente que es en Corea, otros países, especialmente en el Occidente, están empezando a ponerse al día.

La experiencia de conducir

Según mis observaciones, las responsabilidades de los agentes de policía incluyen el control del tráfico en los cruces, sobre todo en las horas punta, en los festivales de varias ciudades del país y en el control de multitudes durante las manifestaciones. Esos son los tres escenarios en los que la presencia policial uniformada fue definitivamente visible durante mi estancia. Durante los cinco años que viví en el país, sólo vi a un policía expedir una citación de tráfico a un conductor que se había saltado un semáforo en rojo en un cruce. Las leyes de velocidad máxima se aplican de manera eficaz, sobre todo con cámaras situadas estratégicamente en los cruces y en diversos intervalos de las autopistas. Estas cámaras tienen una doble función: actúan como radares y captan la imagen del coche, su matrícula y la cara de los conductores que infringen la ley de límite de velocidad.

En mis extensos viajes por las calles de la ciudad y las autopistas, no vi ni un solo coche patrulla que hiciera cumplir los límites de velocidad. Tanto si el límite de velocidad es de 60, 70, 80, 90, 100, 110 o 120 kilómetros por hora (kph), esta información se ve con facilidad en el GPS (Sistema de Posicionamiento Global) disponible en casi todos los coches. Otra ventaja del GPS coreano, basada en la eficiencia, es que el sistema también avisa a los conductores de la proximidad de una cámara de control de velocidad, lo que les alerta de que deben mantener el límite de velocidad establecido al menos mientras el coche esté dentro del visor de la cámara. Sin embargo, los conductores coreanos han aprendido a jugar con el sistema de control de velocidad.

Mientras conducía por las calles de la ciudad, pero sobre todo por las autopistas, me di cuenta de que era habitual que los conductores preocupados por la eficiencia redujeran la velocidad justo a tiempo para que su vehículo pasara por el rango de la cámara donde se calibraba su velocidad. Sin embargo, en cuanto pasaban por la cámara, su velocidad parecía alcanzar entre veinte y cuarenta km/h más que el límite establecido. Otra práctica menos habitual de los conductores impacientes para evitar las multas por exceso de velocidad es adelantar al tráfico más lento a gran velocidad por el extremo derecho o el borde de la carretera. Estos conductores oportunistas pasan por la derecha, en lugar de por el carril del extremo izquierdo, haya o no un carril legal, evitando así ser detectados por las infames cámaras de control de velocidad. Este flagrante desprecio por las leyes que pretenden mantener el orden y promover la seguridad del tráfico es una indicación del énfasis en la eficiencia, la importancia de obtener una ventaja sobre los ciudadanos respetuosos de la ley y conscientes de la seguridad, y la creencia subyacente de que las reglas están hechas para romperse. También parece que la sanción por exceso de velocidad no es bastante dura como para disuadir a los conductores de desobedecer los límites de velocidad establecidos.

Es evidente que los ciudadanos y los funcionarios del Gobierno son conscientes de que el actual sistema nacional de control de los límites de velocidad no funciona. El Gobierno ha empezado a utilizar un sistema comúnmente conocido en coreano como 구간단속, que se traduce vagamente como «Sistema de Control de Velocidad para un Tramo de Carretera», que, además de controlar la velocidad en puntos designados, tiene la capacidad de promediar la velocidad en tramos de carretera. Este sistema calcula la distancia recorrida por cada conductor mediante el seguimiento de los números de matrícula, el tiempo transcurrido y el promedio de la velocidad en un tramo determinado de la carretera. Si un conductor alcanza una velocidad media superior al límite, se emite una citación de tráfico que se envía por correo al domicilio del conductor. Este nuevo sistema parece ser más eficaz en el control de los límites de velocidad que el que se aplica actualmente en todo el país, que comprueba las velocidades solo a intervalos designados sin hacer un seguimiento de las velocidades en un tramo de carretera. En 2015, observé este nuevo y mejorado sistema empleado en las autopistas cercanas a Seúl y sus alrededores. El Gobierno también ha prometido desplegar nuevos agentes de policía para las tareas de control del tráfico. Los agentes se centrarán principalmente en hacer cumplir los límites de velocidad. En el momento de escribir esta obra, no se sabe cuántos policías o patrulleros de carretera han sido o serán designados en el marco de la nueva iniciativa. Ambas iniciativas, que deberían haberse llevado a cabo hace tiempo, envían un mensaje alto y claro al pueblo coreano, indicando que el Gobierno se toma en serio la mejora de la seguridad vial.

Los coreanos maximizan la tecnología en aras de la eficiencia mediante cámaras de control de velocidad, sistemas de GPS en los coches que avisan a los conductores dónde se encuentran las cámaras de control de velocidad y grabadoras de tablero con fines probatorios en caso de accidente. La automatización y su impacto en la economía se analizan en el capítulo ocho.

Como ya hemos dicho, un gran porcentaje de conductores coreanos equipa su coche con una grabadora de tablero. La mayoría de los conductores también confían en un GPS, uno que viene con el coche, uno que compran e instalan como accesorio o uno accesible a través de un teléfono móvil. Tuve la suerte de que el coche que conducía tuviera tanto un GPS como una cámara de vídeo. Necesitaba ayuda con las direcciones y, como no hablaba coreano, quería tener pruebas concretas en las que pudiera confiar en caso de accidente. Escuché historias de horror de mis colegas que habían visto a conductores gritarse y golpearse por un accidente. También llevaba un carné de conducir internacional para asegurarme de que mi conducción en Corea era legal.

Algunas de las infracciones de tráfico más flagrantes que he presenciado se considerarían, como mínimo, groseras, si no directamente peligrosas, cuando se hacen en el Occidente. Esto no significa que los conductores del Occidente no infrinjan las leyes de tráfico. Lo hacen. Una vez más, la eficiencia parece ser el motivo de estos patrones de conducción.

Por ejemplo, en una carretera de dos carriles en la que los conductores del carril más a la derecha tienen la opción de seguir recto o girar a la derecha en una intersección, se espera que giren a la derecha o aceleren para seguir recto, evitando así causar un retraso. Si algún conductor obstruye el carril de la extrema derecha cuando hay conductores que quieren girar a la derecha, los que están en ese carril harán uso del claxon para asegurarse de que el mensaje, «¡me estás bloqueando el paso!», llegue alto y claro.

Durante el tiempo que viví en Jeonju, fui testigo de algunas maniobras realmente escandalosas de conductores impacientes. La que se lleva la palma tuvo lugar en una intersección, similar a la que aparece en la imagen de abajo, donde el tráfico estaba detenido por un semáforo en rojo. El conductor que iba adelante en el carril más a la derecha decidió que tenía que hacer un giro en U desde esa posición. Cronometró perfectamente el cambio de señal y, justo antes de que el semáforo se pusiera en verde, el conductor realizó la maniobra a velocidad normal. La maniobra está representada por la flecha en la imagen inferior. No había previsto este atrevido movimiento, por lo que me sorprendió. Sucedió con tanta suavidad y sin aspavientos que no tuve tiempo de asustarme. Por fortuna, nadie resultó herido y todos siguieron su camino sin un solo bocinazo. La actitud indiferente de los demás conductores que presenciaron esta maniobra me sorprendió. Su reacción contrasta totalmente con la actitud de los conductores impacientes descritos en el párrafo anterior, que no tienen reparo en hacer saber a los demás automovilistas que les están impidiendo avanzar. La cuestión no es que se haya producido una maniobra ilegal, ya que ocurre incluso en países con normas de tráfico estrictas, sino el hecho de que nadie tocara el claxon y todo el mundo siguiera como si no hubiera pasado nada. Para quien esto escribe, es un indicio de que este tipo de maniobras extremas no son tan infrecuentes y de que existe un alto nivel de tolerancia para este tipo de comportamiento, especialmente en los casos en los que la eficacia parece primar sobre la cortesía y la seguridad pública.

Imagen 1: Imagen que muestra un giro en U ilegal[16]

Algunos de los conductores más atrevidos son los empleados de reparto de comida. Estos repartidores van en moto y llevan la mercancía en una caja adosada a la parte trasera del vehículo. Un estudio de investigación publicado en 2014 por Chung, Song y Yoon explica la razón por la que las motocicletas son el método preferido para el reparto de comida, a diferencia de Estados Unidos, donde el modo favorecido es el coche:

El servicio de entrega rápida requiere altas velocidades en calles congestionadas y fácil accesibilidad en las estrechas. Por ello, el sector considera que el uso de motocicletas para el reparto es el mejor modo de transporte, sobre todo por su accesibilidad relativamente fácil y su bajo costo de desplazamiento, especialmente en el área metropolitana de Seúl, con sus calles muy congestionadas y una parte comparativamente alta de callejones estrechos.[17]

El artículo continúa describiendo las pautas de conducción de algunos conductores de reparto de comida de la siguiente manera:

> ...los motoristas del sector del reparto suelen cometer infracciones de tráfico durante el reparto, como zigzaguear indebidamente por el tráfico, cruzar la línea central, conducir por encima del límite de velocidad, violar las señales de tráfico...[18]

Además, es una práctica ampliamente aceptada que los repartidores conduzcan por las aceras y los pasos de peatones o infrinjan otras numerosas leyes de tráfico. Como resultado, no es raro que estos conductores se vean implicados en accidentes graves con lesiones. En consecuencia, ponen su propia vida y la de los demás en peligro con más frecuencia que el conductor corriente. El artículo de investigación mencionado anteriormente ofrece algunas estadísticas que pueden dar al lector una idea más concreta de la gravedad del problema:

> ...la tasa de mortalidad de las colisiones de motocicletas es de aproximadamente el 12% de la tasa de mortalidad de las colisiones de tráfico, lo que se considera elevado, aunque las colisiones de motocicletas sólo representan el 5% de las colisiones de tráfico en Corea del Sur.[19]

No obstante, es importante señalar que algunos accidentes de tráfico no mortales en los que están implicadas las motocicletas no se denuncian.

Por lo tanto, esta última estadística citada puede ser artificialmente baja y el problema de los accidentes de tráfico en los que están implicados los repartidores puede ser más grave de lo que muestran las estadísticas. En algunos casos, para ahorrar dinero, los propietarios de negocios de reparto de comida contratan a trabajadores temporales para hacer las entregas de comida. En estos casos, el seguro de responsabilidad civil de la empresa puede no cubrir los accidentes de los trabajadores temporales. Los repartidores pueden optar por utilizar su propia cobertura de seguro en su lugar. Si utilizan su propio seguro, es posible que los accidentes de reparto de alimentos no se declaren como tales. Por lo tanto, no se contabilizan en las estadísticas de accidentes de reparto de alimentos. En algunos casos, los repartidores pueden no querer involucrar a su compañía de seguros por miedo a que sus primas de seguro aumenten. En otros casos, los repartidores pueden no tener ningún tipo de seguro. No es infrecuente que los conductores implicados en un accidente liquiden el siniestro en efectivo, tanto si tienen seguro como si no. Esta práctica también distorsiona las estadísticas de accidentes.

Desde hace algunos años, la sociedad coreana se enfrenta a esta situación potencialmente peligrosa sin mucho éxito. ¿Cuántos accidentes y víctimas deben producirse para que los coreanos se den cuenta de que la eficiencia que exigen y dan por sentada tiene un precio muy alto? Como ya se ha indicado, los clientes esperan eficiencia y los restauradores quieren complacer a los clientes. Por lo tanto, ambos presionan al personal de reparto para que entregue la comida de manera rápida. La verdad es que estos accidentes de entrega de comida rápida no son culpa de un solo grupo de individuos. Los tres grupos tienen parte en ello. Para erradicar esta situación potencialmente peligrosa, debe producirse un cambio en la mentalidad cultural: la eficiencia nomás en el nombre de la eficiencia o la comodidad o las ganancias financieras a corto plazo deben equilibrarse con la seguridad.

Ahora que se ha descrito la experiencia de conducción coreana, tal vez la cuestión de los accidentes asociados al reparto de comida rápida pueda considerarse en el contexto de las condiciones generales de conducción.

Los moteles del amor

Los «moteles del amor» son bastante omnipresentes en toda Corea. Son moteles en los que los huéspedes pueden alquilar una habitación durante tres o cuatro horas al día o por la noche para una cita romántica o para dormir durante la noche. Mis amigos coreanos supusieron correctamente que yo no conocía el concepto de moteles del amor cuando empecé a visitar Corea. Por ello, quisieron alertarme al respecto, para que no me encontrara por accidente en una situación en la que me sintiera incómodo.

Los viajeros en Corea necesitan saber si un motel que están considerando para reservar es para viajeros o para una cita romántica. Afortunadamente, los moteles del amor no suelen aparecer al hacer una búsqueda de moteles en Internet. Por lo tanto, la preocupación para los extranjeros no debería ser tan aguda, a menos que no tengan reservación y recurran a buscar un lugar para alojarse sobre la marcha. Para los locales, esto no es un problema, ya que conocen el concepto y pueden distinguir entre un motel del amor y uno para viajeros. En general, los moteles del amor son relativamente menos caros que los de viajeros. Además, en muchos casos, los moteles del amor especifican que la hora de entrada por la noche es después de las ocho o nueve de la noche o más tarde. Por último, las reseñas de los huéspedes suelen ser muy explícitas y alertan al lector si el establecimiento que reseñan es un motel del amor. Cuando se alquila una habitación por unas horas durante el día, el huésped paga la tarifa de día, que es más baja que la de noche. Por lo general, los huéspedes que se registran después de las ocho de la noche, o los que tienen previsto pasar la noche, deben pagar la tarifa nocturna.

El modelo de negocio utilizado por la dirección de los moteles del amor es un ejemplo del énfasis en la eficiencia que se encuentra en la mayoría de las facetas de la cultura coreana. Este modelo de negocio es económicamente eficiente tanto para la dirección del motel como para los huéspedes. Para los propietarios y gestores del motel, es una forma económicamente eficaz de maximizar la disponibilidad de habitaciones. Pueden alquilar la misma habitación a varios huéspedes en un día, maximizando así los ingresos por habitación. Para los huéspedes es económico porque sólo pagan por el tiempo que utilizan la habitación.

La construcción

Como consecuencia de mi prolongada estancia en Jeonju, la mayoría de mis amigos coreanos eran residentes nacidos en esta ciudad. A través de ellos supe que la ciudad había experimentado una importante transformación en los últimos diez años. Esta transformación se vio impulsada por la conversión de granjas en edificios de apartamentos, «officeteles» (palabra que combina «oficina» + «hotel», lo que indica apartamentos eficientes o de conveniencia), villas y las correspondientes zonas comerciales y filas de restaurantes que facilitaron el surgimiento de nuevos barrios como Shin-shi-ga-ji (Ciudad Nueva) y Hyuk-shin-do-si (Ciudad de la Innovación). Incluso durante el tiempo que viví en la ciudad, el rápido ritmo de expansión continuó.

Como soy un ávido caminante, tuve la oportunidad de recorrer algunos barrios. Las obras de construcción y sus alrededores me llamaron la atención durante mis paseos diarios porque cambiaban el panorama en una forma llamativa. Me di cuenta de que los proyectos se terminaban con relativa rapidez. Además, noté que muchas, si no la mayoría, de las obras estaban en funcionamiento los siete días de la semana, incluidos los sábados y domingos, e incluso por la noche. Esto me pareció peculiar. No puedo saber si los trabajadores hacían turnos más largos o si se les pagaban horas extras. Podría ser que los trabajadores tuvieran un horario rotativo y que la obra estuviera cubierta por turnos superpuestos. En el Occidente, estaba acostumbrado a ver que los trabajadores de la construcción empezaban su turno de ocho horas a primera hora de la mañana, lo terminaban a primera hora de la tarde y se tomaban el sábado y el domingo libres. En Corea no es así.

Me había enterado de que los coreanos tienen la distinción de estar entre los líderes del mundo en cuanto a número de horas trabajadas.[20] Sin embargo, cuando hice estas observaciones, pensaba de manera específica en la posible propensión a cometer errores o tener accidentes como resultado de los aparentes horarios ajustados, las largas jornadas y el trabajo de siete días a la semana sin descanso, si es que así fuera. Se sabe que el cuerpo y el cerebro necesitan descansar para funcionar en condiciones óptimas. Esta observación es el preludio de la discusión sobre los accidentes provocados por la humanidad en el capítulo seis.

En Occidente, no es raro que las empresas constructoras y los propietarios o promotores de proyectos acuerden un incentivo que se paga a la empresa constructora y se comparte con los trabajadores si el proyecto se termina a tiempo o antes. No sé si esta tradición es una práctica común en los contratos de construcción en Corea. Si este incentivo es realmente habitual, explicaría en parte las largas horas de trabajo y el énfasis en la eficiencia. Sin embargo, incluso este incentivo financiero, si es que existe en los contratos de construcción coreanos, no debería impedir que los trabajadores de la construcción se tomen los domingos libres.

Puertas batientes

Un intercambio sutil y mundano entre desconocidos se produce cuando dos individuos se acercan a una puerta batiente desde direcciones opuestas o en la misma dirección. En el Occidente, si dos individuos se acercan a la puerta en la misma dirección, uno detrás del otro, y si la persona de delante es consciente de que alguien de detrás tiene la intención de pasar por la misma puerta, por cortesía, sujetará la puerta y no la soltará hasta que la persona de detrás coja el pomo para facilitar también su entrada. Durante mi estancia en Corea, comprobé que la gente suele reaccionar de forma diferente ante una situación similar. En muchas ocasiones, preveía que las personas que pasaban por una puerta batiente delante de mí sujetarían la puerta el tiempo suficiente para que yo pudiera agarrar el picaporte y asegurar mi propio paso seguro a través de la puerta. Por el contrario, acabé con una puerta batiente prácticamente golpeándome en la cara. Sin embargo, si por casualidad yo abría una puerta y alguien que caminaba en dirección contraria se daba cuenta, aquella persona aceleraba el paso y atravesaba la puerta antes que yo para aprovechar que la puerta se mantenía abierta durante un breve momento. Algunos pueden considerar este último ejemplo como una cuestión relacionada con la falta de cortesía. Sin embargo, en mi opinión, está más relacionado con la eficiencia. Así, el valor subyacente de la eficiencia parece estar omnipresente incluso en las facetas más comunes de la vida cotidiana, incluido este encuentro aparentemente insignificante entre dos personas.

Respeto por la propiedad ajena

Viniendo de un país occidental en el que, por lo general, la gente tiene que estar en guardia para asegurarse de que sus pertenencias personales están a salvo ya sea en la calle, utilizando el transporte público, en lugares públicos como estaciones de tren y aeropuertos o incluso en casa, fue un soplo de aire fresco vivir en un país en el que la gente muestra honestidad y respeto por la propiedad ajena. Algunos de mis colegas y yo, y muchos de los alumnos de la escuela en la que enseñaba, utilizábamos el transporte público, ya fueran autobuses locales o interurbanos, taxis y, ocasionalmente, trenes. No era raro que los alumnos olvidaran alguna de sus pertenencias, por ejemplo su teléfono móvil, su cartera, un libro de texto o su mochila en un taxi o un autobús. De vez en cuando esto también les ocurría a los profesores. Cuando ocurrían estos desafortunados casos, el personal de la escuela intercedía por ellos y llamaba a la compañía de autobuses o de taxis para preguntar por los objetos olvidados. Cada vez que esto ocurría, los objetos eran devueltos o se indicaba al propietario dónde recuperarlos. En ocasiones, un taxista hacía un viaje de vuelta a la escuela para devolver los objetos. Incluso las carteras se devolvían con el dinero dentro.

Sensación de seguridad personal en la escuela

Mientras trabajaba en Corea, experimenté una sensación de seguridad personal que era menos común en todos los años que trabajé en educación en Estados Unidos. Esto se debió quizás a que en Corea no se permiten las armas y a que los tiroteos en las escuelas se asocian a Estados Unidos, pero no a Corea. Esto no significa que en la escuela en la que enseñé no hubiera casos de disciplina. Sin embargo, los pocos casos que tuvimos fueron leves en comparación con los de EE. UU. Una colega mía, que enseñó en la misma escuela estadounidense durante aproximadamente siete años y que al fin se fue a trabajar a otro país de Asia, me escribió recientemente un correo electrónico en el que recordaba a «los inocentes y amables alumnos coreanos»[21] de la escuela en la que ambos habíamos enseñado. Este comentario es un reflejo de la gran estima que los coreanos tienen por la profesión docente, a diferencia de algunos países occidentales en los que el respeto a los profesores es, en general, cosa del pasado.

El hilo conductor de la mayoría de las observaciones de este capítulo es el concepto de eficiencia en la vida cotidiana de Corea. La razón de incluirlas es mostrar la omnipresencia de la eficiencia. En los capítulos restantes se mostrará que el concepto tiene un impacto positivo y otro negativo en la sociedad y la economía. Las observaciones no relacionadas con la eficiencia sirven para demostrar que no todo gira en torno a la eficiencia en la vida cotidiana, sobre todo cuando el aspecto humanista es la fuerza motriz.

NOTAS

1. "Población de Jeonju, Corea del Sur", *Population Stat*, consultado el 7 de agosto de 2019, *populationstat.com*.
2. "Acerca de KTX", *La vida en Corea*, consultado el 7 de agosto de 2019, *lifeinkorea.com*.
3. "Descripción general de KTX", *Korail*, consultado el 7 de agosto de 2019, *info.korail.com*.
4. Jeon Sung-Won, "La entrega de alimentos recibe sus apps", *Koreana*, consultado el 7 de agosto de 2019, *koreana.or.kr*.
5. Jeon So-Young, "El paraíso de la entrega de alimentos", *Korean Culture and Information Service*, consultado el 7 de agosto de 2019, *kocis.go.kr*.
6. "El puerto de Incheon: La puerta de la vitalidad económica", *Port of Incheon*, consultado el 7 de agosto de 2019, *icpa.or.kr*.
7. Louise Do Rosario, "El invisible aumento de chinos en Seúl", *The Straits Times*, 22 de octubre de 2000.
8. Jeon So-Young, "El paraíso de la entrega de alimentos".
9. Jeon Sung-Won, "La entrega de alimentos recibe sus apps".
10. Jeon So-Young, "El paraíso de la entrega de alimentos".
11. Ibid.
12. Jeon Sung-Won, "La entrega de alimentos recibe sus apps".
13. Ibid.
14. Ibid.
15. Ibid.
16. Vlad Vasnetsov, "Sin título", *Pixabay*, consultado el 14 de noviembre de 2019, *pixabay.com*.
17. Younshik Chung, Tai-Jin Song, Byoung-Jo Yoon, "Gravedad de lesiones en accidentes automovilísticos entre motocicletas de reparto y vehículos en el área metropolitana de Seúl", *Accident Analysis and Prevention*, no. 62, 2014, p. 79–86.
18. Ibid.

19. Ibid.

20. Véase el capítulo seis.

21. que si hubiera Entrevista personal anónima por John González, correo electrónico, 10 de junio de 2019.

Capítulo Tres

La educación

Tal como en otros países, la educación en Corea juega un papel importante y determinante para el futuro éxito en el mercado de trabajo y la seguridad financiera. En Corea, cuya población es cerca de cincuenta y una millones de personas, el camino que lleva al éxito financiero incluye la mejor educación desde la elemental y secundaria, continuando con universitaria en las instituciones más prestigiosas. Esto eventualmente apunta a trabajos de alto nivel en grandes corporaciones.[1] Por ejemplo, los fabricantes de semiconductores, quienes generan los ingresos más altos en Corea, requieren una sólida fundación académica en ciencias altamente avanzadas como química, física, ingeniería y ciencia de computación. La preparación académica para estos campos requiere extenso trabajo duro, sacrificio y compromiso a largo plazo. Sin embargo, la ruta está muy bien trazada. El camino tiene pistas claramente definidas con señales que apuntan a los estudiantes en dirección a un trabajo seguro y a un éxito lucrativo.

Un camino muy conocido

La trayectoria para la estabilidad económica es bien conocida. Los estudiantes con la mejor red de apoyo tienen mejores oportunidades de éxito y de obtener las codiciadas ganancias económicas que aseguran la repetición del ciclo en la siguiente generación. Los padres coreanos han demostrado que están dispuestos a sacrificarlo todo por la educación de sus hijos. Ellos son el elemento esencial en la red de apoyo para los estudiantes. Para asegurar que sus hijos puedan competir para ser aceptados a una universidad prestigiosa, ellos están dispuestos a tomar un número de decisiones drásticas, incluyendo gastar porciones grandes de los ingresos familiares, quedarse sin sus ahorros y aún pedir dinero prestado. La familia, amistades y personas conocidas que han navegado el camino exitosamente, o que han estudiado en el extranjero, pueden ayudar a planear cuando los estudiantes necesitan tomar decisiones críticas. Las familias bien posicionadas económicamente pueden pagar por un *hagwon*, o sea una academia privada especializada en enseñanza adicional después de la escuela regular. Estas familias también contratan a tutores privados, que es más caro. Los instructores de *hagwon* y los tutores privados son expertos en las materias de estudio y en la técnica de preparación para exámenes que comparten con los estudiantes. De esta manera, los estudiantes pueden tener una oportunidad en la competencia brutal del proceso de admisión universitaria. Se considera como «buena madre» a madres de familia que consultan con su red social para recomendaciones de los mejores proveedores de educación privada para sus hijos.

La educación como camino para el éxito financiero

Después de la guerra en Corea, los coreanos vieron la educación como la forma de mantener el orden establecido por los que estaban en los escalones más altos de la escalera socioeconómica. Para los que estaban en los rangos menores de la escala económica, la educación era el medio para escapar la pobreza. Sin embargo, desde los fines del siglo XX, personas provenientes de los rangos menos privilegiados de la sociedad han luchado a través del camino conocido para obtener acceso a las más prestigiosas universidades y eventualmente, altamente deseables trabajos de por vida en grandes corporaciones.

Este camino ya no es seguro como lo era para previas generaciones. Resultados desafortunados se repiten una y otra vez, a pesar de años de dedicación, mucho trabajo en la escuela, muchas horas de educación privada después de la escuela y sacrificios financieros de la familia. Esta nueva realidad es una de las consecuencias no deseadas de los grandes logros para democratizar la educación superior, que comenzó a mediados de los 1980s y continua hoy día. Este esfuerzo nacional ha llevado la competición existente a un grado mayor. La democratización de la educación superior es discutida en detalle en el capítulo ocho.

La educación y el ciclo socioeconómico

El cuadro de abajo muestra la educación coreana y el ciclo socioeconómico desde la escuela elemental hasta la riqueza eventual y la paternidad para los que están arriba en la pirámide socioeconómica. A los que están en la porción baja de la pirámide, les resulta desafiante, si no imposible, llegar hasta la sección de arriba. Hay excepciones por supuesto. Por ejemplo, quienes tienen talento creativo, habilidad académica extraordinaria o un espíritu empresarial excepcional pueden trascender este fluido tradicional. Después del diagrama de flujo está la narrativa describiendo las realidades, condiciones y consecuencias en cada una de las etapas del ciclo.

Gráfica 1: Diagrama de flujo de la educación y el ciclo socioeconómico en Corea

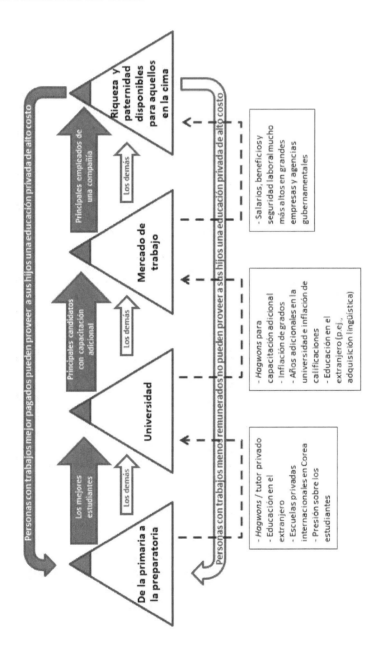

El papel de la educación privada

Un debate sobre la educación coreana sería incompleto si no se menciona el papel que la educación privada juega en la cultura coreana en forma de enriquecimiento, educación suplementaria y preparación para exámenes a través de *hagwons* y tutoría privada. Como se explica en el capítulo uno, *hagwons* son academias después de la escuela, «escuelas de estudio», que las familias utilizan extensamente para ayudar a sus hijos con las necesidades antes mencionadas. Tutores privados pueden ser estudiantes universitarios, profesores universitarios, instructores de *hagwon* o tutores profesionales que son contratados generalmente por un salario alto para proveer entrenamiento en lenguaje, arte, música y mayormente tutoría académica y preparación para el examen nacional de admisión universitaria. Las sesiones de tutoría pueden ser individuales o colectivas. Los estudiantes comienzan a utilizar estos servicios a temprana edad y continúan a través de la secundaria. Por lo tanto, los alumnos que participan en tutorías provienen de todos los niveles de educación: primaria, secundaria y preparatoria. Los estudiantes de secundaria y preparatoria usan extensamente la tutoría en sus materias de estudio. Como es de esperar, ellos hacen uso frecuente de tutoría para la preparación de exámenes. Generalmente, y dependiendo de las necesidades del estudiante y los recursos económicos de los padres, un estudiante puede recibir tutoría individual para materias en uno, dos, tres o más cursos.

Como ya se ha dicho, los padres coreanos están dispuestos a sacrificarlo todo por sus hijos y, en particular, por la educación de estos. Están dispuestos a gastar una parte significativa de los ingresos familiares en los proveedores de educación privada, incluyendo *hagwons* y tutores privados. Las entidades gubernamentales realizan encuestas y mantienen estadísticas sobre el costo estimado de la educación privada para todo el país, el costo de la educación privada como porcentaje de los ingresos

123

familiares, los gastos per capita y la tasa de participación en cada estrato de la educación.

Sin embargo, los críticos sostienen que las estadísticas sobre los costos de la educación privada y las tasas de participación son sumamente conservadoras. Algunas estadísticas publicadas se presentan aquí para dar al lector una idea de la importancia de la educación privada en la cultura coreana. A la vez se advierte de ver las cifras citadas con una mente abierta y considerar el argumento de los críticos. Esto puede inclinar la balanza a favor de los críticos que son escépticos de las estadísticas publicadas y que insisten en que son increíblemente conservadoras.

El costo de la educación privada

Una cifra realista de gastos en la educación suplementaria privada en Corea debe incluir los gastos derivados tanto del *hagwon* como de las tutorías privadas. Las estadísticas del Gobierno reportadas por *The Chosun Ilbo* en marzo 27, 2017, indican que «los gastos en estudios privados alcanzaron W18 billones [~$16 mil millones] el año 2016 —1.3 por ciento más comparado con 2015—. El total aumentó a pesar de que el número de estudiantes bajara de 6.08 millones a 5.88 millones debido al menor número de nacimientos».[2] Sin embargo, el total de gastos en estudios privados es significativamente más alto si se incluye el costo de tutores privados. El artículo especifica: «El Instituto estatal de Desarrollo de Corea estima que los padres gastan más de treinta billones de wones [~ $26.7 mil millones] al año en clases extra escolares si se incluyen las clases particulares y los cursos de idiomas en el extranjero».[3]

Basándose en el artículo citado anteriormente, está claro que las cifras de los gastos en educación privada después de los *hagwons* son solamente estimaciones cuya exactitud es cuestionable. Sobre los estimados de la porción de ingresos familiares gastados en educación privada, El *Independent* reporta en un artículo publicado el 18 de julio de 2015 que los padres «coreanos... gastan cerca de 22% de sus ingresos, en educación y servicios educacionales... Entre las naciones desarrolladas ésta es una de las proporciones más altas de gastos del hogar para educación».[4] Sin embargo, el artículo no especifica su fuente de información o si esta cantidad representa gastos en *hagwons* o tutoría privada, o ambos. Por lo tanto, críticos que afirman que los estimados de la educación privada son bajos pueden poner en duda este número también.

La percepción que la educación a través de *hagwons* y tutores privados es lo más efectivo y eficiente para preparar a los estudiantes hacia el difícil proceso de admisión universitaria coreana, está impregnado en la cultura. Como es de esperar, dados los datos citados anteriormente, los gastos per cápita en educación privada han aumentado de manera significativa por lo menos desde el 2007, el primer año que el Servicio Estadístico Coreano (KOSIS por sus siglas en inglés) recopiló, tabuló y publicó los resultados de encuestas en gastos de educación privada.[5] El 17 de marzo de 2018, El periódico *The Korea Herald*, reportó que los gastos mensuales en educación privada aumentaron 33% en los diez años abarcados entre 2007 y 2017. El artículo afirma que «los hogares gastaron un promedio mensual de 384,000 wones [US $359.38] por estudiante en educación privada en 2017. Diez años antes, en 2007, lo gastado había sido tabulado a 288,000 wones, [US $268], según la encuesta por la agencia de estadística y el ministerio de educación de Corea del Sur».[6]

A falta de datos concretos de los gastos en educación privada antes de 2007, otros aspectos deberían considerarse como posibles indicadores que el aumento en gastos per cápita comenzó antes de 2007. Uno de esos factores es el desarrollo de Gangnam, que es posiblemente el área más afluente de Seúl, que eventualmente atrajo a las mejores y más costosas escuelas privadas y *hagwons* de todo Corea. Gangnam había sido poco desarrollada hasta principios de 1980s.[7] Sin embargo, desde entonces, la trayectoria de desarrollo del área hace paralelo a la expansión económica del país. Adicionalmente, el crecimiento sin precedencia del producto interno bruto (PIB) y la renta nacional bruta (RNB) per cápita también comenzó en la mitad de los 1980s. Además, la infraestructura construida en preparación para los Juegos Olímpicos del verano de 1988 contribuyó a la expansión económica y seguramente al PIB y RNB per cápita, lo que facilitaría a los padres el aumento de gastos en educación privada para sus hijos. Finalmente, el asombroso logro de 70% de títulos después de secundaria entre las edades de veinticinco a treinta y cuatro años, nacidos entre 1983 y 1992, podría ser considerado como el indicador más directo del aumento de gastos en educación privada, incluyendo preparación para exámenes.[8] En conclusión, Young Lee y yo estamos de acuerdo que dado los indicadores discutidos, es muy posible que los aumentos en gastos en educación privada comenzaran a mediados de los 1980s.

Es entendido que el gasto en educación privada per cápita aumenta en los niveles más altos de educación cuando los estudiantes se acercan al proceso de admisión universitaria. El artículo citado anteriormente detalla el costo promedio de la educación por nivel:

Los gastos mensuales en educación privada alcanzaron 515,000 wones [~ $466] por estudiante de preparatoria en 2017, o sea 43.5% más que en 2007.

Los datos correspondientes a alumnos de escuela secundaria aumentaron 39.5%, a 438,000 wones [~ $396] en una década, y para estudiantes de escuela primaria aumentaron 19.9% llegando a 307,000 wones [~ $278].[9]

Young Lee y yo reiteramos que las cifras citadas anteriormente son promedios. Por lo tanto, unas familias han gastado más y otras menos. El lugar donde un *hagwon* está situado generalmente determina el costo. Una familia cuyo hijo o hija estudia en un *hagwon* en Gangnam va a pagar mucho más que el precio promedio estimado, ya que éste es el distrito con el más alto costo de vida en Corea y es donde existen los *hagwons* más caros. Algunas familias a propósito se trasladan a Gangnam, a pesar del costo, para proveer a sus hijos con la mejor educación privada posible.

Los críticos aseguran que la estadística publicada acerca del costo de educación privada en Corea es muy conservadora parecen tener un fuerte argumento. Ellos afirman que los tutores privados están obligados a registrarse para propósitos de impuestos sobre ingresos. Pero, los críticos afirman que muchos, si no la mayoría de los tutores no se registran. Así, sostienen que se desconoce el número de tutores reales y sus ganancias. Suponiendo que estos argumentos sean exactos, las tasas de participación y las estimaciones de los costos de las clases particulares no suelen ser fiables. Los críticos señalan que la mayoría, si no la totalidad, de las transacciones de los tutores privados se realizan en efectivo. El flujo de efectivo es difícil, si no imposible, de rastrear. Se exige a los *hagwons* que se registren como empresas, mientras que los tutores privados no lo hacen. Por eso el costo de esta alternativa de educación sigue siendo poco conocida.

Otro aspecto del costo de la tutoría privada es que es determinado por varios aspectos, tales como:

» Lugar. Por ejemplo, si la tutoría se lleva a cabo en un área exclusiva como Gangnam, el costo es más alto.

» La proporción entre estudiantes y tutores. Tutoría uno a uno es más cara que tutoría de grupo pequeño.

» La experiencia del tutor, su nivel de preparación y su reputación. Un tutor profesional cobra más que un no profesional. Los profesores universitarios cobran más que los estudiantes universitarios. Hay tutores profesionales a tiempo parcial y a tiempo completo. Los tutores profesionales a tiempo completo son conocidos por cobrar honorarios más altos.

En el momento de publicación, la tarifa mensual de clases particulares en materias de estudio oscilaba entre el equivalente de $300 y $1,000. Por ejemplo, el costo mensual de clases particulares dos veces por semana para una clase de matemáticas por un tutor no profesional es aproximadamente $600, y $1,200 por un tutor profesional. Así, un estudiante de secundaria con tutoría en tres materias, que es totalmente concebible, tendría un costo mensual de aproximadamente $1,800 por un tutor no profesional y $3,600 por un profesional. Estos altos costos de las tutorías privadas, junto a la práctica habitual de pagar por ellas en efectivo, dan crédito al argumento de los críticos que las tasas de participación publicadas y los costos de la enseñanza privada no se ajustan a la realidad. Y lo más probable es que no se reporten los pagos en efectivo por clases particulares. La realidad es que los padres están dispuestos a gastar tanto dinero como sea necesario para dar a sus hijos una ventaja en el altamente competitivo proceso de admisión a la universidad, y el hecho de tener en cuenta sólo las cantidades que se reportan, es un cuadro muy incompleto.

La educación privada es vista como una inversión eficiente o una forma de obtener una ventaja

La pregunta crítica es: «¿por qué las familias coreanas gastan tanto dinero en educación suplemental, enriquecimiento educativo y preparación para exámenes?». Las fuerzas que impulsan la educación en *hagwons* y en clases particulares son el proceso brutalmente competitivo de admisión a la universidad, la preocupación por el futuro de los hijos y el deseo de éxito financiero y estatus social.

En primer lugar, es difícil encontrar trabajo en las grandes empresas de Corea. Solo los candidatos que se gradúan de una de las universidades de primer nivel son considerados. Por lo tanto, los estudiantes de secundaria están bajo una gran presión de los padres, y de ellos mismos, para ser admitidos en una de las mejores universidades del país. Como se discutió en el capítulo uno, tres de las mejores universidades de Corea, conocidas comúnmente por las siglas SKY, son la Universidad Nacional de Seúl, la Universidad de Corea y la Universidad Yonsei.

La conocida obsesión y lucha por obtener un título de una universidad de alto nivel se reflejó recientemente en el popular drama coreano producido por la cadena de televisión por cable JTBC titulado *SKY Castle*, o *Castillo del cielo*, (스카이 캐슬), llamado así por la sigla que simboliza tres de las principales universidades. La JTBC emitió el programa semanalmente los viernes y sábados desde noviembre de 2018 hasta febrero de 2019. La trama se desarrolló en torno a padres adinerados que utilizan todos los trucos del libro para asegurarse de que sus hijos sean aceptados en la Facultad de Medicina de la Universidad Nacional de Seúl:

> El director Jo Hyun-tak no se abstuvo de mostrar el lado oscuro de la educación del país en el programa. Durante una conferencia de prensa [en noviembre de 2018], dijo que los espectadores podrían experimentar diferentes emociones al ver a la gente probando todos los métodos y tirando de cada cuerda para enviar a sus hijos a las mejores universidades.[10]

El programa ganó tanta popularidad que del 10 al 16 de diciembre de 2018 se convirtió en el drama más hablado en los medios sociales.[11]

Además, «antes de la final de la serie... su episodio más popular fue visto por el 23% de la audiencia de la televisión por suscripción de Corea del Sur, el mayor índice jamás alcanzado por un drama».[12]

El programa ganó una popularidad sin precedentes principalmente porque los coreanos se identifican con algunos de los argumentos, como la costosa educación privada complementaria, los agotadores horarios de los estudiantes y las estrategias utilizadas por los padres para dar a sus hijos una ventaja en el proceso de admisión a la universidad. Algunos de los argumentos «están inspirados en hechos reales, incluyendo el arresto de un profesor de preparatoria [en 2018] acusado de robar los exámenes para sus propias hijas».[13]

Otros ejemplos del trama incluyen la «contratación de ayuda ilegal de un profesor de derecho para escribir una carta de presentación a un coordinador de ingreso a la universidad, que cuesta más de cien millones de wones [~ $86,349] al año para contratar».[14] Un «coordinador de ingreso a la universidad» es un consultor o «entrenador» que es contratado por los padres para asegurar que sus hijos sean admitidos en la mejor universidad posible tomando los pasos correctos en preparación para el proceso de solicitud de admisión. Estos incluyen asegurarse de que el estudiante siga un programa académicamente exigente, reciba las mejores notas y obtenga las puntuaciones altas necesarias en el examen *Suneung*. Para que el estudiante logre las mejores notas posibles y los resultados de los exámenes de ingreso a la universidad, el coordinador de ingreso a la universidad se asegura de que el estudiante asista a los mejores *hagwons* y reciba tutoría de algunos de los mejores tutores.

Segundo, las familias coreanas no confían que el sistema educativo coreano por sí solo proporcione a sus estudiantes la preparación de alto nivel necesaria para que sean competitivos a la hora de solicitar ingreso en las universidades de primer nivel. A menudo, es la educación *hagwon* y las clases particulares las que marcan la diferencia en las tasas de aceptación de las universidades. En otras palabras, los costos de la educación privada son una inversión eficiente en el futuro de los hijos. Los estudiantes que no son aceptados por las universidades de primer nivel y terminan graduándose en instituciones menos selectivas tienen menos probabilidades de competir con éxito para trabajos en los conglomerados del país. Sus posibilidades de ser contratados por grandes corporaciones como Samsung, LG, Hyundai, y POSTCO se reducen de manera significativa. Al momento de escribir este libro, los estudiantes universitarios encuentran cada vez más dificultades para conseguir empleo después de la graduación, incluso de las universidades de primer nivel, a pesar de que por lo general tienen prioridad en las mejores corporaciones.

Algunos graduados reconocen que un título de B.A./B.S. no sólo no garantiza el empleo, sino que tampoco les proporciona necesariamente las aptitudes para iniciar una carrera. Algunos se inscriben en programas de educación técnica y profesional mientras asisten a la universidad o después de completar un programa de licenciatura. Por lo tanto, pueden añadir a su currículum vitae conocimientos técnicos o licencias, como licencia de operación de computadoras, licencia de contador público certificado (CPA por sus siglas en inglés), certificado de taquígrafo coreano, licencia de barista, licencia culinaria e incluso la capacitación en idiomas extranjeros. Estos certificados se denominan comúnmente «especificaciones» (capacitaciones adicionales) en su currículum vitae. El propósito de esta práctica es para destacar entre sus compañeros en el proceso de búsqueda de empleo. Lo hacen por desesperación y para ser más competitivos en el mercado laboral, no necesariamente con la intención de realizar esos trabajos y utilizar esas habilidades.

La relevancia de estas «especificaciones» añadidas en el currículum de un individuo es muy cuestionable. Si, por una parte, los posibles empleadores toman en cuenta estas «especificaciones» adicionales a la hora de tomar decisiones de contratación, entonces los estándares de las decisiones de contratación se elevan artificialmente sin ton ni son. Si, por otra parte, los posibles empleadores hacen caso omiso de estas «especificaciones», entonces todo el ejercicio de tomar clases y completar los requisitos de certificado/licencia para añadir estos conjuntos de aptitudes a un currículum vitae es una pérdida de esfuerzo, tiempo y dinero. Este esfuerzo adicional para rellenar las credenciales es el resultado de la brutal competencia por trabajos y la omnipresente inflación de grados que genera la democratización de la educación superior, o el empuje para que todo el mundo tenga un título de cuatro años. Además, la economía no puede absorber cada año a todos los graduados que reciben una licenciatura. El impacto económico y las consecuencias imprevistas de la democratización de la educación superior, así como la inflación de los grados, se analizan en el capítulo ocho.

Tercero, los padres coreanos consideran que la educación privada de sus hijos es una necesidad, y no un lujo. Consideran el costo como una inversión en el futuro de sus hijos, así como en el suyo propio. En consecuencia, los padres están dispuestos a gastar los ahorros familiares en los costos de la educación privada de sus hijos. Como ya se ha mencionado, cuando los ahorros son insuficientes, los padres están incluso dispuestos a pedir dinero prestado para hacer frente al alto costo de la educación privada.

La brecha entre los que tienen y los que no tienen

A pesar de este afán por la educación privada, la brecha de participación entre los hijos de familias de bajos y altos ingresos, se ha ampliado considerablemente en los últimos diez años. El artículo citado anteriormente *The Korea Herald* identifica que las tasas de participación en la educación privada entre las familias de bajos ingresos (definidas aquí como familias con un ingreso mensual de dos a tres millones de wones [~ $1,809-$2,714]), se redujeron drásticamente en el período de diez años entre 2007 y 2017.[15] Esta tendencia es especialmente preocupante, ya que la posibilidad de que se produzca un cruce entre las porciones superior e inferior de la pirámide en el diagrama de flujo del ciclo educativo y socioeconómico es mínima o inexistente en la actualidad. Es probable que esta fuerte disminución empeore las cosas para los estudiantes de los estratos socioeconómicos más bajos. La tendencia a bajar en la tasa de participación en la educación privada de los niños de familias de bajos ingresos asegura que se mantenga el status quo que favorece a los mejores estudiantes desde la escuela primaria hasta la secundaria, la universidad y, eventualmente, el mercado laboral. Los hijos de familias de altos ingresos parecen tener ventaja definitiva, en este sistema de supervivencia, debido a la capacidad de sus padres para pagar a los costosos maestros y tutores privados. *The Korea Herald* cita las siguientes estadísticas de tasas de participación para 2017 en comparación con 2007:

Gráfica 2: Proporción de participación en educación privada — 2007 y 2017

Hijos de familias con bajos ingresos vs. hijos de familias con altos ingresos*[16]

	2007	2017
Hijos de familias con altos ingresos[1]	92.7%	80.8%
Hijos de familias con bajos ingresos[2]	77%	58.3%

*Nota:

1. Familias de altos ingresos: ingreso mensual = de seis a siete millones de wones [~$5,427 - $6,332].
2. Familias de bajos ingresos: ingreso mensual = de dos a tres millones de wones [~$1,809 - $2,714].

El papel de la buena madre

Todos los niños coreanos aprenden el cuento popular sobre Han Seok Bong, un conocido calígrafo de la época Joseon (1392-1910) cuya madre vendía pasteles de arroz para ganarse la vida. Ella es vista como el modelo de una madre ideal, porque se sacrificó por su hijo y lo crio bien. El hecho de que se ganaba la vida vendiendo pasteles de arroz indica que no era la típica ama de casa a tiempo completo, ya que necesitaba trabajar para mantener a su hijo. A pesar de sus limitados medios, lo envió a un templo budista a estudiar caligrafía con los maestros para que fuera lo más competente posible. Inicialmente, se suponía que sus estudios durarían diez años, pero volvió a casa después de tres años, creyendo que no tenía nada más que aprender de los maestros. Su madre sabía más y quería darle una lección de humildad, así que lo desafió a un concurso en el que él escribiría letras y ella cortaría pastel de arroz. Él aceptó. Mientras hacían sus respectivas tareas, ella sopló la vela, y quedaron haciendo el concurso en la oscuridad. Cuando terminaron, revisaron la actuación del otro y encontraron que las letras de él estaban torcidas, los tamaños no coincidían y eran difíciles de discernir, mientras que los trozos de pastel de arroz que ella había cortado eran del mismo tamaño.

Dándose cuenta de su error de juicio y entendiendo la lección de humildad, Han Seok Bong regresó al templo para estudiar durante siete años más. Después, regresó a su ciudad natal con su madre. Con el tiempo, su reputación como calígrafo se hizo ampliamente conocida en todo el país, incluso en China.

Siguiendo el ejemplo de la madre de Han Seok Bong, tradicionalmente es la madre, quien en su papel de «buena madre» se espera que haga todo lo que esté a su alcance para el éxito de sus hijos.

Por ejemplo, muchas madres sacrifican el dinero de su jubilación para cubrir los gastos de educación privada de sus hijos. Además, no es raro que algunas madres de mediana edad consigan un empleo para poder pagar los gastos de sus hijos en el *hagwon* y el tutor privado. Del mismo modo, es la madre la que investiga a los *hagwons* y a los tutores privados buscando a los que tienen la mejor reputación para sus hijos. Como ya se ha dicho, es costumbre que las madres pregunten a su extensa red de amigos sobre las mejores alternativas posibles de *hagwons* y de tutores privados. Si hay un *hagwon* o tutor privado que se tiene en alta estima por los amigos de la madre, es más probable que el *hagwon* o tutor privado reciba el asentimiento de la familia. Dado que la presión social desempeña un papel importante en la toma de decisiones a este nivel, estas decisiones suelen hacerse por consenso, como se indica en el capítulo uno.

Si una madre es bastante rica, asertiva e influyente, se le puede permitir unirse a la red informal de madres en la escuela de su hijo. Si es lo suficientemente agresiva, se le puede considerar una *chima baram* (viento de falda), término que se utiliza para referirse a una madre asertiva que vela por el bienestar de sus hijos y utiliza su influencia para inclinar la balanza en favor de sus hijos. En inglés, el término «*helicopter mom*» puede considerarse el equivalente más cercano a *chima baram*. La razón por la que esta función se considera un papel de la madre es porque, tradicionalmente, las mujeres no tenían acceso al lugar de trabajo. Por lo tanto, se quedaban en casa para cuidar a la familia, y específicamente a los niños, tanto dentro como fuera del hogar, asegurándose de que el futuro éxito de los niños tuviera una base sólida. Hoy en día, algunas de las responsabilidades de la *chima baram* incluyen asegurar que sus hijos asistan al mejor *hagwon* y que los padres contraten a los mejores tutores privados para aumentar la probabilidad de que sus hijos sean admitidos en una de las mejores universidades. La red de *chima baram* permite a sus miembros, normalmente ricos, tener acceso exclusivo a información valiosa. Además, es fundamental en la selección tanto de escuelas de estudio como de tutores privados.

Chima baram identifica el liderazgo informal llamado *dwagee-o-ma*, (madre cerda seguida de sus cerditos) (돼지엄마) que resulta ser el miembro más influyente del grupo. Este individuo tiene la autoridad para determinar quién puede unirse al grupo. Debido a la naturaleza competitiva del proceso de admisión a la universidad, los grupos de la red de madres siguen siendo intencionadamente pequeños para compartir información valiosa sólo con un grupo pequeño y exclusivo de madres. Las redes de madres son frecuentes en Gangnam, posiblemente la zona más rica de toda Corea del Sur. Gangnam se hizo mundialmente famoso por Psy con su éxito de 2012 y el vídeo «Gangnam Style». En su canción y vídeo Psy se burla del distrito elegante por su énfasis en el estilo de vida de alto nivel, que incluye altas rentas y expectativas.

Enseñanza para pasar el examen y su profundo impacto en aprendizaje y conducta estudiantil

Los proveedores de educación privada, desde los instructores de *hagwon* hasta los tutores privados, han infundido el elemento de la eficiencia en la educación privada. Los *hagwons* que se especializan en la preparación de exámenes, ya sea el *Suneung*, SAT, ACT, TOEFL, TOEIC, u otros exámenes, utilizan el enfoque más eficiente posible. Enseñan para pasar el examen, dando a los estudiantes una amplia práctica del mismo a través de elementos estratégicamente seleccionados de formularios de exámenes previamente publicados, proyectando los tipos de preguntas que habrá en un examen determinado, enseñando a los estudiantes atajos para responder a las preguntas de forma rápida y eficiente. También proporcionan indicaciones sobre cómo los estudiantes pueden manejar mejor su tiempo de examen. Las técnicas de ahorro de tiempo incluyen la identificación de la mejor opción de respuesta utilizando un proceso de eliminación, evitando así tener que elaborar la solución de un problema de matemáticas. El estudiante decide cuándo es ventajoso adivinar la respuesta. Se hace hincapié en la eficiencia mediante la memorización, la repetición y la práctica de pruebas, y no en la creatividad, el pensamiento crítico o la auto expresión. Un artículo publicado por la BBC titulado «Las escuelas de Corea del Sur: largos días, altos resultados», afirma que «el implacable enfoque en la educación ha resultado en formidables tomadores de exámenes».[17]

Es cierto que los proveedores de preparación de pruebas en otros países utilizan técnicas similares. Sin embargo, dos diferencias fundamentales son la medida en que se utilizan estos servicios y el grado en que tales estrategias se aplican a otras circunstancias.

Esta extensa exposición a la preparación de exámenes, o el enfoque de enseñanza para el examen, parece tener un profundo impacto en los procesos de aprendizaje y el comportamiento de los estudiantes. Como se discute en el capítulo cuatro, en la experiencia de los autores, los estudiantes coreanos muestran la tendencia a sobresalir en los exámenes de opción múltiple, pero parecen tener problemas al demostrar el proceso paso a paso para llegar a la respuesta correcta. Además, parecen estar más cómodos en un entorno centrado en el profesor, o en uno que requiere poca interacción del estudiante o pensamiento independiente, que en una situación centrada en el estudiante, o en una que sí requiere la participación de éste. Estos patrones de comportamiento y aprendizaje observados parecen estar enraizados en el enfoque utilizado por los instructores de *hagwon* y los tutores privados que se centran en la preparación de exámenes. Desafortunadamente, estos patrones de comportamiento aprendidos y este enfoque de aprendizaje son difíciles de erradicar. A menos que el estudiante participe en un ambiente que promueva la creatividad, el pensamiento crítico, el pensamiento independiente y la participación del estudiante a través de la auto expresión y la investigación, el aprendizaje y los patrones de comportamiento persistirán más allá del aula. La educación privada es vista como la clave para elevar, o al menos mantener, el estatus socioeconómico de las masas. De manera lamentable, el elemento de la cultura que ha dado a los estudiantes una ventaja en un ambiente de admisión a la universidad tan competitivo ha tenido algunas consecuencias no deseadas. Las estrategias adoptadas por los proveedores de preparación para pruebas perpetúan una mentalidad que depende en gran medida de la eficiencia. Estas estrategias parecen haberse arraigado profundamente en la vida cotidiana.

El propósito de los *hagwons* es preparar a los estudiantes para los exámenes, centrándose en responder a las preguntas de forma rápida y eficiente. Los instructores son expertos en este sentido. Como ávidos usuarios de los sistemas de clasificación o calificación en áreas de la eficiencia, los coreanos suelen referirse a sus instructores estrella de *hagwon* y a sus tutores privados como profesores «pinzas» (족집게 선생님) para identificar a los que tienen las mejores estrategias de preparación de exámenes. En otras palabras, pueden preparar a los estudiantes de la manera más eficiente para seleccionar las respuestas correctas en preguntas de opción múltiple. Son particularmente hábiles para anticipar los tipos de preguntas que aparecerán en pruebas específicas como el *Suneung*. En una sección de comprensión de lectura, por ejemplo, los instructores son capaces de anticipar las preguntas que se harán sobre un pasaje de la prueba. En otras palabras, señalan las preguntas que los estudiantes deben estudiar para la prueba. Los eficaces profesores «pinzas» realizan un análisis de artículos de las pruebas *Suneung* anteriores. A través de este análisis de artículos, no sólo revisan los conceptos que han sido probados previamente, sino también la frecuencia con la que una palabra de vocabulario, un problema matemático o un concepto se incluye en la prueba. Después de llevar a cabo este análisis, los profesores «pinzas» determinan si creen que una palabra específica de las tres categorías estará en la próxima prueba. Basándose en este análisis de artículos, aconsejan a los estudiantes si deben estudiar un artículo o concepto específico.

Estos maestros «pinzas» han alcanzado casi el estatus de celebridad en el mundo de la preparación de pruebas. Los *hagwons* que tienen esta especialidad usan la imagen de sus maestros estrella en vallas publicitarias y campañas de publicidad.

Hagwons especializados en instrucción de inglés

Es cierto que la participación en algunos *hagwons* proporciona a los estudiantes un programa suplementario, de enriquecimiento o de preparación de pruebas más personalizado. Por lo tanto, no puedo enfatizar lo suficiente que no todos los *hagwons* son creados iguales ni comparten el mismo propósito. Por consiguiente, no emplean las mismas estrategias. Los *hagwons* orientados a presentaciones, los que enseñan arte y música, están en una categoría separada. En la sección anterior, la discusión se centra en *hagwons* que proveen preparación para los exámenes. En esta sección, el enfoque será sobre *hagwons* que se especializan en la enseñanza del inglés, que incluye habilidades como la conversación en inglés y la gramática o una combinación de ellas.

La enseñanza del inglés comienza en la escuela primaria. Como los padres coreanos quieren que sus hijos dominen el inglés, los estudiantes empiezan a asistir a las clases de inglés desde una temprana edad. El énfasis en el aprendizaje del inglés persiste a lo largo de la escuela secundaria, preparatoria y la universidad. Con el tiempo, este énfasis continúa incluso en el lugar de trabajo debido a la globalización que ha sido encabezada por las empresas multinacionales que son la columna vertebral de la economía coreana. Por eso, además de los cursos de inglés establecidos, la enseñanza del chino también está ganando popularidad de manera rápida.

La gama de razones por las que las personas desean mejorar su dominio del inglés es tan amplia como sus diversos antecedentes. Algunas de las razones son las siguientes:

» Prepararse para un examen
» Enriquecer las habilidades de conversación para uso profesional
» Aumentar las habilidades de conversación como un logro de interés personal
» Tener una fundación gramatical más sólida y expandir su vocabulario

Antes de unirse a la escuela americana donde yo trabajaba, algunos de mis colegas habían sido empleados como instructores de conversación en inglés en *hagwons* donde los instructores usaban un enfoque universalista con todas las clases. Se establece un plan de estudios para cada nivel de competencia, se elige un libro de texto y se le dice al instructor que tome la iniciativa en el resto del curso. Debido a que la demanda de instrucción en inglés es tan alta, los directores de *hagwon* no pueden darse el lujo de seleccionar a los instructores más preparados o calificados. Además, no pueden llenar todas las posiciones de enseñanza con nativos de habla inglesa. Por lo tanto, en muchos casos, contratan instructores coreanos cuyo dominio del inglés es cuestionable, particularmente cuando se trata de su comunicación oral. Tampoco sería realista que estos *hagwons* atrajeran sólo a profesores certificados/acreditados de países de habla inglesa, precisamente porque los *hagwons* suelen emitir contratos de un año. Se trata de puestos temporales que no les resultarían atractivos a los maestros certificados o acreditados porque su preferencia es obtener un puesto fijo.

Además, los profesores ya establecidos en su país de origen no encontrarían estos puestos tan irresistibles como para dejar su puesto fijo. La excepción serían los profesores jóvenes, recién graduados de la universidad, certificados o acreditados (es decir, recién graduados de programas de formación de profesores, pero sin experiencia docente) que tienen un espíritu aventurero o que, por una u otra razón, no pueden conseguir un trabajo de profesor en su país de origen, y muy probablemente están pagando préstamos estudiantiles. Otros candidatos primarios serían los recién licenciados en situaciones similares que son aventureros y acogen con agrado la idea de trabajar y viajar al mismo tiempo. Esto no quiere decir que no haya profesores extranjeros maduros en Corea. Ciertamente existen. De hecho, hay muchos que empiezan su carrera docente en Corea, se enamoran del país y permanecen allí durante muchos años.

Aunque la situación parece estar mejorando, en un principio la calificación preferida para la contratación era exclusivamente la de ser hablante nativo de inglés de un país donde el idioma oficial es el inglés. Los candidatos de un país con lazos históricos con el Reino Unido (por ejemplo, Estados Unidos, Australia, Canadá, Irlanda y Sudáfrica) recibían consideración prioritaria por razones lingüísticas, independientemente de la especialidad universitaria del solicitante. Cada vez es más frecuente que se exija una licenciatura. Sin embargo, en la mayoría de los casos, un certificado o credencial de enseñanza no lo es, pero ayuda. En consecuencia, la clara mayoría de los candidatos que acuden a estos puestos son jóvenes graduados universitarios con una licenciatura pero sin preparación para la docencia y sin experiencia docente. Por lo tanto, la mayoría de estos reclutas de la enseñanza carecen de los conocimientos pedagógicos necesarios para aplicar una metodología de enseñanza eficaz basada en las necesidades educativas de los estudiantes. También son deficientes en las aptitudes de gestión de las aulas, que son esenciales para un entorno de aprendizaje propicio. Las clases en los *hagwons* varían en tamaño dependiendo de una serie de factores, entre los que se incluyen la materia, el nivel de grado y la ubicación. Sin embargo, en su mayor parte, estas clases son más pequeñas que las clases regulares en Estados Unidos.

Algunos de mis colegas que habían trabajado en *hagwons* se quejaron de que los estudiantes eran irrespetuosos e indisciplinados. Esta perturbación requiere un manejo efectivo del salón de clases, una habilidad que algunos instructores de *hagwon* no poseen debido a su falta de capacitación. En algunos casos, se quejaron, su papel se redujo al de cuidar a niños. Otra queja de los ex instructores de *hagwon* fue la falta de apoyo de la administración en cuestiones disciplinarias. Descubrieron que la administración se ponía del lado de los estudiantes y los padres en lugar de apoyar a los instructores en cuestiones relacionadas con la disciplina. Al valorar la perspectiva de los estudiantes a expensas de la autoridad del profesor, los *hagwons* mantuvieron (y siguen manteniendo) un alto nivel de matriculación. Esta actitud dejó a los instructores con poca o ninguna autoridad, ni capacidad para implementar altos estándares académicos y hacer cumplir el comportamiento adecuado. Las peleas entre los estudiantes eran comunes, especialmente entre los niños de la escuela secundaria (séptimo, octavo y noveno grado). En cuanto a las peleas entre estudiantes, la administración tomó la actitud de que las peleas representan diferencias entre individuos y los propios estudiantes deben resolver el problema. Finalmente, los ex instructores de *hagwon* se quejaron de que habían algunos problemas para recibir el pago a tiempo.

Debido a estas pobres condiciones de trabajo, los maestros que eran certificados/acreditados no duraron mucho tiempo en estos *hagwons*. Pronto solicitaron y se trasladaron con éxito a escuelas internacionales. Nuevamente, Young Lee y yo queremos enfatizar que no todas los *hagwons* son iguales. Por lo tanto, las quejas descritas anteriormente no se aplican a todos los *hagwons*. La situación en Gangnam, donde la calidad de la educación de enriquecimiento suplementario y la preparación para los exámenes se considera la mejor, es la excepción a la regla. La escuela donde yo trabajaba matriculó a algunos estudiantes que habían tenido la fortuna de asistir a destacados *hagwons* que se especializaban en impartir formación en las artes escénicas. Los talentos de estos estudiantes fueron indudablemente nutridos y desarrollados a un alto grado de competencia.

Horas largas, privación de sueño y estrés

A menudo, *hagwons* continúan la clase hasta las 10:00 p.m., 11:00 p.m. o incluso hasta la medianoche, de lunes a viernes. Algunas incluso funcionan los sábados, dependiendo del nivel de la escuela (por ejemplo, primaria, secundaria o preparatoria) y la ubicación. Según la BBC, en 2008, se estableció un toque de queda a las 10:00 p.m. para *hagwons* en Seúl, pero no hay uniformidad entre las ciudades en este sentido; las ciudades aplican diferentes restricciones.[18] Algunas ciudades permiten que *hagwons* continúen hasta la medianoche para los estudiantes de preparatoria.

Después de asistir a *hagwons*, los estudiantes van a casa y hacen los deberes de sus clases diurnas, lo que les obliga a permanecer despiertos hasta la madrugada. Por consiguiente, estos mismos estudiantes están comprensiblemente exhaustos y privados de sueño. No es de extrañar,

143

dados los altos niveles de competencia, la privación de sueño así como los altos niveles de estrés entre los estudiantes, que el «daño intencional» (suicidio) fuera la principal causa de muerte entre los jóvenes de nueve a veinticuatro años de edad entre 2007 y 2017, según las estadísticas de Corea.[19] Young Lee y yo reconocemos que una relación de causa y efecto entre un alto índice de suicidios y cualquier factor específico debe ser estudiado extensamente antes de establecer una conexión. Dicha investigación está fuera del alcance de este libro. Sin embargo, las condiciones anteriores existen y parecen ser factores contribuyentes, aunque la evidencia existente no es suficiente para probar la causa directa.

Alternativas a *hagwons* y a tutores privados

Una opción alternativa disponible para los padres de altos ingresos es la opción de inscribir a sus hijos en una escuela internacional. Esta opción es de hecho una que expone a los estudiantes a un estilo de educación occidental. Les resulta particularmente beneficiosa a los estudiantes que tienen la intención de solicitar la admisión en universidades occidentales para facilitar su ajuste académico y social, que es fundamental para el éxito del estudiante.

Además, en este entorno, los estudiantes pueden asociarse con otros que han asistido a la secundaria o preparatoria en el extranjero y, por lo tanto, poseen un dominio relativamente bueno del inglés. La fluidez del inglés es una habilidad crítica para los estudiantes que necesitan competir contra los hablantes nativos de inglés en un ambiente académico. Técnicamente, un estudiante que desee asistir a una escuela internacional debe haber asistido previamente a una escuela en el extranjero. Los padres coreanos reconocen los beneficios a largo plazo para los niños que pueden asistir y graduarse de una escuela internacional.

Sin embargo, el afán por aprovechar estos beneficios, independientemente del costo y los medios, impulsa a algunas familias a procurar documentos falsos que indican que los estudiantes han asistido a una escuela fuera de Corea. Estos documentos falsificados, se espera, permitirán a sus hijos asistir a una de estas escuelas internacionales tan solicitadas. Estos casos de fraude han aparecido en los medios de comunicación de vez en cuando en las principales ciudades donde suelen estar situadas estas escuelas. La atención que los medios de comunicación han prestado a las escuelas internacionales es una de las razones por las que han sido fuente de controversia. Los críticos describen las escuelas internacionales como una ventaja injusta para los niños de familias de altos ingresos. La cuestión de la justicia y la igualdad de trato es una fuente de consternación en la sociedad coreana, principalmente debido al entorno competitivo.

«Niños paracaidistas»

Enviar a los hijos a estudiar en Estados Unidos o en otros países de habla inglesa es otra opción popular, aunque costosa, para los padres que tienen una riqueza lo suficientemente significativa como para poder permitirse miles de dólares en gastos cada mes. Estos gastos incluyen el viaje, la matrícula, el alojamiento y otros imprevistos. El factor motivador para pagar estos gastos es permitir que sus hijos cumplan con los requisitos para ser admitidos en una universidad en el extranjero, principalmente en un país de habla inglesa, como Estados Unidos, Canadá, Australia o el Reino Unido. Estos «estudiantes internacionales» se conocen comúnmente como «niños paracaidistas». Ellos asisten a escuelas internacionales en todos los niveles, desde la escuela primaria hasta la preparatoria. En lo que respecta a esta última, Corea no está canalizando la mayoría de los estudiantes internacionales a Estados Unidos. China es el país con la mayor delegación. Según un informe titulado *Juventud mundialmente móvil: tendencias en estudiantes internacionales de preparatoria en Estados Unidos, 2013–2016*, publicado por el Instituto de Educación Internacional (IIE por sus siglas en inglés) en el otoño de 2016 había un total de 81,981 estudiantes internacionales matriculados en escuelas preparatorias de Estados Unidos.[20] Los seis principales países que enviaron niños a Estados Unidos fueron China, Corea del Sur, Vietnam, México, Japón y Canadá, en ese orden. El hecho de que Corea, con una población de poco más de cincuenta y una millones de personas en 2018, se encuentre entre estos países mucho más grandes en cuanto al número de estudiantes matriculados en Estados Unidos, dice mucho del énfasis que los padres coreanos ponen en el valor de la educación en general. En particular, las estadísticas revelan la importancia que se atribuye a la adquisición de una educación secundaria y la eventual finalización del bachillerato en una universidad de Estados Unidos.[21] En base a las estimaciones del Departamento de Asuntos Económicos y Sociales de las Naciones Unidas, la población de los demás países de esta categoría es la siguiente: China tiene más de 1.415 mil millones; Vietnam, más de 96.491 millones; México, más de 130.759 millones; y Japón con más de 127.185 millones.[22] Los padres coreanos saben muy bien que la utilización de esta estrategia dará a sus hijos una ventaja en el proceso de solicitud de admisión a la universidad y, eventualmente, en el mercado de trabajo.

Enviar a los estudiantes a estudiar la escuela preparatoria en Estados Unidos les resulta factible a los padres coreanos, especialmente si la familia tiene parientes que viven allí y están dispuestos a acoger a su hijo o hija. Sin embargo, no tener parientes en EE. UU. no es un obstáculo, especialmente para los padres ricos. No es raro que las familias que envían a sus hijos a estudiar a Estados Unidos los coloquen con una familia coreana o incluso no coreana que esté dispuesta a proporcionarles alojamiento y comida y diversos niveles de supervisión por una tarifa sustancial.

Sin embargo, a aquellos que no tienen parientes viviendo en Estados Unidos, no les resulta inusual que las madres coreanas acompañen al estudiante mientras estudia en el extranjero. Como ya se ha dicho, se trata de una propuesta costosa en el sentido de que la división de la familia requiere ingresos suficientes no sólo para pagar la matrícula del estudiante, el viaje y los gastos de subsistencia tanto del estudiante como de la madre, sino también para sufragar los gastos de dos hogares, uno en Corea y otro en el extranjero. Estas familias se denominan comúnmente «familias de gansos salvajes» en referencia a la calidad de la migración de los gansos salvajes y las largas distancias que estas familias deben recorrer. En este tipo de arreglo, el padre se queda en Corea trabajando para generar suficiente dinero para hacer posible esta estrategia. A estos padres se les llama comúnmente en coreano «papá ganso» (en coreano: 기러기 아빠). Aunque Estados Unidos es el destino elegido, las familias coreanas también acuden en masa a otros países de habla inglesa como Australia, Canadá, Nueva Zelanda, el Reino Unido y las Filipinas. Al menos cuatro de los estudiantes de la escuela donde enseñé habían asistido a la escuela en Australia o las Filipinas. Al menos tres de esos cuatro estudiantes regresaron a Corea hablando inglés con más fluidez y con acento australiano o filipino después de sólo un año. Esta observación se hace sólo para mostrar cuán impresionables son los niños y cuán rápido se adaptan a su entorno, no para juzgar si hablar inglés con acento es bueno o malo. Su experiencia en un país de habla inglesa contribuyó enormemente a mejorar su rendimiento al volver a la escuela americana en Corea. Estas observaciones hablan por sí solas a favor de un entorno de inmersión en el que, en función de las circunstancias, se exige al alumno que escuche y hable el idioma de destino no sólo en clase sino también fuera de ella. Es seguro suponer que el mejor rendimiento académico de estos estudiantes se debió a su experiencia en un país de habla inglesa en lugar de haber pasado la misma cantidad de tiempo en la escuela americana en Corea donde fueron expuestos al inglés sólo durante el tiempo de clase y volvieron al coreano fuera de la clase y durante las horas restantes del día. Además, vivir fuera de Corea durante un año parece dar a estos estudiantes más confianza en sí mismos social y académicamente. Aunque estos ejemplos son puramente anecdóticos y el número de estudiantes implicados es bastante reducido, parecen indicar que hay ventajas lingüísticas, académicas y de autoestima al enviar a los estudiantes a otro país en el que el idioma de destino es el idioma oficial además del idioma de instrucción. Según un artículo que apareció en la ABC (Australian Broadcasting Corporation) el 17 de junio de 2015, «...se estima que veinte mil familias... salen cada año de Corea del Sur para ir a vivir a un país de habla inglesa» para que sus hijos puedan adquirir una educación en inglés.[23]

Una vez que asisten a la escuela en un país de habla inglesa, dependiendo de si se gradúan en la escuela preparatoria, «los niños paracaidistas» tienen tres opciones tremendamente ventajosas. Estas opciones sólo son posibles si compilan un registro académico respetable que incluya los cursos académicos apropiados, un alto promedio de calificaciones, los resultados requeridos de SAT o ACT y probablemente el examen TOEFL. La primera opción es inscribirse en una prestigiosa escuela preparatoria internacional privada en Corea, que le dará al estudiante una ventaja en el brutal proceso de admisión a la universidad. Alternativamente, el estudiante podría solicitar la admisión en una universidad de EE. UU. o de otro país de habla inglesa. Finalmente, podría solicitar la admisión en una prestigiosa universidad de Corea con el entendido de que la aceptación no está garantizada. Una creencia común es que completar la escuela preparatoria en EE. UU. da a los estudiantes una ventaja en el proceso de admisión a las universidades americanas. Para los estudiantes coreanos que se gradúan de una escuela preparatoria en EE. UU., la tercera opción, que es solicitar la admisión a una prestigiosa universidad en Corea, es menos viable. El distanciamiento con la educación coreana limita su exposición a un ambiente académico en el idioma coreano. Por consiguiente, a menudo se desarrollan deficiencias lingüísticas incluso si los estudiantes intentan de manera deliberada mantener un alto nivel de exposición al idioma coreano en su propia vida privada mientras viven fuera de Corea.

La opción de enviar a los niños a estudiar en el extranjero, incluso cuando están acompañados por su madre, presenta una serie de retos para todas las partes interesadas, como la ansiedad por la separación, el estrés, la soledad, la depresión y la nutrición inadecuada. Los problemas se agravan si los niños no están preparados académica, social o psicológicamente para facilitar su adaptación al nuevo entorno.

Un duro despertar

Una de las motivaciones de los estudiantes coreanos es conseguir uno de los puestos de trabajo más codiciados en una gran empresa, lo que les proporcionará seguridad financiera y prestigio inherentes. Estos trabajos son vistos como una compensación por todo el tiempo, esfuerzo, dinero y sacrificios hechos por los estudiantes y padres por igual desde el momento en que el estudiante entra en la escuela primaria hasta que se gradúa de la universidad. La feroz competencia por los puestos de trabajo, resultado de la democratización de la educación superior, ha causado un tipo de despertar. La realidad es que las ofertas de trabajo en las grandes corporaciones son limitadas, y estas corporaciones no pueden acomodar a todos los graduados universitarios cada año. Ni siquiera los estudiantes de las universidades de primer nivel tienen un camino claro hacia uno de esos empleos. Muchos tienen problemas para conseguir un puesto en los conglomerados de la nación. Los estudiantes desencantados están empezando a reconocer la falacia de que una licenciatura asegurará un lugar en el mercado laboral y por lo tanto garantizará la seguridad financiera. Algunos jóvenes que no son capaces de compilar el registro académico apropiado o los resultados deseados de las pruebas de admisión están empezando a darse cuenta de que la educación profesional y técnica, también conocida como educación vocacional, puede ser una alternativa viable para adquirir habilidades prácticas y eventualmente asegurar un trabajo. Reconociendo que el hecho de graduarse de la universidad con una licenciatura no garantiza el empleo, en el pasado reciente más estudiantes de secundaria optaron por asistir a escuelas de formación profesional. Mientras investigaba para este libro, descubrí que la idea estaba ganando popularidad a un ritmo tan rápido que la demanda superaba el número de plazas disponibles. De hecho, la tasa de colocación de empleo para los graduados de las escuelas de formación profesional estaba en aumento. Según un artículo que apareció en el *Korea JoongAng Daily* el 23 de enero de 2017: «La tasa de empleo de los graduados de las escuelas de formación profesional aumentó por séptimo año consecutivo, según el Ministerio de Educación, de 16.7% en 2009 a 47.2% en 2016. El objetivo del Gobierno para 2022 es una tasa del 65%».[24]

El Gobierno reconoció que debía tomar la iniciativa para hacer frente a la elevada tasa de desempleo juvenil. Por ello, el Gobierno coreano creó un nuevo tipo de escuela estatal en 2009. Estas escuelas se llaman Meister High Schools (preparatorias Meister) y, según el artículo citado anteriormente, enseñan «tecnologías específicas relacionadas con los diez sectores de más rápido crecimiento, incluyendo semiconductores y robots [robótica]».[25] El Gobierno financia las escuelas y su número «pasó de veinte en 2009 a cuarenta y ocho en 2016».[26]

El mejor aspecto de estas escuelas preparatorias Meister es que las decisiones de desarrollo de programas parecen estar basadas en la investigación. Aparentemente, las escuelas utilizan escaneos ambientales para identificar los diez sectores emergentes más rápidos, satisfaciendo así las necesidades de los negocios y la industria y maximizando las posibilidades de empleo de los graduados. El *Korea JoongAng Daily* también reporta que «la tasa de empleo de los graduados de las escuelas Meister se ha mantenido por encima del 90 por ciento desde 2013».[27]

Se necesitan más datos actuales, como resultado del persistente y elevado desempleo juvenil, para determinar la eficacia a largo plazo de esta iniciativa. Aunque la repercusión de las escuelas preparatorias Meister es relativamente pequeña, dado el número de centros, esta nueva tendencia parece ser prometedora en cuanto a proporcionar aptitudes para el empleo a algunos jóvenes. Es posible que este tipo de capacitación no les dé el «trabajo soñado» que muchos estudiantes tal vez esperaban, pero por lo menos les proporciona habilidades comerciables. Se ha hecho dolorosamente evidente que la opción alternativa, que prepara a los estudiantes para la educación superior y las carreras empresariales, no siempre tiene éxito.[28]

Actualización: A la fecha de publicación de este libro, esta iniciativa parece estar perdiendo fuerza como resultado del alto desempleo juvenil y de la comprensión por parte de los jóvenes de que si deciden asistir a una escuela secundaria especializada en la educación profesional y técnica se ven condenados a una situación socioeconómica que no les atrae ni a ellos ni a su familia. Esa vida incluye salarios y prestaciones muy inferiores a los que ofrecen los conglomerados, condiciones de trabajo mucho más duras de lo que esperaban y una seguridad laboral poco fiable o constante. En esencia, estas condiciones son la antítesis de las aspiraciones de los coreanos impulsadas por la cultura y la sociedad.

Educación universitaria en el extranjero

Obtener una licenciatura de una universidad respetable en el extranjero se considera una opción atractiva, aunque costosa, para tener la oportunidad de asistir a un programa de posgrado en campos como la medicina, la ingeniería y la informática. La licenciatura puede contribuir a conseguir el «sueño» de un trabajo de cuello blanco, posiblemente en una gran corporación. Algunos empleadores, en particular las empresas mundiales, conceden a los solicitantes puntos de bonificación en el proceso de contratación si han obtenido un título de una universidad de renombre en el extranjero, en particular de universidades de países de habla inglesa. No es raro que las empresas mundiales coreanas contraten a graduados coreanos directamente de los campus universitarios de Estados Unidos. A menudo, los anuncios de empleo incluyen una declaración en la que se indica que la empresa está buscando específicamente a solicitantes coreanos graduados en universidades de Estados Unidos.

Resulta ventajoso a los candidatos a puestos docentes en las universidades coreanas haber obtenido cualquier título, ya sea una licenciatura, una maestría o un doctorado, de una universidad de un país de habla inglesa. Entre las ventajas figura el hecho de que las universidades exigen a los profesores que publiquen los trabajos de investigación en revistas de lengua inglesa para que puedan obtener la titularidad. También, la capacidad de enseñar en inglés puede hacer que los candidatos ganen puntos adicionales en el proceso de solicitud de empleo. Además, es común que los profesores universitarios que enseñan en inglés reciban una compensación adicional.

Anecdóticamente, una amiga coreana que había obtenido una licenciatura en una universidad coreana decidió solicitar un programa de doctorado en Estados Unidos. Después, ella solicitó un trabajo similar en una prestigiosa universidad en Corea. Su solicitud fue exitosa al primer intento. Después, se le asignó enseñar algunas de sus clases principales en inglés y se le concedió titularidad después que ella publicó artículos de investigación en publicaciones en inglés.

La opción de estudiar en el extranjero atrae especialmente a los estudiantes que se han destacado académicamente o que no han obtenido los resultados de pruebas o calificaciones necesarias para ser admitidos en una universidad de primer nivel en Corea, siempre que sus padres tengan los medios económicos necesarios para sufragar los gastos. Los padres están dispuestos a hacer el sacrificio de pagar la matrícula, el viaje, la vida y los gastos accesorios de sus hijos. Estos gastos suelen sumar varios miles de dólares al mes. Los padres confían en sus ahorros o piden prestado dinero a los miembros de la familia o incluso a los bancos. Sin embargo, teniendo en cuenta los altos costos de la matrícula de los estudiantes internacionales en Estados Unidos, además de los costos de alojamiento y comida, los gastos de viaje y los gastos incidentales y el hecho de que una licenciatura requiere al menos un compromiso de cuatro años, la realidad es que la educación en el extranjero sigue siendo una opción viable sólo para los padres ricos.

Los padres de los estudiantes que desean estudiar en el extranjero generalmente reconocen que, para aumentar la probabilidad de aceptación de sus hijos, deben buscar expertos en admisión a la universidad fuera del sistema escolar. La excepción a esta regla es si el estudiante asiste a una escuela internacional, donde se suelen prestar estos servicios. La demanda de este tipo de apoyo ha impulsado a los empresarios a prestar servicios de consultoría para la admisión a la universidad a cambio de una tarifa. La obtención de este tipo de servicios de consultoría es análoga al sistema de *hagwons* o tutores privados, ya que los servicios supuestamente les dan a los estudiantes una ventaja en el proceso de admisión a la universidad. Esos servicios pueden incluir orientación para elegir los cursos apropiados de la escuela preparatoria, asesoramiento para la preparación y la realización de exámenes, información sobre la selección de universidades y el proceso de solicitud de admisión, investigación sobre la admisión a la universidad y sugerencias específicas sobre las universidades y asistencia práctica en el proceso de solicitud propiamente dicho. La eficacia de estos consultores parece ser desigual, especialmente cuando se trata de asesorar a los estudiantes de último año y a sus familias sobre la admisión a las universidades de Estados Unidos. Para ser eficaces, los consultores de admisión a las universidades deben conocer a fondo no sólo los requisitos de admisión y el proceso de solicitud de cada universidad, sino también los puntos fuertes del programa y la idiosincrasia de las universidades y sus recintos, además, de los puntos fuertes, las deficiencias y las preferencias académicas del solicitante. Lo más importante es que el consultor debe guiar al solicitante a través de un plan estratégico que garantice la admisión en varias instituciones, basándose en el historial académico y extracurricular del estudiante. Luego, el solicitante y la familia pueden hacer la selección final de estas opciones.

Lamentablemente, estos servicios de consultoría no siempre producen resultados positivos. Por ejemplo, los padres de una estudiante con las calificaciones más altas de su clase del último curso de la escuela preparatoria donde yo enseñaba buscaron y pagaron los servicios de un consultor privado para darle a su hija una ventaja sobre otros solicitantes de la universidad. Contrataron al consultor externo, a pesar de que estos servicios ya eran prestados por un experimentado consejero universitario contratado por la escuela preparatoria. Al final, el proceso de consulta fue un fracaso total. La estudiante recibió cartas de rechazo de una docena de universidades de Estados Unidos a las que se le aconsejó que solicitara. Así, la estudiante de último año pasó el siguiente año fuera de la escuela, investigando otras opciones para el año subsiguiente. El gasto adicional en que incurrieron los padres de esta estudiante es otro ejemplo de hasta dónde están dispuestos a llegar los padres coreanos para apoyar la educación de sus hijos. Ellos consideran este tipo de gastos como una inversión en el bienestar económico futuro de sus hijos, así como en el suyo propio.

Desafortunadamente, en el caso que acabo de citar el esfuerzo fue equivocado. La pregunta, «¿cuán equivocados están algunos de estos servicios en general?» es una pregunta válida. Los rumores parecen indicar que algunos consultores completan las solicitudes e incluso escriben los ensayos requeridos para los solicitantes. ¿Los estudiantes que obtienen ayuda para escribir los ensayos tienen una ventaja injusta sobre los estudiantes que carecen de este apoyo? Si las universidades de Estados Unidos se basan en los ensayos como uno de los diversos factores que determinan el potencial académico y la eventual elegibilidad para la admisión, ¿se están tomando decisiones en base a premisas falsas cuando se trata de algunos estudiantes internacionales que contratan consultores de admisión universitaria sin escrúpulos?

Los estudiantes coreanos son muy conscientes del sacrificio y la tensión financiera que enfrentan sus padres debido al alto costo de su educación privada. También son conscientes de la necesidad de que den el resultado que sus padres esperan de ellos, que es ser aceptados por una prestigiosa universidad. En consecuencia, los propios estudiantes están bajo una enorme presión. Como resultado, algunos estudiantes recurren al «daño intencional». Son particularmente vulnerables a esta angustia psicológica cuando la admisión en una universidad de prestigio no se realiza. También son susceptibles de manera comprensible a un sentimiento de fracaso en tales condiciones. No es sorprendente que este daño intencional mencionado (suicidio) haya sido la principal causa de muerte entre los jóvenes de nueve a veinticuatro años de edad de 2007 a 2017.[29] Una vez más, aunque la correlación entre la presión educativa y el daño auto infligido no se establece en una proporción de uno a uno, los factores de concordancia sugieren que debe existir alguna relación.

Competencia académica, inflación de calificaciones, inflación de grados y desencanto

Como ya se ha establecido, a los titulares de una licenciatura les resulta cada vez más difícil conseguir un empleo después de la graduación, incluso cuando el estudiante se gradúa en una universidad de primer nivel. Aunque las grandes corporaciones les asignan a estos graduados algún tipo de ventaja, el trabajo no está en absoluto garantizado. Algunos graduados reconocen que una licenciatura no sólo no garantiza el empleo, sino que ni siquiera les proporciona esencialmente las aptitudes necesarias para iniciar una carrera. Por lo tanto, incluso algunos graduados de universidades de primer nivel se inscriben en programas de educación profesional y técnica para obtener las habilidades prácticas y las certificaciones correspondientes que los prepararán para los empleos de nivel inicial. La brutal competencia por los puestos de trabajo está impulsando esta acción proactiva por parte de los graduados universitarios y es el resultado de la omnipresente inflación de grados que ha producido la democratización de la educación superior. Sin embargo, esta iniciativa de los graduados universitarios, por muy bien intencionada que sea, en realidad agrava la inflación de grados generalizada.

El mito de que un título universitario es la panacea para el futuro éxito económico y material, la expectativa universal de que los graduados de la escuela preparatoria asistan a la universidad y se gradúen en ella, y la democratización de la educación superior han contribuido tanto a la ausencia de énfasis como al estigma asociado con las carreras y los programas de educación profesional y técnica. El resultado final es una inflación sustancial de grados.

Debido al alto porcentaje de individuos con una licenciatura, el país tiene un nivel de educación artificialmente alto. La realidad es que la economía es incapaz de acomodar este exceso de individuos «altamente educados» en trabajos que requieren un título universitario. En consecuencia, quienes no pueden conseguir un puesto en su área de especialización tienen la poco envidiable opción de estar desempleados, subempleados o aceptar un trabajo con el salario mínimo que requiere menos de lo que sugeriría su preparación académica. Los que eligen estar desempleados o subempleados en lugar de trabajar en la industria de servicios por orgullo, vergüenza o cualquier otro motivo acaban siendo una carga para la familia.

No se puede subestimar el impacto que la democratización de la enseñanza superior en Corea ha tenido en el empleo. Los datos publicados en un artículo que apareció en el *Munhwa Ilbo* el 2 de mayo de 2018 indican que, según la investigación realizada por el Instituto Coreano de Investigación para la Educación y Formación Profesional, en 1990, el 20% de los empleados que trabajaban en grandes empresas con al menos quinientos empleados tenían una licenciatura. Para 2015, esa cifra se había disparado al 60%.[30]

La inflación de títulos se siente especialmente en los niveles superiores de la educación: los títulos de maestría y doctorado. Según el artículo citado arriba, hay 1.13 millones de personas que tienen una maestría, un doctorado o ambos. Sin embargo, el mercado laboral sólo puede acoger a doscientas cincuenta mil personas con esos títulos. Por consiguiente, hay un exceso de ochocientas ochenta mil personas con títulos de posgrado, lo que revela claramente una sobreabundancia de personas sobrecalificadas. Contribuyendo a este exceso de personas con títulos de posgrado está la práctica de ampliar la educación volviendo a la universidad después de haber cumplido los requisitos de una licenciatura para obtener una maestría o un doctorado. La suposición es que tal título de postgrado aumentará las posibilidades de conseguir el «trabajo soñado».

También contribuyen a la inflación de este grado los individuos que, por una u otra razón, no pueden encontrar un trabajo después de obtener su licenciatura. Si sus padres pueden pagar los costos de la escuela de postgrado, optan por volver a la educación para buscar otro título por desesperación. Desafortunadamente, las consecuencias no deseadas agravan aún más la inflación de grados para el país. Esta situación causa mucha consternación y frustración a las personas que no pueden conseguir un trabajo aún después de todo el tiempo, esfuerzo, dinero y sacrificio invertidos en la obtención de un título de posgrado. En el artículo citado arriba, Kim Ahn-kook, investigador principal del Centro de Desarrollo de Competencias Vocacionales, sugiere que es necesario modificar el enfoque de la gente sobre la educación superior.[31] Kim señala que esta sobreoferta de individuos sobrecalificados es un desperdicio y un uso ineficiente de los recursos. Además, subraya las consecuencias secundarias a corto plazo que se analizan en esta sección, que incluyen el desempleo, el subempleo y la aceptación de trabajos que requieren mucha menos calificación que la preparación académica obtenida.

La gravedad de la predominante inflación de grados es evidente en un informe estadístico publicado recientemente por la Oficina Nacional de Estadística de Corea (ONE). Basándose en datos de mayo de 2018 comunicados el 23 de junio de 2018 por la ONE, el número de ciudadanos desempleados que se graduaron en universidades de cuatro años ha alcanzado un alto nivel récord. Según la investigación sobre la población de la fuerza laboral realizada por la ONE, el número de trabajadores desempleados que tenían una licenciatura o un nivel de educación superior en mayo de 2018 era de 402,000. Esta cifra representa un aumento anual de 76,000 personas a partir de 2017.[32] Las cifras de 2018 son las más altas que se han registrado desde que se registraron por primera vez esas estadísticas en junio de 1999.[33] El número de trabajadores desempleados con una licenciatura o un título superior representa el 35.8% del total de la población desempleada, la cual es de 1,121,000 ciudadanos coreanos.[34] Si se incluye el número de desempleados con un título universitario de formación profesional y técnica de dos años, el porcentaje de desempleados con un título de educación superior es un asombroso 48.8%.[35] En comparación, en mayo de 2000, el número de desempleados con una licenciatura o título superior comprendía sólo el 14.2% del total de desempleados.[36] Por lo tanto, la proporción de desempleados con licenciatura entre el total de desempleados aumentó 2.5 veces en dieciocho años. Este aumento se debe a la insuficiencia de puestos de trabajo para los individuos con una licenciatura, lo que causa una competencia extrema en el mercado de trabajo, y la inflación de los títulos.

En mayo de 2018, la población total de la fuerza laboral, tanto la empleada como la desempleada, que tenía al menos una licenciatura era de 9.32 millones. Esta cifra también ha aumentado unas 2.5 veces desde los 3.79 millones de mayo de 2000.[37] Algunos jóvenes se han desencantado con la naturaleza competitiva de la sociedad coreana y los sacrificios que deben hacer los estudiantes y sus familias para tener una oportunidad justa en un sistema que parece favorecer a los que tienen una buena situación económica. Algunos de estos jóvenes desencantados se refieren a Corea como «Hell Joseon» o el «infierno de Joseon». Ellos están rechazando algunos de los valores que Corea representa. Este tema se discute más a fondo en el capítulo ocho.

Los estudiantes que son admitidos en universidades de nivel medio o tercero saben muy bien que sus posibilidades de ser contratados por una gran empresa son prácticamente inexistentes. Saben que pueden conseguir un trabajo en una empresa pequeña o mediana en la que el salario, los beneficios y la seguridad laboral son significativamente más bajos de lo que esperaban. Como resultado, la calidad de vida que estas condiciones pueden generar es mucho menos de lo que ellos hubieran esperado. Además, muchos solicitantes consideran que esas condiciones no son propicias para criar a sus futuros hijos para que tengan éxito en un entorno tan competitivo. Por lo tanto, hay un sentimiento de resignación entre estos estudiantes, que puede reflejarse en su actitud y perspectiva. Mi colega coreano que enseña en una universidad de nivel inferior me confió que muchos estudiantes de estas universidades no sólo están mal preparados, sino que tienen una actitud de derecho. En muchos casos, esperan aprobar los cursos, aunque hagan el menor trabajo posible. Estudiantes que prácticamente no hacen ningún trabajo, asisten a clase sin preparación, ponen la cabeza en su escritorio y duermen durante la clase, esperan recibir calificaciones de aprobación. Y a menudo lo obtienen. La facultad es consciente de la ardua batalla a la que se enfrentan los estudiantes en estas universidades, e intentan darles una ventaja concediéndoles mejores notas de las que se merecen, contribuyendo así a la inflación de las calificaciones.

Además, las facultades universitarias no permanentes están a merced de las evaluaciones de los estudiantes para la seguridad del empleo, en particular las facultades a nivel de instructor o a tiempo parcial. No es raro que los profesores que están en período de prueba, instructores y profesores a tiempo parcial, concedan a los estudiantes una calificación más alta de la que merecen a cambio de evaluaciones positivas. Dado que la seguridad laboral de los profesores no permanentes depende en gran medida de las evaluaciones de los estudiantes, históricamente ha habido una inflación de calificaciones tan generalizada en las universidades de nivel medio y tercero que el Ministerio de Educación ha ordenado que las universidades impongan porcentajes máximos permitidos para cada nivel de las calificaciones. Por ejemplo, la universidad que tenía jurisdicción sobre la escuela preparatoria en la que yo trabajaba implementó un reglamento según el cual no más del 40% de las notas finales eran calificaciones de A y el 60% de B para las clases no principales de diecinueve o menos estudiantes. Para las clases no mayores de veinte o más estudiantes, los porcentajes máximos permitidos de A son de 30% y la combinación de A y B no puede exceder el 70%. En las universidades coreanas se usa un sistema de calificación similar al de EE. UU. En este caso, una nota de A sería el equivalente de nueve o diez y una nota de B sería el equivalente de ocho en un sistema numérico de calificación hispano. Estas restricciones de porcentaje de calificación impuestas artificialmente plantean cuestiones en dos sentidos: en primer lugar, la cuestionable realidad de la libertad académica por la que se caracteriza universalmente la profesión docente y, en segundo lugar, la creencia universal de que un sistema de calificación se supone que reconoce el mérito, no el tiempo de permanencia en su asiento.

Durante su estancia en la universidad, los estudiantes suelen repetir los cursos en los que obtuvieron malas notas para mejorar su expediente académico, contribuyendo así a la inflación de las calificaciones. Posteriormente, una vez que un curso se repite de manera satisfactoria, la calificación más reciente se publica en el expediente académico oficial y la nota original suele ser eliminada, lo que da al estudiante un promedio de calificación más alto y oculta el hecho de que se repitieron cursos específicos. Esta práctica de borrar las notas de una transcripción oficial se consideraría poco convencional en el Occidente porque se supone que el expediente oficial refleja la realidad.

Algunos estudiantes universitarios optan por realizar trabajos voluntarios o participar en pasantías para distinguir sus currículos. Como se indicó antes, otros optan por aumentar sus certificaciones académicas o profesionales, conocidas en Corea como «especificaciones», completando los requisitos de los certificados más allá de su título, como la licencia de operación de computadoras, la licencia de contador público certificado (CPA por sus siglas en inglés), el certificado de taquígrafo coreano e incluso la capacitación en idiomas extranjeros. El factor motivador es la creencia de que estas calificaciones adicionales los harán más competitivos en el proceso de búsqueda de empleo.

Mediante este ejercicio de complementar sus antecedentes académicos y profesionales, los estudiantes pueden prolongar su estancia en la universidad uno o dos años más allá de la tradicional estancia de cuatro años. Aunque estas estancias universitarias prolongadas eliminan la presión del mercado laboral al retrasar la búsqueda de empleo de los graduados, tienen un precio elevado, que incluye gastos de manutención adicionales, así como la inscripción en la universidad y los gastos de matrícula, por no mencionar posibles gastos adicionales de *hagwon*, y de viaje y matrícula en el caso de la enseñanza de idiomas extranjeros cuando el programa se lleva a cabo en otro país. El resultado neto de estas prácticas eleva artificialmente el listón para los solicitantes de empleo y hace que la competencia sea aún más brutal. Simultáneamente, las universidades sirven como «tanques de retención» para el mercado laboral mientras los estudiantes añaden calificaciones a sus currículos.

Mientras están en el proceso de solicitud de empleo, algunos estudiantes de último año de la universidad deciden retrasar la graduación para mantener su condición de estudiantes, incluso después de completar los requisitos de sus cursos.

Estos estudiantes creen que sus posibilidades de éxito en la búsqueda de empleo son mejores como estudiantes que como graduados. Naturalmente, extender el tiempo en la universidad requiere que los estudiantes y sus familias incurran en gastos de inscripción adicionales, gastos de libros y suministros y gastos de manutención, lo que significa que sólo aquellos estudiantes cuyas familias puedan pagar los costos adicionales pueden aprovechar este tiempo extra. Suponiendo la creencia general de que los solicitantes de empleo tienen una mayor probabilidad de conseguir un trabajo en una gran empresa como estudiantes que como graduados, los hijos de las familias más acomodadas parecen tener una ventaja, ya que pueden pagar los gastos adicionales generados por las estancias universitarias prolongadas.

En resumen, si esta convicción es correcta, entonces el tiempo, el esfuerzo y los gastos que se dirigen a las estancias universitarias prolongadas se traducen realmente en una ventaja decisiva para los ricos y una desventaja para los pobres. Es cierto que en otras sociedades capitalistas los ricos también son capaces de obtener una ventaja sobre los demás en virtud de su posición privilegiada, el dinero y las conexiones sociales. Sin embargo, en un país cómo Corea, donde la creación de empleo anual no puede acomodar el número de graduados universitarios, donde la competencia por los puestos de trabajo es agotadora, cualquier ventaja se magnifica. Además, en Corea las propias universidades parecen permitir que se lleve a cabo este juego del sistema. En Estados Unidos, por ejemplo, las universidades, en particular las financiadas por el estado, no permitirían estancias prolongadas una vez que los estudiantes completen sus requisitos de graduación. La premisa en este caso es que el espacio en la universidad es limitado y quieren dar la oportunidad de obtener una educación al mayor número posible de personas. Los que son cínicos sobre la naturaleza competitiva de la sociedad coreana y se refieren al país cómo el «infierno de Joseon» pueden ver esta práctica de extender las estancias universitarias como otro punto de discusión. El concepto del «infierno de Joseon» se aborda en el capítulo ocho.

NOTAS

1. "Población total – República de Corea", *World Bank*, consultado el 18 de noviembre de 2019, *data.worldbank.org*.
2. "Padres de familia gastan más en clases particulares", *The Chosun Ilbo*, 27 de marzo de 2017, *english.chosun.com*.
3. Ibid.
4. Siobhan Fenton, "El presidente Obama alaba a Corea del Sur por pagar tanto a los maestros como a los doctores", *Independent*, 18 de julio de 2015, *independent.co.uk*.
5. "Base de datos estadísticos", *Korean Statistical Information Service*, consultado el 20 de julio de 2019, *kosis.kr*.
6. "Gastos mensuales en educación privada aumentan el 33%", *The Korea Herald*, 17 de marzo de 2018, *koreaherald.com*.
7. "Área de Gangnam", *Wikipedia*, consultado el 20 de julio de 2019, *Wikipedia.com*.
8. "Logro de la educación internacional", *NCES National Center for Education Statistics*, consultado el 16 de agosto de 2019, *nces.ed.gov*.
9. "Gastos mensuales", *The Korea Herald*.
10. Yim, Hyun-Su, "Espectadores se enloquecen por 'SKY Castle (Castillo del cielo)'", *The Korea Herald*, consultado el 16 de agosto de 2019, *koreaherald.com*.
11. Ibid.
12. "Exitoso drama revela alta presión del sistema escolar surcoreano", *The Jakarta Post*, consultado el 30 de junio de 2019, *thejakartapost.com*.
13. Ibid.
14. Jin-Hai Park, "SKY Castle (Castillo del cielo) capta la locura por la educación de las mamás de élite", *The Korea Times*, consultado el 29 de junio de 2019, *koreatimes.kr*.
15. "Gastos mensuales", *The Korea Herald*.
16. Ibid.

17. Reeta Chakrabarti, "Escuelas de Corea del Sur: Días largos, altos resultados", *BBC*, 2 de diciembre de 2013, *bbc.com*.

18. Ibid.

19. "Total", *Statistics Korea*, consultado el 16 de agosto de 2019, *kostat. go.kr*, y "El suicidio es la causa principal de la muerte de los jóvenes surcoreanos", *The Korea Herald*, consultado el 16 de agosto de 2019, *koreaherald.com*.

20. "Juventud globalmente móvil", *The Power of International Education*, consultado el 16 de agosto de 2019, *iie.org*.

21. "Lista de países por población", *Statistics Times*, 29 de julio de 2019, *statisticstimes.com*.

22. Ibid.

23. Bronwen Reed, "Familias de gansos salvajes", *Australian Broadcasting Corporation*, 17 de junio de 2015, *abc.net*.

24. "La matrícula en escuelas de formación profesional aumenta", *Korea Joongang Daily*, 23 de enero de 2017, *koreajoongangdaily.joins.com*.

25. Ibid.

26. Ibid.

27. Ibid.

28. Si bien estas observaciones que se refieren a escuelas preparatorias Meister aún son válidas, deben considerarse a la luz de desarrollos recientes descritos en la actualización a continuación.

29. "El suicidio es la causa principal", *The Korea Herald*.

30. Jun Jin-Young, "Demanda de maestrías y doctorados es solo 250,000", traducido por Young Lee, *Munhwa Ilbo*, 2 de mayo de 2018, *munhwa. com*.

31. Ibid.

32. "¿Fuiste a la universidad para hacer esto? Uno de cada tres está desempleado", traducido por Young Lee, *Naver*, 23 de junio de 2018, *naver.com*.

33. Ibid.

34. Ibid.

35. Ibid.

36. Ibid.

37. Ibid.

Capítulo Cuatro

Una escuela preparatoria americana en Corea

Perfil de una escuela preparatoria americana

Este capítulo examina los patrones de conducta y los comportamientos de aprendizaje de los estudiantes de la escuela preparatoria americana donde yo enseñé. Sin embargo, es esencial describir el perfil de la escuela para proporcionar un contexto del entorno educativo. La escuela fue acreditada por la Asociación Occidental de Escuelas y Colegios (WASC por sus siglas en inglés), convirtiéndola así en un auténtico instituto americano y facilitó el proceso de solicitud de los estudiantes a universidades estadounidenses. Durante el año académico 2012–2013, al comienzo de mi asignación, los estudiantes eran todos de ascendencia coreana y procedían de diversos lugares de Corea, incluyendo grandes ciudades como Seúl, Busán y Daejeon. Algunos estudiantes procedían del sistema educativo coreano y otros habían asistido a la escuela en un país occidental donde el idioma de instrucción era el inglés, tal como Estados Unidos, Canadá y Australia. Tres años después, en el otoño de 2015, sólo unos pocos estudiantes no coreanos se matricularon en la escuela. Estos estudiantes habían vivido en el país el tiempo suficiente para poder comunicarse con fluidez en coreano con otros estudiantes y mezclarse con el resto de la población estudiantil. Por lo tanto, se puede decir que su presencia no perturbó la armonía y homogeneidad del cuerpo estudiantil.

Las instalaciones de internado estaban disponibles para los estudiantes, tanto si sus familias vivían en Jeonju o fuera de la ciudad. El porcentaje de estudiantes internos variaba anualmente entre el 40% y el 50% de la población estudiantil total, que era típicamente menos de cien estudiantes. La escuela era mixta. Es importante señalar que muchos de los estudiantes estaban allí principalmente para tener contacto con un estilo de educación occidental, mejorar su dominio del idioma inglés y eventualmente graduarse y ser admitidos en una universidad de renombre en Corea, Estados Unidos, Canadá, el Reino Unido u otros países del mundo. Es evidente que el contacto con la educación en inglés, así como con el estilo occidental de enseñanza, aumentó las posibilidades de los graduados de tener éxito en una universidad occidental. Los instructores eran hablantes nativos de inglés. La mayoría de nosotros recibimos nuestro entrenamiento de preparación de maestros en Estados Unidos o Canadá. Las tareas administrativas se dividieron entre un administrador coreano que también hablaba inglés y un director estadounidense que era bilingüe-bicultural en inglés y coreano. Algunos instructores tenían experiencia en la enseñanza en el sistema educativo coreano, otros tenían experiencia en la enseñanza de *hagwons* y otros no tenían ninguna de estas experiencias.

Experiencia profesional

También es importante señalar que esta experiencia profesional de cuatro años en Corea no fue mi primera interacción docente con estudiantes coreanos. Antes de enseñar en Corea, era profesor y consejero de orientación en California durante quince años. Enseñé en una escuela preparatoria ubicada en una ciudad que se consideraba, en ese momento, un puerto de entrada para los nuevos inmigrantes. Aunque hubo oleadas de inmigrantes de diferentes partes del mundo, la mayoría de los estudiantes que llegaron en ese momento eran de Corea del Sur. Posteriormente, tuve la oportunidad de proporcionar asesoramiento académico durante diez años en un colegio comunitario de primera categoría. En esta universidad, había un alto porcentaje de inmigrantes coreanos recientes, muchos de los cuales fueron transferidos a universidades importantes dentro y fuera de California. Algunos, sin embargo, experimentaron dificultades para adaptarse al estilo de educación occidental. Estas dificultades se hicieron evidentes por su rendimiento académico menos que estelar.

Por lo tanto, mi exposición a la enseñanza y asesoramiento de estudiantes coreanos a lo largo de mi carrera es mucho más extensa que mi reciente experiencia profesional en Corea. Las observaciones que siguen sobre el comportamiento de aprendizaje de los estudiantes coreanos se basan en mi formación profesional, en mis veintiocho años de experiencia profesional y en las aportaciones de mis colegas de varias disciplinas en Estados Unidos y en el instituto americano donde trabajé en Corea. A través de mi formación profesional y experiencia, he aprendido que las actitudes de los estudiantes en un entorno de aprendizaje están influenciadas por varias dinámicas. Esas dinámicas incluyen factores culturales, el nivel de motivación de los estudiantes, su exposición previa a estímulos de aprendizaje como libros y computadoras, el nivel de educación de los padres, el entorno del hogar y los enfoques pedagógicos a los que están expuestos (por ejemplo, centrado en el maestro, el estudiante o el aprendizaje). Sin embargo, muchos estudiantes muestran una actitud que favorece el aprendizaje incluso cuando algunos de los factores mencionados no son los ideales.

Debido al número relativamente pequeño de estudiantes y a las características únicas de esta escuela, es fundamental evitar hacer suposiciones generalizadas sobre los estudiantes coreanos basadas sólo en una pequeña muestra. El contexto de la experiencia educativa es sin duda uno de los pocos factores que influyen en el comportamiento de los estudiantes. El entorno de una escuela preparatoria americana podría

169

evocar resultados diferentes de una escuela coreana típica. Sin embargo, uno puede esperar que esos patrones de comportamiento que tienen un tono cultural reflejen la sociedad en general. En otras palabras, aunque estos estudiantes coreanos estaban inmersos en una escuela que intentaba emular un ambiente americano con instrucción en inglés facilitada por instructores occidentales, bajo un código de conducta y expectativas occidentales, no era sorprendente que su comportamiento siguiera siendo influenciado por su educación coreana. De hecho, sería natural que el comportamiento de los estudiantes reflejara su cultura en una situación similar, independientemente de sus antecedentes. Por lo tanto, es totalmente factible que su comportamiento refleje los valores arraigados en la cultura coreana, incluso cuando operan en un entorno diferente.

Patrones de comportamiento y aprendizaje de los estudiantes

Yo, junto con mis colegas, observé patrones de comportamiento y aprendizaje entre los estudiantes con los que trabajábamos. Inicialmente, dentro de estos paradigmas de comportamiento generalizados, excepto para los estudiantes que habían estado expuestos previamente a una educación de estilo occidental, en general, los estudiantes parecían sentirse incómodos en un ambiente centrado en el estudiante. Dudaban cuando se les daba la oportunidad de operar en un entorno educativo participativo. En otras palabras, se sentían más cómodos en un enfoque centrado en el profesor, en el que los estudiantes podían sentarse en su escritorio, escuchar la conferencia del profesor mientras tomaban notas que posteriormente estudiaban para exponer esa información en un examen. A medida que los estudiantes se hicieron más competentes en inglés y se sentían más cómodos, incluso adeptos, en un entorno participativo y, al mismo tiempo, más conscientes de las expectativas del profesor, la mayoría de los estudiantes mostraron una notable mejoría en este aspecto.

Sin embargo, los estudiantes acostumbrados a un enfoque centrado en el maestro encontraron que los viejos hábitos eran difíciles de superar.

Además, inicialmente, los estudiantes también se preocuparon ante la perspectiva de practicar su capacidad de pensamiento independiente. Asumieron que todas las respuestas correctas tenían que venir del profesor y no de los estudiantes. El concepto de preguntas abiertas parecía ser nuevo para ellos. Gradualmente, a medida que los profesores hacían preguntas abiertas, animaban a los estudiantes a que se hicieran preguntas ellos mismos y expresaran su opinión, los estudiantes se volvieron más hábiles en plantear no sólo preguntas corrientes, sino también incisivas. Este desarrollo parecía coincidir con las mejoras en el dominio del idioma inglés y las habilidades de pensamiento crítico de los estudiantes.

La vacilación de hacer preguntas en clase parece tener raíces culturales. En el Occidente, se anima a los estudiantes a hacer preguntas en clase ya que se considera un signo de curiosidad intelectual así como de pensamiento crítico e independiente. Hacer preguntas individuales es diametralmente opuesto a los conceptos coreanos de unidad y armonía, que se logran cuando todos los estudiantes se comportan de manera similar. Basado en el paradigma coreano, un estudiante que hace preguntas individuales interrumpe la unidad y la armonía de la clase. Los estudiantes aprenden a una edad temprana en la escuela a no hacer preguntas durante la conferencia del maestro a menos que sean considerados estudiantes de primera categoría. Cuando uno de esos estudiantes hace una pregunta, la armonía se mantiene gracias a la atención concentrada del resto de sus compañeros de clase, que honran no sólo al que hace la pregunta, quien se ha ganado el derecho tácito de hacer preguntas basadas en sus proezas académicas, sino también al maestro, que se considera que aporta conocimientos y sabiduría. Al retener las preguntas, los estudiantes evitan «perder» tanto el tiempo del profesor como el de los otros estudiantes, un concepto que está relacionado con la eficiencia. Si sólo los mejores estudiantes hacen preguntas, entonces todo el grupo se beneficia y el tiempo de clase se maximiza. Este modelo se explica con más detalle en el lema «대를 위한 소의 희생» («Para los grandes, sacrificar a los pequeños») o, «Cada individuo debe actuar o sacrificarse en beneficio del grupo», que se discute con más detalle en el capítulo uno.

El profesor Justin Fendos, investigador educativo de la Universidad de Dongseo, ha hecho observaciones similares sobre la falta de pensamiento independiente y creatividad de los estudiantes coreanos a nivel universitario. En un artículo que apareció en *The Korea Herald* el 15 de octubre de 2017, el profesor Fendos afirma: «no hay pruebas científicas de que los estudiantes surcoreanos sean menos creativos que sus homólogos occidentales. La razón principal de esta suposición es la falta de una evaluación fiable que pueda cuantificar la creatividad».[1] Sin embargo, comparte de manera anecdótica que él y sus colegas:

...han observado con frecuencia una diferencia significativa entre los estudiantes universitarios coreanos y sus compañeros extranjeros cuando se les agrupa y se les pide que resuelvan problemas. Los estudiantes coreanos simplemente no son buenos para resolver problemas que no han experimentado antes y a menudo se asombran de la rapidez y facilidad con que sus colegas extranjeros pueden idear nuevas soluciones.

Asumiendo que esta diferencia es real, una conclusión en la que tanto yo como el Gobierno coreano estamos de acuerdo, se hace primordial identificar las causas. Cuando se estudian las experiencias comunes de los estudiantes coreanos, una cosa se hace obvia de inmediato: el hecho de que la creatividad se desalienta en gran medida en las aulas coreanas en prácticamente todos los niveles.

A lo largo de la escuela primaria, los estudiantes coreanos se socializan para ser sumisos y hacer lo que los profesores les dicen.[2]

Me gustaría añadir a estos comentarios lo siguiente: Creo firmemente que el tipo de aprendizaje y las habilidades sociales que el profesor Fendos y sus colegas han identificado como faltantes en el repertorio de los estudiantes coreanos pueden aprenderse si se les educa. Existe la posibilidad de que los hábitos de los estudiantes y las pautas de aprendizaje observados son reforzados por la metodología de enseñanza y aprendizaje empleada por los tutores privados e instructores de *hagwon* que se especializan en la preparación de exámenes. El aprendizaje en ese entorno se basa exclusivamente en la repetición, la memorización y la enseñanza para el examen. El objetivo principal de los instructores es enseñar a los estudiantes a aprovechar al máximo el tiempo que dedican a los exámenes respondiendo a las preguntas de manera rápida y eficaz y dándoles mucha práctica con las preguntas del examen.

En realidad, los tutores y los instructores de *hagwons* están haciendo lo que se les paga por hacer. Están entrenando a los estudiantes a adoptar las estrategias más eficientes para abordar un examen y así obtener la mayor puntuación posible. Estas prácticas y este comportamiento no son exclusivos de Corea. Lo que es único, como muchos otros patrones de comportamiento observados entre los coreanos y discutidos en este libro, es el grado de intensidad y generalización del comportamiento, que bien puede ser producto del ambiente competitivo.

Obviamente, en este ambiente, no hay mucha oportunidad de enfatizar la creatividad, el pensamiento independiente, el aprendizaje basado en la investigación o el aprendizaje colaborativo. Al utilizar esta metodología de enseñanza en los *hagwons*, que son tan predominantes en Corea, el efecto no deseado puede ser el de habilitar el uso de esta estrategia de aprendizaje en otros entornos, sea o no la más eficaz para la asimilación a largo plazo y la salud educativa.

Suponiendo que esta difusión de la cultura *hagwon* está sucediendo, entonces la «gallina» que puso los huevos de oro, o *hagwons*, y los tutores privados que ayudan a hacer accesible la educación superior, de hecho, afectan negativamente la capacidad de aprendizaje de los estudiantes coreanos. Es crucial que los estudiantes y los padres reconozcan que las aptitudes que dan acceso a la universidad en un entorno de preparación de exámenes no son las mismas que permitirán a los estudiantes tener éxito en un entorno educativo que prospera en la creatividad, el pensamiento crítico e independiente, el aprendizaje basado en la investigación y el aprendizaje en colaboración.

Además, algunos estudiantes de la escuela preparatoria estadounidense en Corea, mostraron una actitud pasiva cuando se les dio la oportunidad de colaborar con otros estudiantes en proyectos de grupo. En lugar de trabajar en equipo, algunos estudiantes permitieron que unos pocos que mostraron iniciativa llevaran toda la carga de trabajo. De nuevo, esta actitud no es exclusiva de los estudiantes coreanos. Como con otros comportamientos observados, la diferencia está en su omnipresencia. En otros entornos educativos, este comportamiento puede estar más asociado con la pereza o la apatía. Sin embargo, en el entorno educativo coreano estos descriptores no parecen aplicarse tanto como el elemento de eficiencia. Los estudiantes que renuncian a sus responsabilidades con otros reconocen que al hacerlo, el proyecto de grupo será realizado por los estudiantes más capaces y el grupo cosechará los beneficios al recibir una calificación de grupo más alta. Sin embargo, en realidad, los estudiantes que renuncian a sus responsabilidades son los que menos se benefician del proceso de aprendizaje, mientras que los que participan activamente son los que más se benefician. Estos últimos amplían su capacidad de pensamiento crítico, desarrollan o mejoran sus aptitudes de liderazgo y fomentan las aptitudes sociales, así como la autoestima.

Uno de los objetivos de la educación es preparar a los estudiantes para que se conviertan en miembros productivos de la sociedad. Los educadores que permiten el eludir responsabilidad no están beneficiando a ninguno de los estudiantes. El mensaje inherente a los estudiantes que renuncian a sus responsabilidades es que pueden arreglárselas en la vida haciendo lo mínimo. Así mismo, permitir a los estudiantes que toman la iniciativa de llevar toda la carga de trabajo inculca una actitud malsana con respecto a su aprendizaje. Permite a esos estudiantes escapar de los retos de trabajar con un equipo haciendo lo que siempre hacen: hacerlo ellos mismos. Al proporcionar un entorno seguro donde todos no sólo son capaces sino que se les exige que participen en el proceso de aprendizaje y descubrimiento, los estudiantes reconocen lo estimulante que puede ser el aprendizaje mientras contribuyen al éxito del grupo. A lo largo del camino, también aprenden a aceptar la responsabilidad compartiendo la carga por igual. Además, su autoestima y confianza en sí mismos aumentan porque descubren que sus contribuciones son importantes.

En sus hábitos de comportamiento, los estudiantes muestran la cualidad que impregna toda la cultura coreana: la tendencia a ser eficientes. Ellos muestran una preferencia por las preguntas de opción múltiple en lugar de ensayos, respuestas cortas y preguntas de relleno. Las preguntas de opción múltiple parecen ser preferidas por dos razones muy simples. Los estudiantes pueden progresar en las preguntas de opción múltiple mucho más rápido que en las de ensayo, y probablemente puedan obtener una puntuación más alta en las pruebas de opción múltiple que en las de ensayo, respuesta corta y rellenado de espacios en blanco. Por lo tanto, este proceso les parece eficiente. Los profesores notaron esta tendencia en la mayoría de las asignaturas. Sin embargo, era de más preocupación en los cursos de matemáticas y ciencias, en los que mostrar el proceso paso a paso para llegar a la respuesta correcta es fundamental. Esto es particularmente importante en los cursos de nivel superior, tal como los cursos de Colocación Avanzada (AP por sus siglas en inglés), que hacen hincapié en el pensamiento crítico y el plan de estudio basado en la investigación. Además, en estas clases, el aprendizaje y los experimentos basados en la investigación son una parte esencial del proceso de aprendizaje.

Finalmente, los estudiantes solían «atiborrar» para los exámenes, y después del examen trataban de borrar a propósito lo memorizado olvidando la mayor parte de lo que habían aprendido antes del examen. La teoría detrás de este proceso es la suposición incorrecta de que no tienen más uso para esa información después de la prueba. Los estudiantes creen que deben hacer espacio en su memoria a corto plazo para el nuevo material en lugar de ver el proceso de aprendizaje como un conjunto de bloques de construcción. Los estudiantes de la escuela donde enseñé pueden haber inventado su propio eufemismo y se refirieron a este proceso como «lavado de cerebro». Recuerdo que en varias ocasiones en mis clases, mientras enseñaba un nuevo concepto relacionado con algo que habíamos estudiado en clase anteriormente y que habíamos tenido un examen sobre ello, los estudiantes no tenían ningún recuerdo del material. Cuando les recordaba que ya habíamos abarcado el material y que habían sido examinados en ello, se apresuraban a explicar que como ya habían pasado el examen en ese concepto, ellos ya lo habían olvidado. Una vez más, este patrón de comportamiento parece estar impulsado por el énfasis cultural en la eficiencia.

Sin duda, algunos de estos patrones de comportamiento y aprendizaje se presentan también en otros entornos y contextos culturales. Sin embargo, parecen ser más pronunciados y penetrantes dentro del contexto cultural coreano. Es difícil, si no imposible, asignar una relación directa de causa y efecto, como atribuir un patrón de comportamiento a la cultura en lugar de a la experiencia educativa previa, o incluso a la falta de interés o motivación. Una combinación de causas podría considerarse una posibilidad distinta, por no hablar del estrés y la ansiedad que provoca el hecho de estar en un entorno educativo diferente y enfrentarse a la adquisición del idioma. Sin embargo, es más importante reconocer la existencia de patrones de comportamiento específicos desafiantes y desfavorables, identificar la(s) posible(s) causa(s) e idear un plan para erradicarlos o, como mínimo, contrarrestar su impacto negativo en el proceso de aprendizaje.

Desde una perspectiva pedagógica, sin tener en cuenta las influencias culturales, es posible erradicar estos patrones de comportamiento por medio de converger con los estudiantes «al punto donde ellos están» en términos de su pensamiento crítico y su capacidad de aprendizaje. En primer lugar, los estudiantes pueden ser expuestos a experiencias que se apoyan en sus preferencias de aprendizaje, para proporcionar oportunidad de éxito y construir su autoconfianza. Gradualmente, si los maestros introducen actividades que sean más desafiantes, los estudiantes aprenderán a construir habilidades de pensamiento crítico y a mejorar sus habilidades de comunicación y sociales. Si las actividades aumentan gradualmente en dificultad para llevar a los estudiantes hacia los comportamientos deseados, se podría contrarrestar el impacto negativo de los comportamientos de aprendizaje eficientes y de ganancia a corto plazo. Los estudiantes pueden incluso descubrir la alegría de aprender.

Para lograr esto, es necesario incluir rúbricas muy específicas y claras en el sistema de calificación y hacerlas explícitas a los estudiantes para asegurar que entiendan las expectativas del maestro. Para que sea eficaz, el sistema de calificación no sólo debe ser percibido como justo, sino que debe incluir un sistema de recompensas. El sistema de recompensas debe promover el comportamiento positivo y el logro académico. La adopción de patrones de comportamiento productivo permitirá a los estudiantes adquirir las habilidades necesarias para tener éxito en un entorno académico exigente, en la educación superior y, finalmente, como miembros productivos de la sociedad y el lugar de trabajo.

Como se ha mencionado anteriormente, una de las misiones de la educación es preparar a los estudiantes para que sean ciudadanos exitosos y productivos, independientemente de la profesión que hayan elegido. En esta institución en particular, y mientras trabajaban en una escuela americana, los profesores se adherían a valores específicos que están arraigados en el tejido de la cultura occidental. Por ejemplo, las empresas e industrias de Estados Unidos buscan empleados que sean pensadores y estudiantes independientes. Por lo tanto, las escuelas necesitan desarrollar individuos creativos con las aptitudes sociales necesarias para funcionar eficazmente en un entorno donde el trabajo en equipo es esencial.

¿Choque cultural o baile?

El instituto americano era un escenario donde las culturas coreana y occidental coexistían pero a menudo chocaban. Por un lado, los profesores llegaban a la escuela con un conjunto de valores, normas y expectativas occidentales. Por otro lado, los estudiantes, excepto aquellos que habían vivido en Occidente, los padres, y ciertamente los administradores coreanos, llegaban a la mesa con un conjunto de valores coreanos. Además, las familias y los administradores coreanos obviamente tenían una imagen específicamente coreana de lo que se suponía que era una escuela americana. Los participantes tuvieron muchas oportunidades para llegar a un acuerdo mutuo, particularmente en áreas filosóficas como la aplicación del código de conducta estudiantil.

Un caso disciplinario concerniente a dos estudiantes involucrados en una pelea en el dormitorio ejemplifica las opiniones divergentes basadas en diferencias culturales. La pelea fue por la noche. Uno de los estudiantes era mayor que el otro, lo cual es una consideración importante en la cultura coreana, ya que tradicionalmente se espera que los estudiantes más jóvenes sean respetuosos y serviles con los estudiantes mayores. Al día siguiente, la administración notificó el incidente a los padres de los estudiantes. El estudiante más joven fue llevado a un hospital para ser examinado, ya que se quejaba de dolor en los oídos. El diagnóstico fue una ruptura del tímpano, que probablemente fue causada por un puñetazo lanzado por el estudiante mayor. Los dos estudiantes fueron suspendidos temporalmente hasta que se pudiera llevar a cabo una investigación del incidente y establecer los hechos.

La administración investigó los hechos acerca del incidente y presentó los resultados al comité disciplinario. La administración, como se ha descrito anteriormente, estaba formada por un administrador coreano y un director estadounidense bilingüe y bicultural. El comité estaba compuesto por profesores y el consejero de orientación, todos ellos occidentales. Los miembros del comité revisaron el caso siguiendo las directrices establecidas por el código de conducta de los estudiantes. Sin embargo, debido a los antecedentes de los miembros del comité, sus lentes culturales influyeron en su percepción del incidente. Después de una cuidadosa consideración de todos los hechos, el comité disciplinario recomendó a la administración que el estudiante mayor fuera expulsado. La recomendación del comité disciplinario estaba en consonancia con el código de conducta estudiantil, que tenía por objeto desalentar altercados similares y garantizar la seguridad de los estudiantes. Mientras tanto, la madre del estudiante más joven llamó a la administración y pidió que el estudiante mayor no recibiera ningún castigo. Razonó que la pelea era un asunto personal entre los dos estudiantes y expresó su preocupación de que el cuerpo estudiantil condenara a su hijo al ostracismo si el estudiante mayor era expulsado. Después de revisar la recomendación del comité disciplinario de despedir al estudiante mayor y de escuchar la petición de la madre del estudiante menor, la administración decidió ponerse del lado de la madre del estudiante menor. No expulsaron al estudiante mayor a pesar de la recomendación del comité. En su lugar, se le exigió al estudiante mayor que participara en ejercicios físicos diarios durante un número determinado de días bajo la supervisión del mando del ROTC.

Este es un ejemplo del acto de equilibrio que los miembros de esta comunidad de aprendizaje, que incluía a estudiantes, padres, profesores y administradores, tenían que realizar en este entorno bicultural. El comité disciplinario hizo una recomendación basada en los hechos, el código de conducta estudiantil y su referencia cultural. Ya que se trataba de una escuela preparatoria estadounidense, la recomendación del comité disciplinario se alineó con lo que un comité disciplinario recomendaría en una escuela de Estados Unidos. Sin embargo, la administración optó por anular la recomendación del comité basándose en su percepción de que el código de conducta estudiantil debía aplicarse en el contexto de la cultura coreana. Dado el contexto, fue una decisión muy acertada. Sin embargo, un análisis profundo de la situación indica que el resultado de este incidente refleja un microcosmos de la práctica social coreana, desde la súplica de la madre del estudiante más joven hasta la decisión de la administración de permitir que el estudiante mayor permaneciera en la escuela después de haber infligido lesiones corporales a otro y posiblemente haber causado daños permanentes en el tímpano del estudiante, y haber recibido sólo una simbólica palmada en la muñeca.

Estas dos acciones parecen ser paralelas a lo que ocurre en la sociedad coreana en general en lo que respecta a la ausencia de una aplicación estricta de las normas existentes. Esta observación se hará evidente en la discusión del capítulo seis sobre los accidentes provocados por la humanidad y en la discusión del capítulo siete sobre los accidentes industriales recientes.

Naturalmente, la administración tenía autoridad para anular la recomendación del comité disciplinario, ya que sólo se consideraba un grupo asesor de la administración. Los profesores del comité disciplinario sabían que una vez tomada la decisión de no expulsar al estudiante, ellos tenían que aceptarla. Pero consideraban que el castigo aplicado por la administración no era suficiente. La preocupación de los profesores era que esta decisión enviaría un mensaje equivocado a los estudiantes. Al permitir que el estudiante permaneciera en la escuela, la administración transmitió que era aceptable pelear, ya que los infractores sólo recibirían una palmada en la muñeca. Además, a los profesores les preocupaba que este incidente, si se dejaba prácticamente impune, animaría a los estudiantes a participar en la intimidación. Como algunos de los profesores habían trabajado en escuelas coreanas y *hagwons*, eran conscientes de que la intimidación existía y podía ser un fenómeno contagioso si no se controlaba.

Además de las interacciones entre estudiantes, los maestros tampoco concordaban con los padres y la administración en lo referente a las calificaciones. Los padres y la administración esperaban que las calificaciones bajas de D (deficiente) y F (reprobado) se borraran del expediente académico del estudiante una vez que los cursos se repitieran satisfactoriamente. La práctica común en el Occidente es publicar las nuevas calificaciones, pero dejar las calificaciones originales en el expediente escolar con una anotación indicando que esos cursos se han repetido. Luego, en la transcripción, la escuela recalcula el promedio de notas (GPA, según el acrónimo en inglés) utilizando sólo las notas de repetición o promedia la nota original y la nota de repetición. Mediante esta práctica, el expediente académico refleja verdaderamente la realidad del progreso del estudiante, mientras que la práctica de borrar las notas bajas del expediente académico de un estudiante no lo hace, incluso si los cursos se repiten con éxito con una nota más alta.

La enseñanza en la escuela se impartía en inglés, excepto en el caso de las clases de idiomas mundiales como el chino y el español. Aunque los profesores usaban el método de presentaciones, no se basaban totalmente en ello. Esto era una de las muchas pedagogías de enseñanza que los instructores tenían a su disposición. Otras estrategias utilizadas ampliamente fueron el método socrático, el aprendizaje colaborativo, la discusión en clase, el aprendizaje basado en problemas, el andamiaje, los proyectos de grupo e individuales, los proyectos de investigación y los experimentos de laboratorio en las clases de ciencias. Incluyo esta información sobre las metodologías de enseñanza y aprendizaje usadas por los maestros de esta escuela, no sólo para subrayar que el entorno del aula era participativo, sino también para presentarlo como telón de fondo de algunas de las dificultades de ajuste que experimentan los nuevos alumnos de la escuela procedentes del sistema educativo coreano.

Como ya se ha señalado, los estudiantes que habían asistido a la escuela en el sistema educativo coreano antes de trasladarse a esta escuela preparatoria estadounidense experimentaron al principio dificultades para adaptarse a las metodologías más interactivas empleadas por los profesores. Por ejemplo, cuando se les hacían preguntas abiertas, los estudiantes no solían encontrar una respuesta. En consecuencia, se paralizaban incluso cuando no había impedimentos lingüísticos para dar una respuesta. Esta «congelación» era el resultado de la ansiedad que se producía cuando se les pedía que pensaran por sí mismos. Muchos estudiantes se sentían mejor al ser proveídos con las respuestas por sus profesores. En este entorno de aprendizaje a manera occidental se les pedía que se convirtieran en pensadores independientes con poca preparación para ello. Cuando se asignaban proyectos de grupo, había que convencer a los estudiantes individualmente para que participaran, y aún más para que asumieran papeles de liderazgo para asegurar que el grupo cumplía sus objetivos. La falta de iniciativa se veía exacerbada por la actitud lánguida de los miembros del grupo, prefiriendo que uno o dos estudiantes hicieran todo el trabajo en lugar de participar y contribuir al proceso de aprendizaje. Para hacer frente a esta tendencia, los profesores recurrían a asignar tareas específicas a los miembros individuales del grupo y a asignar calificaciones tanto individuales como de grupo para que todos tomaran responsabilidad. Con el tiempo, después de uno o dos semestres en la escuela, los estudiantes se acostumbraban al estilo de aprendizaje más participativo, y de responsabilidad que determinaba su propio rendimiento.

Una de las razones por las que Corea ha avanzado tanto en ciencia y tecnología desde el final de la guerra de Corea es que el país hace hincapié en la educación desde una edad muy temprana. La educación y la cultura van de la mano. Por lo tanto, no es sorprendente ver el énfasis cultural en la eficiencia y mucho énfasis en las preguntas de opción múltiple y los exámenes estandarizados. Los exámenes de opción múltiple, por naturaleza, se prestan más a la memorización y la repetición de rutina que las preguntas de respuesta corta y abierta, el llenado de los espacios en blanco o los exámenes de ensayo en los que se hace hincapié en las aptitudes de pensamiento crítico e independiente. Como resultado de la naturaleza competitiva del sistema educativo, así como del énfasis en la eficiencia, los estudiantes han desarrollado una tendencia a elaborar soluciones a problemas matemáticos en pruebas de opción múltiple haciendo unos pocos cálculos en papel, considerando las opciones dadas a través de un proceso de eliminación, y eligiendo la respuesta sin pasar paso a paso por todo el proceso. Si bien, esto puede conducir a la respuesta correcta, los estudiantes pueden tener éxito en un examen sin ser capaces de explicar cómo calcular los problemas dados.

Debido a su formación, los profesores de matemáticas occidentales empleados por esta escuela animaron a los estudiantes a demostrar el proceso paso a paso de llegar a la respuesta en papel. Esta práctica permitió a los estudiantes demostrar su proceso de pensamiento crítico. Dado que el entorno educativo era interactivo, los profesores que eran conscientes del énfasis de los estudiantes en la eficiencia y que querían ayudarles a desarrollar sus habilidades de pensamiento crítico, a menudo elegían conceder a los estudiantes créditos parciales por mostrar los pasos para resolver un problema. Los estudiantes recibían el crédito incluso si la respuesta final era incorrecta debido a un error de cálculo matemático.

Otros profesores animaban a los estudiantes a explicar a sus compañeros los pasos necesarios para resolver un problema. Los estudiantes demostraban como solucionar su problema en la pizarra para reforzar el método a los otros estudiantes, mientras que simultáneamente mejoraban sus habilidades de comunicación. Estas técnicas eran particularmente útiles para los estudiantes que planeaban asistir a una universidad en Occidente. La práctica de este tipo de habilidades, tanto las orientadas al progreso como las orientadas a lo social, les ayudaba a asimilarse más fácilmente a un estilo de educación occidental a nivel universitario.

Había otros hábitos que los estudiantes traían de su experiencia anterior que estaban más profundamente arraigados y, por consiguiente, eran más difíciles de erradicar que los patrones de aprendizaje. Uno de esos hábitos era la tendencia a bajar la cabeza en el escritorio para descansar o tomar una siesta, ya sea entre clases o durante la clase. Los estudiantes que eran nuevos en la escuela asumieron incorrectamente que la práctica sería tolerada en esta escuela preparatoria americana. Sin embargo, pronto descubrieron que no era así. En primer lugar, la escuela tenía un reglamento en contra de dormir en clase, y segundo, el tamaño relativamente pequeño de la clase hacía imposible que cualquier estudiante que se quedara dormido pasara desapercibido. Si los estudiantes bajaban la cabeza, los profesores les instruían para que se enderezaran. Si los estudiantes se dormían en clase, los profesores los despertaban y les daban una advertencia. Si la actitud persistía, asignaban una detención o bajaban la calificación de participación de los estudiantes en la clase o ambas cosas. En los casos crónicos, se contactaba a los padres para determinar si había algún problema de salud.

Como se indicó antes, la mayoría de los estudiantes de esta escuela venían directamente del sistema educativo coreano. Aunque sólo algunos de los estudiantes tenían el hábito de poner la cabeza en el escritorio para descansar o tomar una siesta, la suposición lógica es que este comportamiento estaba permitido en su experiencia escolar anterior. Asumiendo que esta observación es correcta, tres factores parecen ser los posibles contribuyentes. Primero, el tamaño promedio de las clases en las escuelas coreanas es mayor que en la escuela particular donde enseñé, por lo tanto es más fácil que los estudiantes se involucren en esta actividad sin ser notados. En segundo lugar, cuando el tamaño de la clase es considerable, para poder abarcar el material necesario, se tiende a utilizar estrategias de enseñanza menos interactivas, como el método de la conferencia, que si se utiliza ampliamente tiende a agotar a los estudiantes física y mentalmente como resultado de la inactividad física y el corto período de atención. En tercer lugar, los profesores del sistema educativo coreano pueden tener una tendencia a adoptar una actitud más indulgente en lo que se refiere a este tipo de comportamiento de los estudiantes porque están conscientes de los agotadores horarios de los estudiantes. El tema de los horarios exigentes de los estudiantes se discutió ampliamente en el capítulo tres. Basado en los comentarios de algunos de mis amigos profesores coreanos, este sentimiento de empatía es también una de las razones por las que los profesores coreanos de las universidades de segundo y tercer nivel pueden ser más generosos con su sistema de calificaciones.

El sistema de calificación empleado por los profesores de la escuela estadounidense incluye un porcentaje pequeño pero significativo asignado a la participación en clase. Naturalmente, los estudiantes no pueden participar si se duermen en clase. Por ejemplo, en mis clases de idiomas, la participación en clase comprendió el 10% de la calificación final. Para aprender eficazmente un nuevo idioma, los estudiantes deben ser participantes activos y ser capaces de entablar un diálogo en el idioma estudiado. Este requisito hizo imposible que los estudiantes obtuvieran una calificación final de A si fallaban en la participación en clase. En esencia, las calificaciones finales se basaban en el mérito y la participación, no en el tiempo de permanencia en el aula. También desarrollé una rúbrica de participación en clase que fue distribuida y revisada con los estudiantes cuando revisamos el programa de estudios el primer día del semestre. Esta práctica hizo que los estudiantes conocieran no sólo los criterios de calificación, sino también los criterios para asignar las notas de participación.

Ya que ésta es una escuela preparatoria americana, no se requería la participación en *hagwons*. Sin embargo, los estudiantes se matriculaban en siete clases en lugar de seis como es costumbre en las escuelas preparatorias públicas de California. Además, se requería que los estudiantes participaran en una actividad, ya fuera un deporte o una actividad cocurricular después de sus siete clases diarias. Estas actividades eran de naturaleza académica o física. Esta última era un intento de compensar el hecho de que la escuela no ofrecía un programa de educación física en sus instalaciones. Las instalaciones deportivas estaban bajo la jurisdicción de la universidad. Por lo tanto, era más factible tener las actividades físicas al final del día en vez de dispersas a lo largo del día. Además, el tamaño del cuerpo estudiantil hacía poco práctico facilitar un programa de educación física. Las actividades físicas incluían deportes como baloncesto, aptitud física, golf, fútbol, vóleibol y tenis. Las actividades cocurriculares iban desde la preparación para el SAT y para los examenes de cursos de Colocación Avanzada (AP) en matemáticas y ciencias hasta el Modelo de las Naciones Unidas y el anuario. Estas actividades terminaban justo antes de la hora de la cena, lo que significa que los estudiantes tenían un día de escuela mucho más largo que los estudiantes de las escuelas preparatorias en Estados Unidos. Al menos, aunque su día era largo, no era tan largo como el experimentado por sus homólogos que estaban matriculados en escuelas coreanas. Allí, la mayoría de los estudiantes asistían a *hagwons* después que el día escolar normal terminaba. Como se mencionó anteriormente, algunas de estas escuelas de estudio podían seguir hasta las 10:00 p.m., 11:00 p.m., o en algunos casos, hasta la medianoche. Al contrario, en la escuela americana, después de la cena los estudiantes asistían a estudios nocturnos supervisados si su promedio de notas (GPA por sus siglas en inglés) caía por debajo de cierto nivel. Esta actividad ofrecía a los estudiantes que experimentaban dificultades académicas la oportunidad de mejorar su dominio de determinadas materias y, por consiguiente, de mejorar sus notas semestrales, lo que repercutía en su puntaje general. Los estudiantes con buenas notas tenían la recompensa de disfrutar de algún tiempo libre o de tener la libertad de estudiar en su dormitorio por su cuenta.

La constante batalla con la somnolencia de algunos estudiantes refleja su día excesivamente largo. Las largas horas se exacerbaban para los estudiantes que no tenían buenos hábitos de estudio, lo que les obligaba a quedarse despiertos hasta tarde estudiando después de participar en una actividad, cenar y posiblemente asistir al estudio nocturno. Algunos tomaban una corta siesta después de la cena para tener suficiente fuerza física y cerebral para seguir hasta la madrugada. Aunque había supervisores de dormitorio, ocasionalmente había casos disciplinarios en los que uno o más estudiantes, jugaban juegos de video en la habitación, cuando deberían estar estudiando, o se escabullían del dormitorio para fumar o comprar bebidas alcohólicas. Es esencial señalar que la escuela preparatoria descrita aquí era un internado, pero la mayoría de las escuelas preparatorias en Corea no lo son. La adición de la residencia podría marcar la diferencia en cuanto al nivel de supervisión, concentración y disciplina.

Young Lee y yo reconocemos que los problemas de disciplina descritos en esta sección no son necesariamente típicos de los estudiantes de secundaria en Corea, por lo tanto, este comportamiento no puede y no debe ser generalizado a otros estudiantes de preparatoria. Sin embargo, según un estudio realizado por la Oficina de Estadística de Corea, los índices de consumo de tabaco y alcohol de los estudiantes de secundaria y preparatoria en 2014 fueron del 9.2% y 16.7% respectivamente.[3] En 2017, según el Servicio de Información Estadística de Corea, el porcentaje de fumadores se redujo al 3% y 9.2% entre los estudiantes de secundaria y preparatoria respectivamente.[4] Es interesante observar que la tendencia a la baja del consumo de tabaco entre los estudiantes de secundaria y preparatoria es paralela a la disminución del consumo general de tabaco en todo el país. Según datos de la Organización para la Cooperación Económica y el Desarrollo (OECD por sus siglas en inglés), el porcentaje de fumadores coreanos diarios de quince años o más era de 20% en 2014, y de 17.5% en 2017.[5] Esta disminución en el consumo de tabaco puede relacionarse a la opinión nacional acerca de fumar durante el mismo período, lo que se refleja en la adopción de leyes de prohibición de fumar en todo el país, específicamente en Seúl:

En este momento [26 de noviembre de 2017], hay 17,500 áreas públicas donde se prohíbe fumar, que incluyen unas

3,400 áreas cercanas a instalaciones educativas como jardines de infancia y guarderías. Alrededor de 6,800 paradas de autobús, 1,700 salidas de metro, 1,700 parques y plazas también están designadas como zonas de no fumadores.

Además, 57 calles en áreas con mucho tráfico peatonal, incluyendo Insa-dong y parte de Gangnamdaero, son ahora zonas de no fumadores, y los infractores se enfrentan a multas de hasta 100,000 wones (92 dólares).

También hay otros 23,900 lugares interiores —edificios de oficinas públicas, restaurantes, hospitales y algunos apartamentos— designados como zonas libres de humo.[6]

A pesar de la impresionante cantidad de zonas de no fumadores y zonas libres de humo en Seúl, Corea fue citada por la Organización Mundial de la Salud (OMS) por «no aplicar adecuadamente las pólizas de protección, aplicación de las prohibiciones y aumento de los impuestos, según el Informe de la OMS sobre la epidemia mundial de tabaco de 2017».[7] La OMS recomendó que Corea intensificara sus reglamentos: «En septiembre [de 2017], la Organización Mundial de la Salud recomendó a Corea del Sur que adoptara reglamentos más estrictos para prohibir el consumo de cigarrillos en lugares públicos y restringir la publicidad y las promociones de tabaco».[8] El problema recurrente de la falta de reglamentos estrictos y de la aplicación de las leyes existentes se hará más evidente en los capítulos seis y siete relacionados a los accidentes.

Los malos hábitos de sueño de algunos de los alumnos internos hicieron que se despertaran justo a tiempo para ducharse o lavarse la cara, cepillarse los dientes, vestirse y caminar a su clase del primer período, perdiéndose así la comida más importante del día, el desayuno. El costo de la comida puede haber sido incluido en el paquete de honorarios de matrícula y gastos seleccionado por los padres al comienzo del año escolar. Los padres de los internados tenían la opción de incluir los costos de las comidas en el paquete de honorarios. Un elemento de eficiencia parece estar presente en esta actividad aparentemente ordinaria. Evitar el desayuno permitía a los estudiantes dormir más, y así estudiar o jugar a juegos en la computadora hasta tarde en la noche. La falta de nutrición en la mañana exacerbó la somnolencia de los estudiantes al menos hasta el almuerzo. Según una encuesta social realizada por el Instituto de Estadística de Corea, en 2016, sólo el 57.7% de los jóvenes de trece a veinticuatro años desayunaban.[9] No es sorprendente que cuando esta estadística se desglosa más, la población más joven de trece a diecinueve años mostró un mayor porcentaje que desayunaba, el 67.6%, frente a los de veinte a veinticuatro años, el 45.8%.[10]

Los estudiantes que se desplazaban diariamente a la escuela estaban en una mejor situación ya que tenían más estructura y supervisión en casa. Llegaban a la escuela con el estómago lleno, y sus hábitos de sueño eran más regulares y efectivos.

Es importante reiterar que la mayoría de los estudiantes eventualmente superaron los desafíos de aprendizaje y los patrones de comportamiento contraproducentes descritos en esta sección, y se adaptaron con éxito a un estilo de educación americano. Algunos se adaptaron rápidamente, y otros tardaron un poco más. Sin embargo, el resultado es que un número significativo de graduados fueron admitidos en una universidad de Estados Unidos, Canadá, Corea y otras partes del mundo. Algunos de los graduados que fueron admitidos en una universidad de Estados Unidos recibieron becas basadas en sus logros académicos y su potencial. Fue conmovedor ver que los graduados que se lo merecían recibían una beca.

En un par de casos, las becas estaban entre los veinte mil y veinticinco mil dólares.

Realmente, aprender a funcionar con éxito y adaptarse a un nuevo entorno y cultura de aprendizaje son procesos desafiantes. Sin embargo, aquellos estudiantes que tuvieron una visión clara de lo que querían lograr, mostraron adaptabilidad e invirtieron el tiempo, esfuerzo y trabajo necesario, al final, recibieron una recompensa bien merecida.

NOTAS

1. Justin Fendos, "Porque a los estudiantes coreanos carecen de creatividad", *The Korea Herald*, 15 de octubre de 2017, *koreaherald.com*.
2. Ibid.
3. "La juventud", *Statistics Korea*, consultado el 22 de agosto de 2019, *kostat.go.kr*.
4. "Actual consumo de cigarrillos", *Korean Statistical Information Service*, consultado el 20 de noviembre de 2019, *kosis.kr*.
5. "Indicador de fumadores habituales", *OECD*, consultado el 28 de julio de 2019, *data.oecd.org*.
6. Kim Da-Sol, "Seúl aplaza el plan para prohibir fumar en público", *The Korea Herald*, 26 de noviembre de 2017, *koreaherald.com*.
7. Ibid.
8. Ibid.
9. "Estadísticas de 2017 sobre la juventud", *Statistics Korea*, consultado el 22 de agosto de 2019, *kostat.go.kr*.
10. Ibid.

Capítulo Cinco

La vista desde diez mil metros de altura

Durante su gobierno, el presidente Barack Obama elogió en varias ocasiones el sistema educativo coreano. El Presidente, junto con el ex secretario de Educación, Arne Duncan, se preguntó por qué la educación estadounidense no podía parecerse más al modelo coreano.

La respuesta tiene su origen en los divergentes factores históricos, sociales, económicos y culturales propios de Corea y Estados Unidos, respectivamente. Evidentemente, ni el presidente Obama ni el secretario Duncan insinuaron que EE. UU. debiera duplicar todo lo que tiene el sistema educativo coreano. La duplicación sería, por supuesto, difícil de lograr, no sólo por los factores mencionados, sino porque la homogeneidad de Corea contrasta con la diversidad de Estados Unidos. La diversidad cultural y étnica imperante en Estados Unidos haría imposible la adopción del modelo educativo coreano. Una de esas diferencias es el énfasis occidental en la individualidad, frente al énfasis coreano en la unidad y la conformidad. Desde una edad muy temprana, los padres, profesores y otros adultos del Occidente elogian y recompensan a los niños por su pensamiento independiente, por hacer preguntas pertinentes e incisivas, por sus logros individuales, por destacarse y por su búsqueda de la singularidad, desde la ropa que llevan hasta la carrera o profesión que eligen. Además, desde una edad muy temprana, los niños del Occidente tienen la posibilidad de elegir, desde los alimentos que comen hasta los talentos que cultivan, ya sea en los deportes o en las artes o entre hermanos.

En su mayor parte, los padres occidentales son conscientes de que los niños felices y sanos requieren un equilibrio en sus vidas, un equilibrio entre el estudio y el juego. Sin embargo, en varios de sus discursos públicos, tanto Duncan como el Presidente identificaron elementos del sistema educativo coreano que, en su opinión, Estados Unidos debería emular.

No hace falta decir que, como las personas de estos niveles suelen hablar en extractos, no se ofrecen muchos detalles ni pruebas de su razón cuando se trata de la educación coreana. A continuación hay una breve discusión de los puntos que ellos consideraron admirables. Después, se encuentra un análisis más profundo de los elementos educativos más destacados de la sociedad coreana que explica los posibles resultados y patrones de conducta aprendidos a una edad temprana y adoptados como parte del modus operandi de los individuos dentro del contexto cultural coreano. Entonces, los principios de estos patrones de comportamiento están generalizados y aplicados a la vida cotidiana.

La vista panorámica desde arriba no es la misma que la vista desde el suelo. Aunque pueda parecer sencillo que el Presidente sugiera que los estadounidenses simplemente «adopten» elementos de la educación coreana, esta sección explica las formas en que el sistema coreano ha evolucionado como una encarnación única de sus valores culturales.

Seriedad sobre la educación

El secretario Duncan considera que el sentimiento coreano acerca del propósito educativo está arraigado tanto en los reglamentos como en la cultura. En un discurso de 2014, él hizo los siguientes comentarios acerca de la política que refleja la seriedad coreana sobre la educación: «Corea se toma en serio el desarrollo y la recompensa de excelentes profesores. Eso significa reclutar a los mejores graduados universitarios para la enseñanza, formarlos eficazmente para el trabajo y asegurarse de que los estudiantes vulnerables tengan profesores bien capacitados».[1]

El secretario Duncan pasó a comparar las prácticas de Estados Unidos y Corea en cuanto a la contratación, la remuneración y la formación de los profesores:

> En Estados Unidos, una proporción significativa de los nuevos profesores proviene del tercio inferior de su clase universitaria, y la mayoría de los nuevos profesores dicen que su formación no los preparó para las realidades del aula. Por tanto, cada año llegan a las aulas de nuestros hijos profesores poco preparados, y los niños de bajos ingresos y de minorías son los que reciben la mayor parte de estos profesores ineficaces.

> Por el contrario, en Corea del Sur, los profesores de primaria se seleccionan entre el 5 por ciento de los mejores alumnos de la escuela preparatoria. Al concluir su preparación universitaria los profesores reciben seis meses de formación después de empezar a trabajar. Son bien remunerados, y los mejores reciben pago extra y la designación de «profesores maestros».

> ...en Corea, según un estudio internacional, los alumnos de familias con bajos ingresos tienen más probabilidades que los de familias ricas de tener profesores de alta calidad.

> ¿Por qué? Porque los profesores reciben un pago extra y recompensas profesionales por trabajar con los niños más necesitados. Sus niños, que necesitan más, reciben más. Nuestros niños, que necesitan más, reciben menos.[2]

195

Después de leer estos comentarios, yo, como educador, me quedo con más preguntas que respuestas. Por ejemplo, para comparar manzanas con manzanas, sería esclarecedor averiguar si los nuevos profesores coreanos creen que su formación los prepara para la realidad del aula. En caso afirmativo, ¿por qué reciben seis meses de formación después de comenzar su misión? Su respuesta debería compararse con la de los profesores estadounidenses para tener una comprensión más completa de la preparación de los educadores. Sin embargo, incluso este ejercicio de asegurar que los protocolos de las encuestas son idénticos, o al menos similares, no va lo suficientemente lejos.

También hay que tener en cuenta la comparación de las condiciones de las escuelas y las aulas en Corea y Estados Unidos. Por ejemplo, la delincuencia y la violencia parecen ser más prominentes en las escuelas de EE. UU. por varias razones, algunas de las cuales son de naturaleza sociocultural, incluyendo la ley de armas legalizada en Estados Unidos. Esta ley no existe en Corea. El ejemplo de las armas y la violencia no hace más que arañar la superficie en cuanto a las diferencias en el contexto cultural de los profesores de cada país. Por lo tanto, la formación del profesorado más allá de la impartición de la enseñanza y el manejo del aula debe ser diferente y responder a las necesidades de la sociedad. Además, las sociedades son dinámicas. En consecuencia, es prácticamente imposible que los programas de formación del profesorado preparen a los futuros docentes para todas las eventualidades posibles.

Por ejemplo, en una de las escuelas preparatorias en las que enseñé en Los Ángeles, un alumno llevó una pistola a la escuela y se disparó en el aula frente a su profesor y sus compañeros. Estoy seguro que el profesor había recibido formación docente, pero ¿lo preparó para esa situación? Probablemente no. Por lo tanto, debido a la naturaleza dinámica de las sociedades, es mejor proporcionar una formación continua a los profesores,

196

además de la que ofrecen los programas de formación de profesores, para satisfacer mejor las necesidades de una sociedad cambiante.

Participación de los padres

Durante su mandato, al secretario Duncan le gustaba relatar una anécdota ocurrida en 2009 en la que el presidente Obama se reunió con el entonces presidente de Corea, Lee Myung-Bak (2008–2013). Al parecer, el presidente Obama preguntó al presidente coreano cuál era su mayor reto en materia de educación. Lee respondió que los padres en Corea son demasiado exigentes. Al parecer, incluso los «padres coreanos más pobres exigían una educación de primera clase para sus hijos, y él [el presidente Lee] tenía que gastar millones de dólares cada año para enseñar inglés a los alumnos de primer grado, porque sus padres no lo dejaban esperar hasta el segundo grado».[3]

Lo que la cita anterior no dice al público es que el principal motivador para que los padres coreanos «pobres» exijan una «educación de primera clase» para sus hijos es el entorno sumamente competitivo del proceso de admisión a la universidad. Este proceso de admisión, como ya se ha dicho, está vinculado en última instancia a la naturaleza brutalmente competitiva del mercado laboral. Por lo tanto, al «exigir una educación de primera clase», los «padres pobres» están abogando por sus hijos. Estos padres quieren asegurarse de que sus hijos tengan una oportunidad justa al competir contra los de familias que pueden pagar por *hagwons*, o academias de estudio, y tutores privados para sus niños desde muy temprana edad. El deseo de los padres de que sus hijos tengan éxito en este entorno despiadado es comprensible.

Por lo tanto, el constante tira y afloja entre los padres adinerados y los que tienen menos medios equivale a un proceso de subida de la apuesta. Por ejemplo, si las escuelas públicas ofrecen educación en inglés a partir del cuarto grado, los padres adinerados se asegurarán de que sus hijos reciban educación privada en inglés antes del cuarto grado, para garantizar que sus hijos tengan una ventaja sobre los demás estudiantes. Entonces, los padres que no pueden pagar a tutores privados o *hagwons* para la enseñanza del inglés exigirán que el Gobierno ofrezca educación en inglés antes del cuarto grado. Una vez que el Gobierno acceda a esta demanda y subvencione la enseñanza del inglés a partir del tercer grado, no sería sorprendente que la naturaleza competitiva de la cultura motive a los padres ricos a pagar la educación privada de sus hijos centrándose en la enseñanza del inglés en el segundo grado o antes. Y así sucesivamente. Visto desde otra perspectiva, si los padres no «exigen una educación de primera clase», sus hijos corren el riesgo de estar en mayor desventaja en este entorno altamente competitivo. Al fin y al cabo, el éxito de sus hijos determina, como mínimo, el nivel de comodidad y, al máximo, la supervivencia económica de la siguiente generación.

Un ejemplo de esta feroz abogacía es el padre de un alumno del instituto estadounidense donde yo impartía clases, quien insistía en que su hijo fuera matriculado en la clase de física el semestre inmediato después de completar el programa de ESL y pasar a las clases regulares. El padre insistía, a pesar de que su hijo claramente no estaba preparado en ese momento para tener éxito académico en un curso a ese nivel. El único argumento que este padre escuchó finalmente fue la explicación sobre el fundamento de la secuencia de los cursos de matemáticas y ciencias y la idea que subyace a los prerrequisitos.

Su hijo tendría más probabilidades de tener éxito en física después de completar los prerrequisitos adecuados. Unos de los profesores del alumno informaron de que este mostraba algunos patrones de comportamiento que eran preocupantes. Su profesor de ciencias se dio cuenta de que estudiaba utilizando dos libros de texto de química uno al lado del otro: el que le entregaba el colegio en inglés y otro que había obtenido en coreano. Este hábito de estudio le exigía obviamente más tiempo que si hubiera utilizado un solo libro de texto.

Además, era evidente que se sentía presionado para sacar buenas notas en la clase de química. Los profesores observaron que a menudo se quedaba dormido durante la clase, lo que probablemente era una señal de que no dormía lo suficiente por la noche, a pesar de que era un estudiante externo quien vivía en casa bajo la supervisión de sus padres. También es concebible que el hecho de vivir en casa bajo la supervisión de sus padres ejerciera una presión adicional sobre el estudiante para que rindiera al máximo nivel posible. Los profesores observaron que parecía estar alejado de sus compañeros; se mantenía aislado y no tomaba la iniciativa de relacionarse con los demás. Estos síntomas nos condujeron a preocuparnos por el bienestar del alumno.

Me vienen a la mente infinidad de ejemplos similares: por ejemplo, conocí a padres que visitaron la escuela para insistir en que sus hijos fueran colocados en clases de nivel superior al que requería su preparación académica, incluso cuando sus hijos no tenían el dominio necesario del idioma inglés que les permitiera tener éxito en un programa académico riguroso. Los padres insistían en llevar a sus alumnos más allá de sus limitaciones académicas en un momento determinado de su desarrollo. Esta insistencia parecía provenir de la preocupación que sus hijos se quedaran atrás con respecto a otros de su misma edad y, en consecuencia, estuvieran en desventaja académica en un futuro previsible.

Soy consciente de que la situación era única. Se trataba de un colegio privado estadounidense que representaba una pequeña muestra de padres coreanos. Por lo tanto, hay que tener cuidado al aplicar estas generalizaciones a toda la población coreana. Sin embargo, basándome en mis observaciones, puedo dar fe de que los padres de los alumnos de esta escuela en particular estaban muy involucrados en la educación de sus hijos como defensores. A veces, me parecía que algunos padres eran tan implacables en su deseo de que sus hijos avanzaran académicamente, que ceder a sus deseos resultaría perjudicial al bienestar de los estudiantes y la integridad del programa académico. Desde mi punto de vista, el entorno competitivo y el deseo de proporcionar a sus hijos una ventaja competitiva parecían estar a la raíz de lo que aparentaba ser un atributo puramente de «participación de los padres».

Respeto a los profesores

En su discurso del estado de la unión el 25 de enero de 2011, el presidente Obama aludió al respeto que se le tiene a los profesores en Corea tal como una cualidad que el sistema educativo estadounidense debería emular. Afirmó:

> ...después de los padres, el mayor impacto en el éxito de un niño proviene del hombre o la mujer al frente del aula. En Corea del Sur, los profesores son conocidos como «constructores de la nación». Aquí, en Estados Unidos, es hora de que tratemos a las personas que educan a nuestros hijos con el mismo nivel de respeto. Queremos recompensar a los buenos profesores y dejar de excusar a los malos.[4]

El Presidente pronunció un mensaje similar en varios otros discursos, incluso en un discurso en la Kenmore Middle School de Arlington, Virginia, el 14 de marzo de 2011.

El respeto a los profesores al que se refiere el presidente Obama se traduce en el respeto a las personas y a la profesión. Este respeto incluye el reconocimiento de la contribución de los profesores a la educación de los jóvenes de la nación, así como un nivel de compensación para los profesores que sea proporcional o al menos relativo a otras profesiones.[5]

Este concepto es más evidente en las declaraciones del Presidente sobre el lanzamiento de la Iniciativa ConnectHome en la Durant High School en Durant, Oklahoma, el 15 de julio de 2015, donde declaró: «... ellos [los surcoreanos] pagan a sus profesores de la misma manera que pagan a sus médicos - y consideran que la educación está en el escalón más alto de las profesiones».[6]

Young Lee y yo estamos de acuerdo en que en Corea la profesión docente se considera en «el escalón más alto de las profesiones», una opinión que contrasta con la percepción de los profesores en Estados Unidos. La profesión docente es muy estimada en Corea debido a la seguridad laboral inherente a la profesión, la naturaleza competitiva del campo y la dificultad que conlleva conseguir un puesto de titularidad. Sin embargo, los puestos de profesor de primaria y secundaria no se consideran trabajos bien pagados. La afirmación de que los coreanos «pagan a sus profesores como pagan a sus médicos», incluso si es correcta, lo cual es muy cuestionable, engaña al público estadounidense porque su punto de referencia es que en Estados Unidos los médicos están bien pagados, pero los profesores no.

De acuerdo a la publicación *U.S. News and World Report*, los médicos ocupan el sexto lugar en la lista de los trabajos mejor pagados de 2018. Ellos ganan un promedio de $196,380 anuales.[7] Otros especialistas médicos se sitúan más arriba en la escala salarial. Sin embargo, los profesores ni siquiera figuran en la lista de los veinticinco trabajos mejor pagados. Históricamente, los profesores en Estados Unidos no han recibido sueldos elevados teniendo en cuenta la cantidad de preparación académica y la dedicación de tiempo que requiere la profesión. No se trata de que los profesores deban ser pagados al mismo nivel que los médicos, sino de señalar el contexto cultural de cada uno de los dos países y la disonancia entre la declaración del presidente Obama y la imagen en la mente de su audiencia estadounidense. Tradicionalmente, en Estados Unidos los médicos han estado en la cima o cerca de la cima de los trabajos mejor pagados. Por tanto, cuando el público estadounidense escucha la afirmación de que los coreanos «pagan a sus profesores como pagan a sus médicos», la suposición lógica es que los profesores coreanos deben tener sueldos altos si se les paga al mismo nivel que a los médicos. Esta suposición es incorrecta, ya que los médicos coreanos no están tan bien remunerados como sus homólogos estadounidenses.[8]

Expectativas más altas de los estudiantes

En cuanto a la percepción de que los padres y las escuelas coreanas ponen mayores expectativas en los estudiantes que sus homólogos estadounidenses, tanto el presidente Obama como el secretario Duncan parecen estar de acuerdo.

En un discurso pronunciado el 13 de enero de 2014 en la Cumbre Educativa para Padres Líderes de la Junta Nacional de Evaluación, el secretario Duncan se refirió al bajo rendimiento de los estudiantes en las pruebas estandarizadas en Estados Unidos en relación con otros países. Por ejemplo, indicó que «Estados Unidos ocupa ahora el puesto 22 en habilidades matemáticas y el 14 en lectura entre los países industrializados —y nuestras brechas de rendimiento no se están reduciendo—».[9] El Secretario también aludió al precipitado descenso de las tasas de finalización de estudios universitarios, que hizo que Estados Unidos cayera del puesto número uno al número doce en el plazo de una generación.[10] Curiosamente, Estados Unidos fue sustituido como país número uno en la categoría de tasa de finalización de estudios por nada menos que Corea.[11]

A raíz de estas aleccionadoras estadísticas, el secretario Duncan aprovechó la oportunidad para subrayar las principales diferencias entre la educación estadounidense y la coreana que, en su opinión, inclinan la balanza a favor de los estudiantes coreanos en cuanto a rendimiento. El Secretario identificó las exigencias impuestas a los estudiantes coreanos como uno de los factores que contribuyen a su alta taza de logros. Él reiteró lo siguiente:

> Corea del Sur —y algunos otros países— ofrecen a los estudiantes más, y exigen más, que muchos distritos y escuelas estadounidenses. Y los resultados se reflejan en el aprendizaje de nuestros hijos y en sus oportunidades de éxito, así como en las asombrosas diferencias de rendimiento en este país.[12]

Dado que su audiencia estaba compuesta principalmente por padres líderes, el tema de exigir más a las escuelas, los profesores y los estudiantes se repitió varias veces a lo largo de su discurso. Sin embargo, el secretario Duncan aclaró que no estaba proponiendo que Estados Unidos imitara todo lo que hace Corea en materia de educación. De hecho, señaló, sin entrar en detalles, que en Corea «por la presión de estudiar se puede perder el control».[13]

Sin embargo, el tono de su discurso está en el contexto de: «¿por qué los estadounidenses no pueden ser más como los coreanos?». Este es claramente el mensaje cuando reitera a su audiencia que «tenemos que actuar sobre lo que sabemos de los países que nos superan en educación».[14]

Sin embargo, admitió que los estudiantes coreanos están agotados.[15] Pero, no mencionó que el «daño intencional» entre nueve y veinticuatro años de edad ha sido la principal causa mortal durante algunos años, lo que puede ser el resultado de la presión ejercida sobre ellos.

Además, en las declaraciones del secretario Duncan estuvieron notablemente ausentes los comentarios sobre el alto porcentaje de los ingresos de las familias que los padres coreanos gastan en educación suplementaria privada y en la preparación de exámenes. Tampoco mencionó que es este énfasis en la preparación de los exámenes lo que ha hecho que los estudiantes coreanos sean excelentes examinadores. Otra notable omisión en las observaciones del Secretario es el talón de Aquiles del sistema educativo coreano, del que se han quejado los padres coreanos: la falta de énfasis en la creatividad.

Esta preocupación se amplía cuando se incluye la educación privada a través de *hagwons* y tutores privados, dado su énfasis en la repetición, la memorización y la práctica de exámenes. Por último, cuando el Secretario destacó el logro de Corea como país con la tasa más alta de finalización de estudios universitarios, no reconoció el impacto negativo que tiene en la economía el exceso de personas con un título universitario o superior, al no mencionar el impacto emocional en las personas sobre-cualificadas que son incapaces de obtener un trabajo acorde con sus calificaciones educativas o, peor aún, que no pueden conseguir trabajo en absoluto.

Está claro que los discursos públicos de los gobernantes y otros dignatarios tienen una finalidad. Algunos desean convencer al público o influir en la opinión pública, o promover o defender un programa, idea o creencia. La descripción de la educación coreana dada por el presidente Obama y el secretario Duncan se centra casi exclusivamente en los aspectos positivos y subestima los puntos vulnerables de la educación coreana. En esencia, se trata de una imagen excesivamente simplificada e incompleta, que sólo puede captarse desde una altitud muy elevada en la que los contrastes son inexistentes y los detalles se perciben como intrascendentes. El peligro para un público no informado es dejarse llevar por argumentos basados en representaciones incompletas y superficiales.

Este argumento sobre la eficacia de la educación coreana me parece similar a los turistas que publican fotos de los magníficos lugares que visitaron durante su viaje a un país extranjero y omiten las fotos de los lugares no tan atractivos. Además, publicar sólo fotos limita la capacidad de los viajeros de compartir detalles tal como los sonidos y olores que no les gustaron o los insectos que les picaron. En realidad, los espectadores de esas fotos tendrán una imagen incompleta de esos lugares, a menos que hayan estado allí ellos mismos. Dependiendo de en dónde vivan y de lo que sientan por su tierra natal, esas representaciones pueden entusiasmarlos a visitar el lugar o a desear vivir allí.

El aumento de las horas lectivas y su impacto en los estudiantes

El presidente Obama creía que una de las razones por las que la educación coreana tiene ventaja sobre su homóloga estadounidense es la diferencia en la cantidad de tiempo que los niños coreanos pasan «en la escuela». En su discurso ante la Cámara de Comercio Hispana, pronunciado el 10 de marzo de 2009, el presidente Obama elogió el sistema educativo coreano por exigir a los alumnos que pasen más tiempo en el aula que las escuelas estadounidenses. Sus observaciones sobre el anticuado calendario del sistema educativo estadounidense en comparación con su homólogo coreano fueron las siguientes:

Ya no podemos permitirnos un calendario académico diseñado para cuando Estados Unidos era una nación de

205

agricultores que necesitaban que sus hijos estuvieran en casa arando la tierra al final de cada día. Ese calendario puede haber tenido sentido alguna vez, pero hoy nos pone en desventaja competitiva. Nuestros hijos —escuchen esto— nuestros hijos pasan más de un mes menos en la escuela que los niños de Corea del Sur, cada año. Esa no es forma de prepararlos para una economía del siglo XXI. Por eso pido que no sólo ampliemos los programas eficaces después de la escuela, pero también que reorganicemos la jornada escolar para incorporar más tiempo, ya sea durante el verano o mediante programas de jornada ampliada para los niños que lo necesiten.

...los retos de un nuevo siglo exigen más tiempo en el aula. Si ellos pueden hacerlo en Corea del Sur, nosotros podemos hacerlo aquí en los Estados Unidos de América.[16]

Muchos coreanos reaccionaron rápidamente con incredulidad a los comentarios del Presidente sugiriendo que Estados Unidos se fijara en la educación de su país como modelo a imitar. Un día después de los comentarios del Presidente, el 11 de marzo de 2009, su reacción se resumió en un artículo publicado en *The Korea Times*:

Las declaraciones de Obama sorprendieron a muchos surcoreanos, ya que el sistema educativo del país ha sido objeto de constantes críticas públicas por su falta de creatividad y su gran dependencia en tutoría privada.[17]

Es cierto que los estudiantes coreanos asisten a clase durante más horas que sus homólogos estadounidenses. Sin embargo, también es cierto que muchas de estas clases adicionales son complementarias a las que ofrece el sistema educativo coreano. Como resultado de las horas adicionales en academias de estudio y sesiones de tutoría, los estudiantes coreanos no tienen el tiempo libre para actividades que de otra manera harían una vida adolescente equilibrada.

Las cifras desafortunadas de daño intencional citadas anteriormente no son sorprendentes, dado que, al menos desde 2010, los jóvenes coreanos en edad escolar han obtenido una puntuación baja en comparación con sus homólogos de otros países de la OCDE (Organización para la Cooperación y el Desarrollo Económico) en las encuestas de satisfacción.[18]

En 2010, *The Chosun Ilbo* reportó que:

Los niños y adolescentes de Corea son los menos satisfechos con su vida entre los 26 países miembros de la OCDE. Según una encuesta publicada por un centro de investigación afiliado a la Universidad de Yonsei y una fundación que lleva el nombre del educador Pang Jong-hwan, sólo el 53.9% entre 5,435 escolares de cuarto a doceavo grado dijeron estar satisfechos con sus vidas. Esto significa que uno de cada dos niños y adolescentes coreanos está insatisfecho.[19]

El artículo continúa especificando: «La mayor fuente de estrés era el trabajo escolar, seguido por el aspecto físico y los problemas con los padres».[20]

Cinco años más tarde, en 2015, *The Chosun Ilbo* informó que:

Un grandísimo 50.3% de los niños coreanos se estresan por sus estudios, la proporción más alta entre los 30 países encuestados, según análisis de Kim Mi-sook, del Instituto de Salud y Asuntos Sociales de Corea...

Sólo el 18.5% de los niños en Corea dijo estar «muy feliz» en la escuela. Corea ocupa el quinto lugar desde abajo...

Los niños más felices eran de Irlanda (42.5%), Romania (41.6%), Lituania (39.0%), Noruega (38.8%) y los Países Bajos (38.4%). [21]

El artículo cita al analista Kim Mi-sook, diciendo:

Tenemos que aligerar su carga de estudio [la de los estudiantes] y dar a los jóvenes más tiempo libre y más cosas que hacer con él... Nosotros también deberíamos aprender lo más posible de países como los Países Bajos donde los niños son felices y rinden notablemente.[22]

El pasar una cantidad desmesurada de tiempo estudiando en *hagwons*, o con tutores privados después del horario escolar, ha convertido a los estudiantes coreanos en seres humanos sedentarios a una edad muy temprana.

En 2016, *The Chosun Ilbo* informó que los jóvenes coreanos pasan tan solo media hora al día al aire libre.

La encuesta realizada muestra que de promedio los niños coreanos pasan sólo 34 minutos al día al aire libre. Esto es apenas un tercio del tiempo que pasan al aire libre sus homólogos de Estados Unidos (1 hora y 59 minutos) y Canadá (1 hora y 40 minutos).

El Ministerio del Medio Ambiente encuestó a 8,000 niños y adolescentes...

Los niños coreanos entre tres y nueve años pasan la mayor parte del tiempo dentro de casa, en tutoría privada, jugando o mirando la televisión.[23]

El patrón de infelicidad o insatisfacción reportado y la falta de ejercicio por parte de los adolescentes coreanos aparece en las estadísticas incluso en 2017, cuando *The Chosun Ilbo* informó los resultados de las encuestas mundiales realizadas entre jóvenes de quince años. El artículo informa que:

> Los adolescentes coreanos se sitúan a la cabeza de la OCDE en cuanto a rendimiento académico, pero están entre los menos felices del club de países ricos. También, ellos empiezan a recibir clases particulares antes de que se haga en otros países, lo que sugiere que la educación pública les está fallando. Ellos hablan menos con sus padres y son los que menos tiempo dedican a hacer ejercicio...

> En comparaciones hechas con 48 países incluyendo los que no son miembros de la OCDE, los adolescentes coreanos continuan ocupando los últimos puestos...

> ...empiezan tutoría privada a los nueve años, antes que ningún otro lugar. El promedio de edad era de 11 años...

> Pero dedican muy poco tiempo a las actividades físicas, ya que sólo el 46.3% practica un deporte ya sea antes o después de la escuela. De manera que ellos están situados en la parte baja de la clasificación. Uno de cada cinco, no dedica ni siquiera un día a hacer el mínimo de 60 minutos de ejercicio, como caminar o montar en bicicleta...[24]

En resumen, como ya se ha dicho, los estudiantes coreanos pasan más tiempo en el aula que sus homólogos estadounidenses. Sin embargo, una parte importante del tiempo extra de estudio se dedica a educación complementaria, enriquecimiento educacional y a la preparación para tomar exámenes. En consecuencia, es muy probable que los estudiantes coreanos sean mejores examinadores que los estadounidenses. Pero el compromiso es que se ven obligados a pasar la mayor parte del tiempo adentro.

¿Cuál es el costo de este modo de vida desequilibrado? Según los factores que Young Lee y yo hemos examinado, los estudiantes coreanos pagan un precio muy caro pues son los niños menos satisfechos con su vida, o entre los más insatisfechos, dentro de los países de la OCDE. También ellos están entre los que tienen más estrés por sus estudios. Este patrón no es nuevo. Sin embargo, parece haber aumentado en los últimos años de acuerdo a los datos de asesoramiento sobre auto lesiones. Según *The Chosun Ilbo:*

Las auto lesiones están aumentando entre los adolescentes coreanos, lo que sugiere que los niveles de estrés están aumentando en el entorno educativo brutalmente competitivo del país.

El Ministerio de Igualdad de Género y Familia analizó los registros de 230 centros de asesoramiento y bienestar juvenil de todo el país y descubrió que el asesoramiento por auto lesión aumentó de 4,000 en 2015 a 28,000 en 2018.[25]

Prepararse para los exámenes vs. prepararse para la universidad

La extrema dependencia de los exámenes obliga a los estudiantes a memorizar grandes cantidades de datos para los exámenes. En consecuencia, es difícil retener el material aprendido después de que haya pasado el examen. Reconozco que la práctica de atiborrar para un examen es una técnica universal utilizada por estudiantes de todo el mundo, pero los estudiantes coreanos lo han llevado a un nuevo nivel.

Por ejemplo, como se mencionó en el capítulo cuatro, los estudiantes de la escuela estadounidense en la que impartí clases solían utilizar el eufemismo «lavado de cerebro» para describir el proceso de olvidar después de un examen todo lo que habían estudiado antes del mismo. Creían que «lavar» su cerebro de la información antigua les permitía retener mejor el material nuevo para el siguiente examen. Un resultado desafortunado de este proceso de hacer espacio para la nueva información olvidando el material previamente aprendido es ignorar que el aprendizaje más efectivo se logra cuando se ve como un conjunto de bloques de construcción.

Tal como mis observaciones sobre los patrones de comportamiento de los estudiantes coreanos en el capítulo cuatro, ellos son muy hábiles a la hora de elegir las respuestas correctas en un examen de elección múltiple, pero muy pobres a la hora de demostrar el proceso paso a paso por el que llegan a la respuesta correcta, una habilidad muy codiciada en los institutos y universidades estadounidenses. En un artículo escrito por Alan Singer y publicado en *HuffPost* el 18 de marzo de 2010, él compartió la experiencia de Clay Burell, un profesor de humanidades estadounidense que vive en Corea, quien reporta que:

> Los estudiantes coreanos se ven obligados a estudiar en hagwons, clases privadas durante la noche, el fin de semana y

en el verano, donde el mayor énfasis es en aprender inglés. El Ministerio de Educación coreano calcula que, como promedio del porcentaje del PIB, los padres surcoreanos gastan cuatro veces más en educación privada que sus homólogos de cualquier economía principal. [Como ya se ha dicho, esta cifra puede estar subestimada debido a que los honorarios de los profesores particulares se pagan mayormente en efectivo, por lo que no figuran en las estadísticas generadas por el Gobierno]. La mayor parte de lo que estudian está «basado en hojas de trabajo, y guías dedicadas a aprobar los exámenes de la universidad, el SAT, el TOEFL y todas las demás pruebas a las que estas clases se dedican». Lo que Burell considera irónico es que, a pesar de toda esta inversión y de las altas calificaciones en los exámenes, los estudiantes coreanos son notoriamente deficientes en cuanto a lectura, escritura y hablar inglés. En otras palabras, no pueden utilizar lo que se supone que han aprendido y en lo que han obtenido buenos resultados de examen.[26]

Basado en esto, Alan Singer sostiene que «años con tutoría extra preparan a los estudiantes coreanos para los exámenes de acceso a la universidad, pero no para adquirir una educación universitaria».[27] Para apoyar su argumento, el autor cita la investigación del Dr. Samuel Kim sobre los desertores universitarios estadounidenses. De acuerdo a Singer, el Dr. Kim es un investigador con señoría en el Instituto de Asia Oriental de Columbia University. Este reporta que:

El 44% de los estudiantes coreanos que ingresan en las «mejores» universidades estadounidenses abandonan sus estudios antes de graduarse. Este porcentaje es superior al de los estudiantes de China (25%), India (21%) e incluso al del 34% de los estudiantes estadounidenses de las mismas universidades.[28]

La lección proveniente de estas observaciones, testimonios y estadísticas de este capítulo y los anteriores sobre la educación en Corea es que tanto la preparación como las habilidades necesarias para tener éxito en un entorno de pruebas son muy diferentes de las necesarias para prosperar en un entorno universitario. La realidad es que el aprendizaje no termina cuando los estudiantes salen de la sala de pruebas de un examen de acceso a la universidad o cuando reciben la puntuación del examen de acceso a la universidad o cuando reciben la notificación de admisión de la escuela de sus sueños. Los componentes del proceso de aprendizaje siguen acumulándose y la alegría de aprender alcanza una dimensión aún mayor una vez que los estudiantes comienzan su experiencia universitaria. Los estudiantes que se preparan para ambas cosas maximizarán el aprendizaje y se adaptarán más fácilmente a cualquier situación de aprendizaje.

La suposición de que un sistema educativo es mejor que otro requiere un análisis profundo que incluya la identificación de criterios objetivos adecuados y libres de prejuicios culturales. El hecho de que los estudiantes coreanos sean buenos examinadores no implica que el sistema educativo coreano sea mejor que su homólogo estadounidense. Esto es especialmente cierto si se tiene en cuenta que un aspecto importante de la educación coreana es el uso extensivo de clases particulares y «academias de preparación» que se centran en la preparación de exámenes y se basan en gran medida en la repetición, la práctica de exámenes y la memorización. No es de extrañar, pues, que los estudiantes coreanos obtengan buenos resultados en los exámenes de opción múltiple. Las «academias de estudio» y los tutores privados que se centran en la preparación de exámenes, en general, parecen estar haciendo un buen trabajo elevando la capacidad de los estudiantes para pasar exámenes. Sin embargo, la habilidad para tomar exámenes representa sólo una parte del espectro educativo. La parte más duradera de la educación son las experiencias que se tienen en un entorno académico seguro en el que los estudiantes pueden ejercitar su individualidad mientras colaboran con otros, demuestran un fervor por el descubrimiento y aprendizaje, y una capacidad inagotable de creatividad e incluso de experimentación.

Si las academias de estudio preparan a los estudiantes para la parte de la educación que consiste en exámenes, pero no para la experiencia educacional, ¿será el resto de la educación formal coreana quien prepara a los estudiantes para la parte experimental de la educación? Si los resultados de los exámenes de elección múltiple se utilizan para comparar el rendimiento de los estudiantes, nosotros debemos preguntarnos: ¿qué papel desempeña el practicar los exámenes y dar la enseñanza de acuerdo al examen en la influencia temporal de los resultados de los exámenes? ¿Son la práctica de exámenes y la enseñanza para el examen las metodologías más eficaces? ¿Promueven la retención a largo plazo? ¿Apoyamos un sistema que hace hincapié en la memorización como método principal de enseñanza y aprendizaje? ¿O adoptamos un sistema que fomente la creatividad, el pensamiento crítico e independiente, la auto expresión y la resolución de problemas?

Como ya he dicho, en los cuatro años que pasé trabajando en el instituto estadounidense de Corea, la queja más común de los profesores estadounidenses y canadienses era que algunos de los alumnos eran muy buenos identificando la respuesta correcta en un examen de opción múltiple. Sin embargo, los mismos alumnos eran muy deficientes a la hora de demostrar los pasos que habían dado para llegar a una respuesta determinada. Además, los profesores se quejaban de que los alumnos no eran pensadores independientes y esperaban que el profesor les diera la «respuesta correcta». Además, no eran muy adeptos al aprendizaje colaborativo, es decir, al trabajo en equipo. Esto no significa que los alumnos coreanos no puedan adquirir estas habilidades. Pueden hacerlo y lo hacen, cuando se les da el entorno y la práctica adecuada.

La relación causa-efecto es bastante difícil de determinar en un entorno complejo, como la educación, en el que numerosos factores pueden influir en un resultado. El hecho de que las familias coreanas gasten más dinero que sus homólogas estadounidenses en educación privada no se traduce necesariamente en estudiantes mejor preparados para un entorno de educación superior que conlleva valores de creatividad, pensamiento crítico e independiente y aprendizaje colaborativo.

Al comparar los sistemas educativos de dos países diferentes, hay que tener en cuenta la multitud de variables que pueden influir en el rendimiento de los estudiantes. Al examinar los sistemas educativos coreano y estadounidense, las dos diferencias más evidentes son, en primer lugar, la cantidad de tiempo, dinero y esfuerzo que se dedica en Corea a la educación privada. En segundo lugar, hay que tener en cuenta que el sistema educativo coreano está compuesto por alumnos que proceden de una sociedad, una lengua y una cultura homogéneas, mientras que los alumnos estadounidenses son bastante heterogéneos. Los estudiantes coreanos proceden de entornos socioeconómicos diferentes. Sin embargo, además de tener orígenes socioeconómicos diversos, sus homólogos estadounidenses acuden a la escuela con una amplia gama de comportamientos de aprendizaje y, lo que es más importante, con niveles variados de exposición a la cultura dominante, así como a la lengua de enseñanza.

Estas diferencias pueden ayudar o dificultar el éxito de los alumnos incluso antes de que crucen el umbral de la puerta de la escuela para grado kínder, perpetuando así potencialmente la desigualdad social. Sin embargo, el hecho de que en el sistema educativo estadounidense un estudiante que comienza la escuela secundaria con enormes desventajas culturales y socioeconómicas, incluyendo el desconocimiento de la lengua inglesa, pueda de alguna manera llegar a ser no sólo bilingüe bicultural, sino trilingüe, obtener un título de doctorado, y eventualmente convertirse en un exitoso administrador de la educación superior, es un testimonio de la accesibilidad del sistema educativo estadounidense, y del poder de la determinación, la dedicación, el amor por el aprendizaje y la tutoría de aquellos que vieron un diamante en bruto. Ese estudiante soy yo. Mis posibilidades de repetir esta hazaña en el sistema educativo coreano, que favorece a los niños de familias que pueden permitirse el alto costo de la educación complementaria privada y las clases particulares, habrían sido mínimas o inexistentes.

NOTAS

1. Arne Duncan, "Voces de padres de familia a favor de una educacion de elite: Comentario del secretario de educacion de EE.UU. Arne Duncan a la Asamblea educativa del consejo administrativo de la evaluación nacional para líderes de padres de familia", *U.S. Department of Education*, 13 de enero de 2014, *ed.gov*.
2. Ibid.
3. Ibid.
4. Barack Obama, "Comentarios del presidente Barack Obama durante el Discurso del estado de la union", *The White House Office of the Press Secretary*, 25 de enero de 2011. *obamawhitehouse.archives.gov*.
5. Barack Obama, "Comentarios del Presidente sobre la educacion en Arlington, Virginia", *The White House Office of the Press Secretary*, 14 de marzo de 2011, *obamawhitehouse.archives.gov*.
6. Barack Obama, "Comentarios del Presidente sobre el lanzamiento de la iniciativa ConnectHome", *The White House Office of the Press Secretary*, 15 de julio de 2015, *obamawhitehouse.archives.gov*.
7. "Los trabajos mejor pagados", *U.S. News and World Report*, consultado el 30 de Agosto de 2019, *money.usnews.com*.
8. Dados los datos de la OCDE de 2017 sobre los salarios de los maestros, los salarios iniciales de los maestros coreanos tanto en el nivel primario como en el secundario son mucho más bajos que sus similares estadounidenses. A los quince años de experiencia, la brecha salarial sigue siendo considerablemente amplia entre los dos, y los salarios de los maestros estadounidenses siguen siendo más altos que los de Corea. Sin embargo, los salarios de los profesores coreanos en la parte superior de la escala en los dos segmentos de la educación son más altos que los de los profesores estadounidenses. Por lo tanto, parece que en preparación para el discurso del presidente Obama, el análisis para la comparación entre los salarios de los maestros en los dos países

se realizó en la parte superior de las escalas salariales sin tomar en cuenta los salarios en el punto de partida o en la marca de los quince años. Estas estadísticas apoyan el argumento del presidente Obama de que los salarios de los maestros coreanos son más altos que los de sus similares estadounidenses. Sin embargo, en aras de la exactitud y la plena divulgación, la comparación debe realizarse en varios puntos de la escala de sueldos. Una de esas opciones es la siguiente: comparar los salarios iniciales, después de quince años de experiencia y en la parte superior de la escala. Este análisis comenzaría a dibujar una imagen completa del argumento de comparación del salario de los maestros. Sin embargo, para que esta evaluación sea completa, sería necesario un análisis exhaustivo de otros factores como el costo de vida, los beneficios complementarios, la retención de maestros y la longevidad en la profesión. Sin estas consideraciones, la comparación del salario de los maestros no es concluyente.

9. Valerie Strauss, "Arne Duncan: ¿Por qué no podemos ser más como los surcoreanos?" *The Washington Post*, consultado el 31 de julio de 2019, *washingtonpost.com*.

10. Ibid.

11. Ibid.

12. Ibid.

13. Ibid.

14. Ibid.

15. Ibid.

16. Barack Obama, "Comentarios del Presidente a la cámara de comercio hispana", *The White House Office of the Press Secretary*, 10 de marzo de 2019, *obamawhitehouse.archives.gov*.

17. "Obama alaba la educación que Corea proporciona a los niños", *The Korea Times*, consultado el 9 de noviembre de 2019, *koreatimes.co.kr*.

18. "Los niños coreanos son los menos felices en la OCDE", *The Chosun Ilbo*, 6 de mayo de 2010, *english.chosun.com*.

19. Ibid.

20. Ibid.

21. "Los niños coreanos son los más estresados en el mundo", *The Chosun Ilbo*, 12 de marzo de 2015, *english.chosun.com*.

22. Ibid.

23. "Los niños coreanos pasan solo media hora al día al aire libre", *The Chosun Ilbo*, 11 de mayo de 2016, *english.chosun.com*.

24. "Adolescentes coreanos estudian mucho pero se sienten infelices", *The Chosun Ilbo*, 25 de abril de 2017, *english.chosun.com*.

25. "Daños autoinfligidos en aumento en los adolescentes coreanos", *The Chosun Ilbo*, 27 de julio de 2019, *english.chosun.com*.

26. Alan Singer, "Obama, Corea y escuelas americanas", *HuffPost*, 18 de marzo de 2019, *huffpost.com*.

27. Ibid.

28. Ibid.

Capítulo Seis

Accidentes provocados por la humanidad

Eficiencia

Actualmente el mundo experimenta cambios profundos. Muchos de estos cambios se deben a los avances en tecnología. Ya bastante se ha escrito acerca del impacto que la tecnología ha tenido en nuestras vidas. Por lo tanto, no entraré en detalles. Es suficiente decir que el impacto profundo que la Revolución Digital ha tenido en la humanidad es similar al de la Revolución Industrial. La diferencia fundamental es que la influencia de la anterior (la tecnología) es más profunda y ubicua. Está influenciando la humanidad a un nivel más personal y cambiando no solo como trabajamos, pero también como vivimos y pensamos. Nos ha forzado y a la vez permitido evaluar la manera en que realizamos tareas diarias en sectores que van desde los negocios hasta los cuidados de salud, la banca, el turismo y la hospitalidad, el entretenimiento e incluso la educación.

A medida que incorporamos la tecnología a la vida cotidiana, nos sentimos tan cómodos y acostumbrados a ella que la damos por sentada. Tiempo atrás, cuando los cajeros automáticos (ATMs por sus siglas en inglés) fueron introducidos por primera vez, algunos de nosotros desconfiábamos de su tecnología. La preocupación por la capacidad de la máquina para realizar una transacción segura y privada retrasó su aceptación. Ahora, para bien o para mal, hemos adoptado incluso el teléfono inteligente, que utilizamos para casi todos los aspectos de nuestra vida. A pesar de

221

nuestra misma preocupación por la privacidad, recurrimos a nuestros teléfonos inteligentes para usos tal como seleccionar nuestra ruta de viaje, monitorear cuentas bancarias, tomarse el pulso cardíaco, monitorear la actividad física, la calidad de nuestro sueño, planear actividades diarias en función de previsiones meteorológicas, hacer transacciones financieras, planear vacaciones, dónde compramos y dónde comemos. La tecnología ha hecho que casi todo lo que afecta nuestras vidas sea más cómodo y accesible, y por ende más eficiente.

La cultura coreana reconoce el valor de la eficiencia. Me atrevería a decir que la eficiencia es una forma de vida para los coreanos tal como lo demuestra la cultura general del «ppali ppali». Para los coreanos, la eficiencia está en todas partes, desde como llegan los estudiantes a la respuesta de problemas matemáticos hasta la clasificación de estudiantes que determina candidatos a las mejores universidades y a contratación en grandes empresas; desde los hábitos de conducción hasta la saturación de los moteles del amor, y desde cocinar en casa hasta comer en restaurante.

Ética de trabajo

Una de las costumbres que llamó mi atención es la ética de trabajo. Generalmente, los coreanos trabajan seis días por semana. Es común que los emprendedores de negocio y los dueños de negocios pequeños trabajen siete días por semana. Recuerdo un domingo en el cual tuve un problema de drenaje en mi apartamento. Llamé al plomero, y no solamente vino pronto y resolvió el problema, sino que no cobró pago extra por trabajar en un domingo. Después tuve una experiencia similar con el servicio de telecomunicaciones. Hasta donde yo sé, una interacción de servicio como esta durante un fin de semana es muy diferente en Estados Unidos.

De acuerdo a la Organización de Cooperación y Desarrollo Económico, en 2017, los coreanos fueron segundos, después de los mexicanos, en el número de horas que ellos trabajan al año con un promedio de 2,024 comparado con 2,257 de los mexicanos. En contraste con los estadounidenses y japoneses que promediaron 1,780 y 1,710 horas respectivamente. De los treinta y cinco países de OCDE reportando información, el promedio total de las horas de trabajo era 1,759. Por lo tanto, los coreanos trabajaron 265 horas más que el promedio total entre los treinta y cinco países de OCDE.[1]

El último año que viví a tiempo completo en Corea fue en 2017. En el capítulo dos, yo dije que en 2017 había varios trabajos de construcción residencial y no residencial en Jeonju, donde yo vivía. También escribí que era usual observar a trabajadores trabajando constantemente en sitios de construcción, aun los domingos y en la noche. En contraste, en Estados Unidos, los trabajos de construcción en domingo son fuera de lo común. Mientras yo caminaba cerca de estos sitios de construcción, pensaba en la tendencia a problemas de seguridad cuando los trabajadores de construcción trabajan largas horas por siete días a la semana. Tal como mencioné anteriormente, no puedo confirmar si los trabajadores trabajaban más de ocho horas por día, o si estaban en horario rotativo, que permitía la cobertura de más horas al utilizar turnos superpuestos. Según mi estadía continuaba en Corea, y particularmente después de la tragedia del transbordador *Sewol*, me volví más consciente de las catástrofes de origen humano en general, no solo los que ocurrían dentro y alrededor de sitios de construcción.

Los desastres naturales son causados por fuerzas incontrolables tales como huracanes, tifones, inundaciones, erupciones volcánicas, terremotos, deslizamientos de tierra o relámpagos. Debido a que estos desastres son inevitables, la población puede y debe prepararse para ellos. La preparación puede incluir guardar agua potable fresca que es segura para tomar y preparar comida, tener suficiente comida enlatada para varios días y mantener un botiquín de primeros auxilios bien provisto.

La llegada de la industria también trajo más desastres provocados por el hombre. Debido a que tales tragedias son generalmente resultado de errores humanos, son prevenibles pero casi imposibles de predecir. Su ocurrencia debería disminuir al dar la atención apropiada a los estándares de seguridad y precaución. Incluye todo tipo de accidentes anómalos, descarrilamientos de tren, colapso de edificios y puentes, derrames de petróleo, accidentes de tránsito en tierra, agua o en el aire, fugas de gas, contaminación ambiental y fusiones nucleares. Dependiendo de las circunstancias, la gente involucrada, la gente afectada y la escala, algunos de estos incidentes podrían ser categorizados como accidentes industriales. Discutiré estos en el capítulo siete.

Antes del desastre del transbordador *Sewol*, cuando inicié la investigación acerca de los accidentes no ambientales en Corea, me intrigaron las causas citadas y los temas recurrentes que los conectaban. Sin embargo, fue el potencial y la lastimosa pérdida de vidas inocentes, lo que me motivó a continuar con la investigación y, después, escribir este libro. He vivido lo suficiente para reconocer las premisas básicas de los desastres que no son naturales. A pesar de poder prevenirse, ocurren en todas partes y en cualquier momento. Corea ha tenido más que suficientes.

Espero sinceramente que la identificación de casos recurrentes pueda ayudar a prevenir esta clase de tragedias, no solamente en Corea sino a través del mundo, por medio de sensibilizar a la gente a la responsabilidad que todos tenemos: debemos tomar las precauciones necesarias para prevenirlas.

En los capítulos acerca de la educación, he identificado como el énfasis en la eficiencia y la dependencia en la preparación para el rendimiento en los exámenes pueden llevar a una mala identificación del medio por el cual se llega a una meta, así como a la adquisición de hábitos de aprendizaje que van en detrimento al aprendizaje experiencial, que considero el aspecto más profundo del aprendizaje. En los capítulos dedicados a los accidentes industriales y provocados por la humanidad, veremos cómo la eficiencia sigue desempeñando un papel central como conducto para las ganancias financieras a corto plazo, la codicia y la evasión de las leyes de seguridad pública. Desde la perspectiva humana, uno de los resultados desafortunados de la eficiencia en los accidentes industriales y provocados por los humanos es la pérdida de vidas inocentes. La existencia humana en este planeta se ha vuelto tan precaria que nos vemos obligados a minimizar los factores de riesgo cuidando de verdad a los demás y defendiendo la seguridad pública para no agregar peligros a los ya causados por catástrofes naturales que incluyen patrones climáticos extremos atribuibles al calentamiento global. Minimizar los factores de riesgo puede significar que debemos reducir nuestro énfasis en la eficiencia, reconocer que la codicia es egoísta y no redunda en el interés de la humanidad y garantizar que nuestras normas de seguridad estén al día y se apliquen estrictamente.

Una urbanización rápida

Como se esperaba, junto al notable éxito macroeconómico y los avances tecnológicos de Corea a partir del final de la guerra de Corea, el país experimentó una asombrosa urbanización y migración de las zonas rurales hacia las urbanas entre 1960 y 1990. Según el Banco Mundial, en esos treinta años, la población urbana experimentó un notable aumento neto del 46%, yendo del 28% al 74%. En comparación, durante los veintiocho años siguientes, entre 1990 y 2017, la población urbana creció a un ritmo mas moderado, sólo creciendo un 9%, del 74% al 83%.[2]

225

Gráfica 1: Porcentaje de población urbana[3]

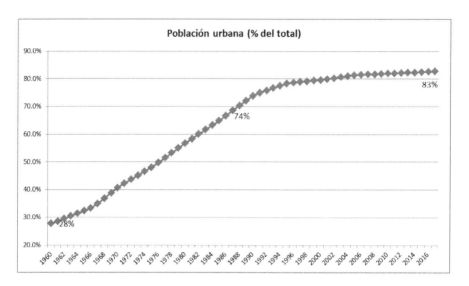

El porcentaje anual de incremento de la población urbana en los treinta años desde 1960 a 1990 fue entre 3.3% y 7.5%. En contraste, el porcentaje de incremento en los siguientes veintisiete años desde 1991 a 2017, osciló entre .057% y 2.5% con un porcentaje de incremento menos de 1% registrado en cada año de los últimos quince años entre 2003 y 2017.

Gráfica 2: Crecimiento de la población urbana[4]

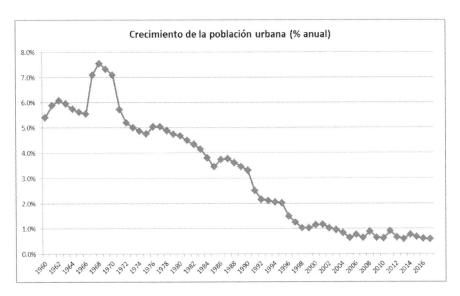

Debido a la rápida y nunca antes vista migración rural hacia las zonas urbanas, la industria de construcción experimentó un auge nunca antes visto en Corea. Esto fue particularmente evidente en vivienda y en el desarrollo de la infraestructura en general. Además, cuando Seúl fue elegida anfitriona de los Juegos Olímpicos de verano de 1988, el desarrollo de la infraestructura requerida puso presión adicional en la industria de construcción ya de por sí sobrecargada. Por otra parte, en ese periodo el país tenía leyes proteccionistas que requería que toda construcción fuera completada por compañías coreanas. El auge de la construcción dio oportunidades únicas a los empresarios coreanos para hacer ganancias extraordinarias. Desafortunadamente, estas condiciones también abrieron las puertas a oportunidades de codicia, corrupción y descuido a la seguridad pública.

Accidentes provocados por la humanidad

En esta sección, analizo tres accidentes provocados por la gente y hago referencia a varios otros que tuvieron lugar durante este periodo de rápida urbanización y expansión económica que tuvo lugar entre los años 1960 y 1990.[5] En ese mismo periodo, la economía coreana creció a un promedio anual de casi el 9%, y los ingresos per cápita se multiplicaron por más de cien. El propósito de esta sección no es ofrecer un inventario completo de incidentes, ni siquiera un examen exhaustivo de los detalles que rodean a cada uno de los acontecimientos seleccionados. Hacerlo iría más allá del alcance de este libro. El objetivo de esta sección, al igual que el de todo el libro, es identificar los patrones de comportamiento que rodean esos tres eventos y determinar si patrones similares resurgieron en accidentes ocurridos en épocas más recientes, desde 2014 hasta 2018.

Dados los parámetros de este libro, también evito a propósito discutir la respuesta específica a la catástrofe de cada evento, aunque su eficacia, o la falta de ella, pueda haber contribuido al número de víctimas. Corea, un país en vías de desarrollo durante el periodo de expansión económica, carecía de la tecnología, el equipo de rescate y la respuesta a las catástrofes adecuadas para responder a las emergencias. Corea también carecía de un sistema de rescate sistemático y de un sistema de comunicación sin fisuras entre los organismos gubernamentales, tan importante durante las emergencias.[6] Por lo tanto, sería inapropiado sacar conclusiones sobre una Corea tecnológicamente avanzada en el siglo XXI basándose en sucesos que tuvieron lugar en una época en la que la nación aún se consideraba un país en desarrollo. Por esta razón, minimizo el énfasis puesto en los incidentes ocurridos durante este periodo anterior. Sin embargo, no minimizo la trágica pérdida de vidas inocentes durante ese periodo. Reconocer la reaparición de patrones de comportamiento similares en una etapa posterior de desarrollo sirve para proporcionar una auténtica reflexión sobre el nivel de avance de la sociedad. El avance al que me refiero aquí, no es el económico ni el tecnológico, sino que el avance en términos de ética, conciencia y valores, como la compasión y la importancia, que se da a la seguridad pública.

La lista de accidentes de esa época es abundante y la pérdida de vidas inocentes es trágica. Además de los tres incidentes seleccionados para el análisis, la lista incluye el derrumbe parcial de un puente sobre el río Han, una explosión de gas en Daegu, un incendio en una estación del metro de Daegu, un descarrilamiento de tren cerca de la estación de Gupo en Busán, una explosión de gas en un hotel de Seúl, una explosión de dinamita en una estación de tren y el accidente de un avión de Korean Airlines en Guam, siendo un error humano la causa principal de este último. El número de víctimas de estos accidentes provocados por la gente asciende por lo menos a 865 vidas inocentes.[7] Los criterios de selección de los tres incidentes identificados para su discusión en esta sección son los siguientes: los sucesos eran similares a otros accidentes más recientes, ya sea en el contexto o en lo que respecta a las pautas de comportamiento asociadas a la causa de los accidentes. Además, en el proceso de selección tomé en cuenta la intención y el alcance de este libro.

Tres accidentes provocados por la humanidad que tipifican las condiciones imperantes durante el periodo de rápida urbanización y expansión económica

El entorno predominante que incluía la acumulación sin precedentes de infraestructura y vivienda para acomodar la creciente urbanización, causó el hecho de que muchos proyectos fueran llevados a cabo simultáneamente durante este periodo. Esto, «confabulado con otros estimulantes tales como la codicia para obtener dinero rápido, se cree que [estos proyectos] condujeron a compromisos de varios códigos de construcción por las compañías y las autoridades».[8] Dando como resultado que las estructuras levantadas en ese periodo, y las que aún existen, fueron y continúan siendo susceptibles a fallos estructurales.

Ocho de abril de 1970 — Colapso del edificio de apartamentos Wawoo

Desde finales de los 1950s y a través los 1960s, el periodo de urbanización rápida, Seúl fue obligado a acomodar un influjo nunca antes visto de ciudadanos provenientes de zonas rurales que estaban viviendo en asentamientos ilegales en Seúl. Como resultado de la demanda de hogares,

> …muchos edificios y casas fueron construidos sin permisos…
> El presidente Park Chung-Hee ordenó al Alcalde de Seúl,
> Kim Hyun-Ok, construir apartamentos y dar viviendas a los
> ciudadanos de estos asentamientos ilegales. El Alcalde… tuvo
> el sobrenombre de «Bulldozer» (Excavadora) porque durante
> su turno muchas áreas de Seúl fueron borradas y repuestas por
> estructuras modernas a gran escala, tales como apartamentos,
> amplias carreteras, y autopistas elevadas. Seúl [comenzó] a
> [perder su] paisaje histórico de calles, una pequeña red de
> caminos orgánicos como un pequeño laberinto.[9]

Un ejemplo de una estructura erigida «más rápidamente de lo usual» y cuya historia terminó en un desastre trágico es el edificio de apartamentos de cinco pisos Wawoo que colapsó el 8 de abril de 1970, cuatro meses después de haber sido terminado.[10] Los reportes indican que el edificio fue construido en seis meses, entre junio y diciembre de 1969.[11] La investigación conducida después del colapso muestra que:

> …las columnas de la base no eran resistentes al propio peso de
> los apartamentos. Insuficiente cantidad de barra de refuerzo

en la base construida a lo largo de las laderas montañosas fue la causa directa del colapso.[12]

Otros factores contribuyentes citados incluyen «construcción deficiente y demasiado rápida, errores de cálculos estáticos, concreto de mala calidad y agua escurriendo de la montaña».[13]

El *Wall Street Journal* reporta que según el periódico del Gobierno *Encyclopedia of Korean Culture* (*Enciclopedia de la cultura coreana*), el colapso de los apartamentos Wawoo «fue un desastre hecho por el hombre debido a la corrupción de firmas constructoras y agencias de supervisión».[14]

Este incidente quitó la vida a treinta y tres personas y lesionó a cuarenta.[15]

Evidencia de las generalizadas deficiencias de construcción y la falta de cumplimiento de las reglas de seguridad durante este periodo de rápida urbanización se refleja en los resultados de «una inspección de los así llamados apartamento[s] de los ciudadanos, [la cual] mostró que 75% de los edificios [no] cumplían con las reglas de seguridad».[16]

Diez de octubre de 1993 — Hundimiento del transbordador *Sohae*

El transbordador *Sohae* se hundió en las aguas del mar del Oeste cerca de la isla Wi-Do el 10 de octubre de 1993 con cuatrocientas personas entre pasajeros y tripulación.[17] El transbordador llevaba 362 pasajeros, o sea 141 sobre su capacidad, y además llevaba carga pesada.[18] El accidente causó 292 personas ahogadas. Varias fuentes apuntan a factores tales como sobrecarga de pasajeros y equipaje, mantenimiento inadecuado del barco, y navegación imprudente en condiciones climáticas extremas, como los factores que contribuyeron al hundimiento del barco.[19]

Veintinueve de junio de 1995 — Colapso del almacén Sampoong

Un edificio que ejemplificaba el ritmo de urbanización febril y el sentimiento casi eufórico de bienestar económico que impregnaba a los acaudalados era el almacén de moda Sampoong situado en el distrito adinerado Seocho de Seúl. La construcción del edificio de nueve pisos (cinco pisos sobre el suelo y cuatro pisos subterráneos) del almacén Sampoong comenzó en 1987 y concluyó dos años más tarde.[20] El edificio se derrumbó el 29 de junio de 1995. En este caso, los cambios hechos al plan de diseño original causaron fallas estructurales. Es más, debido a que el edificio fue construido «sobre un vertedero que estaba mal adaptado para una estructura grande como ésta», los cimientos mismos hicieron al edificio susceptible a la inestabilidad.[21]

Los cambios al plan de diseño incluían el agregar un quinto piso arriba, convirtiendo el propósito fundamental del edificio de apartamentos residenciales a almacén con espacio abierto y un número reducido de columnas, añadir escalinatas, y una zona de comidas la cual requería equipo pesado de restaurante. También, un equipo de aire acondicionado de cuarenta y cinco toneladas métricas fue instalado en el techo, añadiendo al peso y a la presión sobre las columnas.[22]

El edificio terminado era una estructura de losa plana, sin vigas transversales o un esqueleto de acero, lo cual efectivamente significaba que no había manera de transmitir el peso a través de los pisos. Para maximizar el espacio de los pisos, Lee Joon [presidente y dueño de Sampoong] ordenó que las columnas del piso fueran reducidas a 24 pulgadas (61 centímetros) de grosor, en vez del mínimo requerido en los planos de 31 pulgadas (79 cm) en el plan original que era requerido para que el edificio quedara bien parado y bien seguro. Además, cada columna estaba separada por 36 pies (11 metros) para maximizar el espacio de negocio, una decisión que también significó más peso en cada columna de lo que hubiera sido si las columnas hubieran estado más cerca la una a la otra… Como resultado de la presencia del quinto piso, las columnas mantenían cuatro veces más del peso máximo que se suponía debían sostener.[23]

Para obtener aprobación de estos cambios radicales de diseño del edificio, el dueño sobornó a los oficiales de gobierno.[24] El colapso del almacén Sampoong mató a quinientas dos personas e hirió a 937.[25]

Como si la corrupción en la forma de mordidas y haciendo cambios fundamentales en el diseño de los planos contrarios al consejo de la firma constructora no fuera suficiente, los elementos de codicia, irresponsabilidad e indiferencia por la vida humana también describen las acciones del presidente de la compañía durante la mañana del derrumbe. El gran almacén se había convertido en un punto de reunión para las familias adineradas, principalmente para amas de casa. Tuvo un promedio de cuarenta mil compradores por día durante la historia de cinco años del edificio.[26]

Las acciones tomadas en este caso ejemplifican no solamente codicia, corrupción y falta de juicio, pero también la relación de *gap* y *eul* ampliamente discutida en el capítulo uno. Teniendo más autoridad, influencia, y recursos que Woosung, la compañía originalmente contratada para construir el edificio, Lee Joon, el presidente de Sampoong, ordenó a la compañía constructora a hacer cambios estructurales irrazonables al plano de construcción. Cuando Woosung rehusó hacer los cambios, Lee Joon despidió al contratista y trajo a su propia compañía para terminar el proyecto. Las grietas del edificio comenzaron a aparecer en el suelo del quinto piso meses antes del derrumbe: «la gerencia ignoró la alarma y solamente trasladó la mercadería que estaba guardada en el quinto piso para el sótano para aliviar un poco el peso».[27] Varias fuentes también reportan que la gerencia ordenó que las unidades de aire acondicionado fueran apagadas para minimizar la vibración y prevenir que las grietas estructurales se hicieran más grandes.

El día del derrumbe, se les llamo a los ingenieros para conducir una inspección superficial ya que las grietas que empezaron a aparecer en abril del mismo año comenzaron a hacerse más grandes. Ellos declararon el edificio inseguro. Este acto fue seguido por una reunión del consejo de directores. Ellos aconsejaron al presidente Lee Joon que evacuara el edificio, pero él rehusó citando pérdidas potenciales de ganancias: «A mediados de 1990 las ventas de la tienda sumaban más de medio millón de dólares por dia».[28] Sin embargo, Lee Joon salió del edificio antes del derrumbe.

En el periodo subsiguiente al derrumbe mortal, Lee Joon y su hijo, Lee Han-Sang, «fueron convictos y enviados a prisión por términos de 10 años y medio, y por 7 años respectivamente. Doce oficiales locales de construcción de edificios fueron encontrados culpables de aceptar mordidas hasta el equivalente de $17,000 dólares por aprobar cambios y por proveer el certificado de uso provisional».[29]

Después del colapso del almacén Sampoong, «una encuesta gubernamental de estructuras de gran altura encontró que 14% eran inseguras y necesitaban ser reconstruidas, 84% requerían reparaciones, y solamente 2% cumplían con las normas».[30] Estos hallazgos asombrosos son una clara indicación de la alarmante situación de las estructuras de construcción de Corea en ese tiempo.

Los tres incidentes discutidos arriba son solamente unos entre las muchas tragedias que ocurrieron durante el periodo de rápida urbanización y expansión económica (1960s–1990s). La sección que sigue examina algunos de los accidentes causados por la humanidad que ocurrieron de 2014 a 2018. Las causas y circunstancias que rodean los incidentes seleccionados representan patrones culturales y de conducta que recurren no solamente en estos accidentes, sino también en los que ocurrieron durante el periodo de expansión económica. El criterio usado para seleccionar estos accidentes incluye los incidentes más recientes y el profundo impacto social. La intención y el alcance de este libro son factores que jugaron una parte crucial en el proceso de selección.

Accidentes recientes causados por la humanidad

Dieciséis de abril de 2014 — Desastre del transbordador *Sewol*: Condiciones perfectas para un accidente

La Guardia Costera coreana concluyó que la causa principal que causó la tragedia del transbordador *Sewol* fue un irrazonable giro repentino a estribor.

Dos años antes del accidente el transbordador *Sewol* había sido modificado para aumentar su capacidad por 239 toneladas adicionales, de esta manera quedó más propenso a volcar debido al desequilibrio entre babor y estribor. El día de la tragedia, el barco estaba sobrepasado de mercancía. Basado en las conclusiones del fiscal, el barco llevaba 2,142 toneladas de carga, o sea casi el doble del límite máximo de 1,077 toneladas.[31] También de acuerdo al fiscal, la carga no estaba atada de forma segura. Los reportes indican que la causa por la cual la carga no estaba atada de forma segura era para ahorrar tiempo durante la descarga. Esta actitud concuerda con el énfasis de Corea en la eficiencia, lo cual produce una despreocupación

235

o disminuye las preocupaciones de seguridad. Debido a que la carga no estaba atada de forma segura, el cargamento se desplazó con la inclinación producida por el giro brusco del barco. Mientras el transbordador volcaba, parte de la carga se desparramó y bloqueó las salidas, por consecuencia dificultando la evacuación de los pasajeros.

Aún más, el barco «posiblemente estaba tripulado por personal capacitado de manera insuficiente».[32] Esta afirmación es apoyada por las declaraciones de los sobrevivientes quienes indican que la tripulación repetidamente dirigía a los pasajeros que se quedaran en su puesto mientras el transbordador se estaba hundiendo.

La ineptitud, mal juicio e irresponsabilidad del capitán y la tripulación del transbordador son descritos de manera conmovedora en una publicación editorial de *The Korea Herald*:

Lo más desafortunado fue que el transbordador Sewol y sus pasajeros tenían una tripulación totalmente incapaz e irresponsable. Si ellos tan siquiera hubieran actuado como cualquier oficial marítimo ordinario, no un héroe, en tal situación muchos más pasajeros habrían podido saltar del transbordador a tiempo para ser rescatados por los barcos que respondieron a la llamada de auxilio.

El capitán y dos otros miembros de la tripulación fueron arrestados… tres días después que ellos abandonaron su barco, dejando atrás a cientos de jóvenes estudiantes y pasajeros. Todavía es un misterio porqué ellos continuaban diciendo a los pasajeros que se quedaran en sus cabinas por cerca de dos horas aun después que el barco comenzó a llenarse de agua y a volcarse para un lado.

Está claro que la tripulación del transbordador carece no solo de la capacidad de manejar un barco que lleva hasta 956 pasajeros y tomar las medidas apropiadas en una emergencia, pero también el mínimo nivel de ética profesional y sentido de responsabilidad.[33]

Un artículo publicado por *Foreign Policy (La Política Exterior)* el 16 de abril de 2014, el mismo día del accidente del transbordador *Sewol*, aun antes de que los detalles del hundimiento del barco fueran publicados, titulado «Por qué tanta gente muere en accidentes de transbordador», describe casi al pie de la letra las circunstancias alrededor de la tragedia.

Los transbordadores en los países en desarrollo van comúnmente sobrecargados, lo cual puede desequilibrar la embarcación o hacerla más pesada de arriba y más propensa a zozobrar. Y cuando la tripulación está insuficientemente entrenada, ellos no están seguros cómo responder en caso de desastre, de esta manera empeorando el problema. Aún más, las regulaciones gubernamentales de seguridad son menos estrictas —o no se aplican— en los países en desarrollo.[34]

Es notable observar que, aunque el artículo citado apareció el día de la tragedia del transbordador *Sewol*, podría perfectamente describir las condiciones en las que se hundió el transbordador *Sohae* dos décadas antes. Además, el punto más llamativo que hace el autor en este párrafo es que las circunstancias que describe se aplican a los «transbordadores del mundo en desarrollo» o a las «naciones en desarrollo». Por lo tanto, en teoría, las condiciones podrían haberse aplicado a Corea en 1993, el año en que se hundió el transbordador *Sohae* y murieron ahogadas 292 personas. Estas condiciones ya no deberían ser aplicables en Corea circa 2014, el propio año que ocurrió el accidente del transbordador *Sewol*.

En otras palabras, a pesar de los avances económicos y tecnológicos sin precedentes del país, las personas perdieron la vida debido a circunstancias que no tenían paridad con el progreso de la nación.

Como es de esperar, dada la facilidad de acceso a la información hoy día, los detalles que rodean el incidente del transbordador *Sewol* son mucho más fáciles de obtener que los del hundimiento del *Sohae*. A pesar de estas diferencias en la accesibilidad de la información, y teniendo en cuenta lo que sabemos, ¿qué podemos deducir de las condiciones que rodearon la tragedia del *Sohae* y del transbordador *Sewol* tomando en cuenta los logros económicos y tecnológicos de Corea en las dos décadas transcurridas entre ambas tragedias? En mi opinión, el resurgimiento de patrones de comportamiento y factores de motivación similares veinte años después de un avance económico y tecnológico astronómico significa que el progreso en las áreas menos tangibles, como son los valores y niveles de conciencia no avanzan al mismo ritmo que el progreso económico y tecnológico. A diferencia del progreso económico y tecnológico, los valores y actitudes culturales están profundamente arraigados en el tejido de la sociedad. El público tiene que trabajar de manera deliberada para garantizar que los valores y los niveles de conciencia sigan el ritmo del progreso económico y tecnológico. Si no se alcanza la paridad en todos los ámbitos, las vidas inocentes seguirán representando el precio que las sociedades pagan por la disparidad entre ellas.

A raíz del accidente del transbordador *Sewol*:

» El primer ministro, Chung Hong-won, renunció.

» El director de la escuela Danwon High School, de donde provenían varios estudiantes, se suicidó.

» El oficial ejecutivo de la compañía Cheonghaejin Marine, la empresa operadora responsable del *Sewol* fue culpado de violar las reglas de seguridad. La compañía había modificado el barco para llevar más pasajeros. Estas modificaciones hicieron el barco más propenso a volcar. El oficial ejecutivo de la compañía fue sentenciado a diez años de prisión.

» Lee, Joon-seok, el capitán, fue convicto de asesinato y sentenciado a treinta y seis años de prisión por negligencia profesional causando muerte.

» El ingeniero del *Sewol* fue sentenciado a treinta años de prisión.

» Los miembros de la tripulación recibieron sentencias entre cinco y veinte años de prisión.

Veintiséis de mayo de 2014 — Incendio en la terminal de autobuses en Goyang en la provincia de Gyeonggi

El 26 de mayo de 2014, mientras el pueblo coreano lloraba la muerte de más de trescientos pasajeros en la catástrofe del transbordador *Sewol*, se informó de la muerte de siete personas y de que más de cincuenta habían resultado heridas en un incendio. El incendio comenzó en el primer nivel del sótano de la terminal de autobuses de Goyang, en la provincia de Gyeonggi. Las chispas de soldadura generadas por los contratistas contratados para remodelar el lugar para construir un patio de comidas pueden haber causado el incendio. Según la ley, las empresas que deseen llevar a cabo una renovación o ampliación del edificio que modifique las características de seguridad del lugar deben presentar un plan de construcción. También deben obtener permiso de la oficina de gobierno de la ciudad y de la estación de bomberos del distrito antes de comenzar el trabajo. Presuntamente, la compañía contratista, en este caso, comenzó el trabajo antes de obtener la aprobación del cuerpo de bomberos.

Además, los informes indican que la empresa contratista solicitó permiso a la estación local de bomberos para modificar las persianas de prevención de incendios. La estación de bomberos no aprobó esta solicitud. Al parecer, una de estas persianas funcionó mal, lo que provocó una fuga de humo tóxico en el primer piso. Esta fuga causó la mayor parte de las víctimas por inhalación de humo. No está claro si el obturador contra incendios funcionó mal o si los trabajadores de la construcción lo manipularon de manera deliberada para evitar que funcionara correctamente. Los expertos creen que, si el obturador hubiera funcionado, se habrían registrado menos muertes.

Diez de enero de 2015 — Incendio de apartamentos en Uijeongbu, provincia de Gyeonggi

El 10 de enero de 2015, un incendio en el complejo de apartamentos Daebong Green, de diez plantas, en Uijeongbu, mató a cuatro personas y dejó lesionadas a ciento veinticuatro personas, catorce de ellas en estado crítico. Un total de doscientas veintiséis personas perdieron sus hogares.[35] La investigación criminal llevada a cabo conjuntamente por el departamento de policía y el Servicio Forense Nacional (NFS por sus siglas en inglés) determinó que el fuego se inició en la planta baja cerca del encendido de una motocicleta de cuatro ruedas perteneciente a un tal Sr. Kim. Tras revisar las grabaciones de seguridad del circuito cerrado de televisión, el equipo de investigación determinó que el Sr. Kim había aplicado fuego con un encendedor para sacar la llave del contacto. Al parecer, estaba congelada debido a las condiciones climáticas de frío extremo. Según se informa, la motocicleta de cuatro ruedas se incendió y los fuertes vientos hicieron que las llamas se extendieran a los coches estacionados en la planta baja y luego se desplazaran rápidamente a la estructura, incluyendo los pisos superiores: «[El equipo de investigación] mostró las imágenes al Sr. K y este reconoció que aplicó calor a la caja de llaves con un encendedor y que el incendio se produjo por su descuido.

El equipo de investigación lo imputó por sospecha de negligencia en un incendio y negligencia con resultado de lesiones y muerte».[36]

El fuego se extendió rápidamente a dos edificios residenciales adyacentes, uno de diez pisos y el otro de quince. Además de las víctimas mortales, las estimaciones indican que veinte vehículos que se encontraban en el estacionamiento de superficie del edificio de apartamentos fueron destruidos.[37]

Imagen 1: Las ruinas quemadas del complejo de apartamentos Daebong Green en Uijeongbu.[38]

Imagen 2: Bomberos tratando de apagar el incendio en la primera planta del edificio de apartamentos Daebong Green en Uijeongbu.[39]

Los bomberos informaron que el incendio de Uijeongbu se propagó rápidamente desde el estacionamiento en la planta baja hacia los niveles superiores debido a los materiales altamente inflamables utilizados para cubrir las paredes exteriores del edificio.[40]

Un artículo que apareció en *The Dong-A Ilbo* sobre el incendio de los apartamentos en Uijeongbu se refiere al revestimiento exterior utilizado en los edificios en cuestión como «método Dryvit». Sin embargo, la denominación genérica de este proceso es sistema de acabado de aislamiento exterior (EIFS por sus siglas en inglés), ya que «Dryvit» se refiere en realidad a una marca de revestimiento exterior. Según *The Dong-A Ilbo*:

> El método es el preferido por los propietarios de edificios, porque es más barato por más de 50% que usar piedra para

el acabado de la pared exterior, y el tiempo de construcción puede reducirse casi por mitad.[41]

El *Washington Post* corrobora las cualidades económicas, así como las características de eficiencia energética de este método de acabado de aislamiento exterior:

> Dryvit es la marca de un tipo de revestimiento exterior conocido como EIFS, o sistema de aislamiento y acabado exterior. Consiste en una placa aislante de espuma rígida fijada a la pared, coronada por una capa base de estuco sintético reforzado con malla y una capa de acabado texturizado de estuco sintético. Es impermeable, muy eficiente energéticamente y relativamente barato.[42]

Benjamin Haag explica por qué el EIFS ha sido popular en la construcción de edificios. Describe la popularidad del proceso de la siguiente manera: «El Sistema de Acabado Aislante Exterior (EIFS) es un tratamiento de paredes exteriores sin carga que, debido a sus excelentes propiedades de aislamiento y flexibilidad de diseño, ha sido una opción popular para el revestimiento exterior de edificios durante varias décadas».[43]

Sin embargo, la inflamabilidad del EIFS supera la eficiencia energética y el bajo costo de este tipo de revestimiento de edificios. Haag explica además que las estructuras revestidas con EIFS suponen un verdadero reto para los bomberos cuando estas se incendian. Él describe las características inflamables de los EIFS y algunos de los retos que presentan al personal de extinción de incendios:

> Debido al componente de aislamiento de espuma de poliestireno, el EIFS se considera combustible. La espuma

de poliestireno es un material termoplástico, lo que significa que se derrite y fluye cuando se calienta. «La espuma de poliestireno produce gases combustibles y tóxicos a aproximadamente 570°F y se encenderá en un rango entre 900°F y 1,000°F» (*Spadafora*, 2015). Cuando se enciende, un fuego de poliestireno creará condiciones de alto calor, una rápida propagación de las llamas y un denso humo negro. La tasa de desprendimiento de calor de los termoplásticos puede ser de tres a cinco veces mayor que la de los combustibles ordinarios, como la madera o el papel. El calor de combustión de los combustibles ordinarios suele oscilar entre 6,000 y 8,000 Btu/lb (13,960-18,600kj/kg). El calor de combustión de los plásticos suele oscilar entre 12,000 y 20,000 Btu/lb (27,900-46,520kj/kg). (FM Global, 2015).[44]

Las cifras técnicas citadas arriba pueden dejar al lector preguntándose qué tan inflamable es la espuma de poliestireno. Un experimento conducido en 2010 por el Instituto de Tecnología de Construcción de Corea, y descrito por *The Dong-A-Albo,* le da al lector una imagen más concreta y dramática de la combustibilidad de este material:

El Instituto de Tecnología de Construcción de Corea trató de incendiar el interior de una pared que medía tres metros de ancho y seis metros de largo después de instalar material exterior... usando [el] método Dryvit... [La] pared agarró fuego en cuestión de solo 90 segundos. El fuego envolvió por completo la pared exterior en cuatro minutos, con llamas intensas alcanzando hasta seis metros de altura, generando gas negro tóxico. La situación era [similar al edificio de apartamentos] incendiados en Uijeongbu.[45]

Basado en informes acerca de la rapidez con que se desplazaron ambos incendios en el edificio de apartamentos en Uijeongbu y en el complejo deportivo en Jecheon discutido abajo, ambos generando humo negro, y también juzgando por el número de víctimas que fueron hospitalizadas en condición crítica después de inhalar los gases tóxicos, los incendios se desarrollaron en una manera consistente con este tipo de revestimiento.

Además, dos otros factores contribuyeron a la rápida propagación del fuego. Uno fue la ausencia de un sistema de irrigación. Aparentemente, a la fecha del incendio, solo los edificios de once o más pisos requerían un sistema de irrigación.[46] El segundo factor fue la estructura estilo zancos del edificio. Se llama zancos por las columnas de apoyo o postes usados para levantar el edificio, usualmente al primer piso, para maximizar el espacio para estacionamiento, almacenamiento o ambos. Sin embargo, este tipo de estructura tiene el potencial de crear situaciones peligrosas, particularmente en incendios que comienzan en la planta baja, tal como fue este incendio, por la posibilidad de que las llamas se desplacen a los carros en el estacionamiento. Este escenario tiene la probabilidad de destruir y bloquear la salida de la planta baja, impidiendo así que los residentes evacúen el edificio y bloqueando el acceso a los bomberos para apagar el fuego. Adicionalmente, la estructura es propensa a generar la distribución del calor, el fuego y los gases tóxicos hacia las gradas y al pozo del ascensor.

Todos estos desafíos parecen haber estado presentes en el infierno del complejo de apartamentos Daebong Green en Uijeongbu. Un reporte en *The Korea JoongAng Daily* describe en gran detalle lo que pasó y como los residentes reaccionaron a la emergencia después de haber sido atrapados en el edificio cuando el incendio estalló:

Las llamas obstruyeron las puertas principales de la planta baja y el humo entró dentro de los edificios. Muchas de las víctimas atrapadas evacuaron hacia el techo y esperaron a que helicópteros los rescataran. Otros que vivían en los pisos de abajo saltaron por las ventanas o descendieron por las paredes de afuera antes que los bomberos llegaran al lugar.[47]

Por fin, después del incendio de Uijeongbu y los clamores para tener códigos más estrictos relacionados a edificios con revestimiento EIFS, «el ministro de seguridad y protección pública, prometió iniciar una campaña con medidas enérgicas contra el uso de materiales exteriores que son susceptibles a incendio». De acuerdo a *The Dong-A Ilbo*, «el ministro [planeaba] obligar a los dueños de edificios y constructores a usar materiales ignífugos, **sin importar la altura o uso del edificio** al instalar material de aislamiento a la pared exterior».[48] Además, *The Dong-A Ilbo* reportó que bajo las leyes existentes durante el incendió de Uijeongbu, los contratistas y los dueños de edificios no eran requeridos a usar materiales retardantes de fuego, «excepto en edificios de gran altura, [fabricas] o instalaciones usadas por el público dentro de los distritos comerciales».[49]

Finalmente, el Gobierno pasó regulaciones prohibiendo el uso de revestimiento inflamable en construcción de edificios de seis pisos o más.[50] Sin embargo, estos nuevos reglamentos solo aplican a las construcciones nuevas en proceso. De esta manera, las normas dejan intactos a los edificios ya existentes que contienen materiales inflamables. Estos edificios con materiales inflamables, son las estructuras que presentan desafíos formidables a los bomberos y peligro a la población en general.

Al final de la investigación por el departamento de policía de la causa del incendio de los apartamentos en Uijeongbu, el equipo investigador anunció que había «encontrado culpables a 15 [personas] incluyendo la persona que, involuntariamente, inició el incendio… [El] equipo dio un informe de los resultados a través de la prensa diciendo que enviaría el caso al fiscal con la intención de enjuiciar».[51]

Veintiuno de diciembre de 2017 — Incendio del complejo deportivo en Jecheon en la provincia de Chungcheong

Veintinueve personas fueron reportadas muertas y treinta y siete lesionadas en el incendio que comenzó en la planta baja del estacionamiento del complejo deportivo. El incendio engolfó rápidamente el edificio de ocho pisos y se desplazó a aproximadamente doce carros en el estacionamiento. El edificio también tenía una sauna, un gimnasio, y varios restaurantes.

El 25 de diciembre, de 2017, *The Korea Herald* reportó que:

> Los expertos forenses nacionales concluyeron el sábado [23 de diciembre de 2017] que el fuego comenzó en el techo de la planta baja del estacionamiento, envolviendo rápidamente ocho pisos en tan solo siete minutos. Entre los muertos, 20 fueron sofocados por humo tóxico en la sauna femenina.[52]

También, los medios informaron que los expertos señalaron al material de revestimiento usado en la construcción del edificio como la sospecha principal de la rápida propagación del fuego. Ellos específicamente nombraron el revestimiento Dryvit como el culpable porque ellos lo consideran «un material de acabado barato pero altamente inflamable».[53] Ellos también recalcaron que en una situación de incendio, éste emite gases altamente tóxicos a la atmósfera, así causando problemas a los pulmones de la gente que lo inhala.[54]

Estos materiales reducen significativamente el costo de construcción del edificio. Supuestamente, ellos también reducen el tiempo de construcción. Además, ya que los inviernos son fríos en Corea, los contratistas utilizan materiales que son eficientes energéticos como EIFS para la construcción de edificios. Sin embargo, dado que el material EIFS es altamente inflamable, es lógico que materiales que son substancialmente más resistentes al fuego deberían ser usados.

Además, los informes indican que los bomberos descubrieron que las paredes del conducto eléctrico (EPS por sus siglas en inglés) no eran ignífugas, aunque las paredes de EPS ignífugas son necesarias para obtener la aprobación de la ciudad. Se supone que las paredes de EPS ignífugas retrasan la llegada de un incendio a los pisos superiores. Evidentemente, la falta de ignifugación permitió que el fuego llegara más rápidamente a los niveles superiores, lo que pudo haber causado más víctimas. Parece que la ciudad aprobó el uso del edificio a pesar de todo.

De acuerdo a *The Korea Herald*, «también había problema con la estructura del edificio, la cual estaba levantada sobre pilares».[55] Tal como se discute arriba, este tipo de construcción de edificios se llama «pilotis»:

> [Una estructura pilotis] es susceptible a incendios que comienzan en la planta baja donde las escaleras actúan como chimeneas, causando que las llamas se vayan hacia arriba… El incidente está invocando comparaciones con un incendio que estalló hace tres años [en enero de 2015] en un apartamento en Uijeongbu, provincia de Gyeonggi. El edificio también contenía el material inflamable y fue construido en un estilo similar.[56]

Muchos edificios en Corea tienen una estructura similar a esta. Por lo tanto, el potencial para incidentes similares en el futuro puede ser bastante significativo.

Imagen 3: Los bomberos y los investigadores forenses examinan la planta baja del edificio de ocho pisos donde estaba el complejo de deportes en la ciudad de Jecheon.[57]

Según se reporta, en julio de 2017, el hijo del dueño del edificio condujo una inspección de seguridad contra incendios. Aparentemente, el hecho de que la salida de emergencia del primer piso estaba bloqueada porque el espacio estaba siendo usado para bodega no fue reportado. Supuestamente, el departamento de bomberos condujo una inspección en octubre de 2017. Entre los reportes existentes no está claro si el asunto de la salida de emergencia no fue reportada en ese entonces. Los expertos en luchas contra incendios creen que algunas de las víctimas pudieron haberse salvado si la salida del primer piso hubiera estado accesible.

El 23 de diciembre de 2017, la Yonhap News Agency reportó que el dueño había comprado el edificio en agosto de 2017 y lo había «remodelado para acomodar un gimnasio, una sauna pública y otros servicios».[58]

Dos días más tarde, el 25 de diciembre de 2017, la agencia informó que, tras registrar los domicilios de un propietario y un gerente del gimnasio «para investigar si fueron negligentes en la prevención [del]... desastre... La policía parecía dispuesta a presentar cargos de homicidio por negligencia profesional y violación de la ley de incendios contra el propietario de 53 años, mientras que impulsaría cargos de homicidio contra el gerente de 50 años».[59]

Factores contribuyentes

Parece que otros factores contribuyeron al número de víctimas del incendio. Estos factores incluían un sistema de rociadores contra incendios que no funcionaba, lo que constituye una violación de las leyes de prevención de incendios. Otros factores incluían la insuficiencia de salidas de emergencia y los vehículos estacionados ilegalmente. Estos últimos impidieron que los camiones de bomberos accedieran al lugar con la mayor rapidez posible. Los informes indican que tomó unos quince minutos a las autoridades para mover algunos de los vehículos estacionados ilegalmente para que los camiones de bomberos tuvieran acceso al edificio. Aún después de quitar los vehículos, no había espacio suficiente para que los bomberos pudieran maniobrar el suministro de agua al gran incendio. Días después del incendio de Jecheon, se reporta que la gente aún continuaba estacionándose ilegalmente en la misma calle del edificio quemado.

Es claro que las razones por las que la gente continuó estacionándose ilegalmente, era la probabilidad relativamente baja de recibir una infracción de estacionamiento. Aún en el caso raro de recibirla, la multa era mínima. De tal manera, la posibilidad de una multa no era suficientemente disuasiva. En Corea, antes de agosto de 2018, las infracciones por estacionarse cerca de 4.5 metros de un hidrante solían ser aproximadamente el equivalente a US $40–$50. En comparación, en Estados Unidos, las infracciones de estacionamiento pueden llegar a $150. Con la multa variando entre diferentes ciudades. Al momento de escribir este libro, el estacionarse dentro de quince pies (aproximadamente 4.5 metros) de un hidrante le costaría a un motorista $53 en Santa Mónica, $55 en Los Ángeles, $77 en Baltimore, $110 en San Francisco, y $150 en Chicago. Los cargos adicionales que podrían agregarse a estas multas incluyen cargos por pagos retrasados, si es la segunda o tercera infracción de la misma índole, los costos de remolque y de almacenamiento.

En Corea es común que los dueños de vehículos ilegalmente estacionados solo reciban una simple advertencia de policía o de personal de emergencia. En Estados Unidos, sin embargo, el coche recibe una infracción y no hay segundas oportunidades. Debido a que una infracción de tránsito es raramente dada en Corea, el concepto no es disuasivo. Algunos coreanos reconocen la baja posibilidad de ser multados por infringir la ley. Por lo tanto, cuando se encuentran ante una alternativa de estacionarse ilegalmente cerca de un hidrante y arriesgar la baja probabilidad de ser multados, o la inconveniencia de la opción menos eficiente de tener que caminar más lejos hacia su destino, ellos claramente optan por quebrantar la ley y arriesgarse a incurrir una advertencia o una multa.

La ley de Corea permite que los departamentos de emergencia muevan carros estacionados ilegalmente si es necesario, pero antes de agosto 2018, esto raramente se hacía. No estaba claro quién era responsable por el costo del remolque, almacenamiento o confiscación de vehículos. En comparación, en Estados Unidos el dueño del carro es responsable de pagar estas deudas, las cuales pueden ser bastante altas, y sobrepasar por un margen considerable, la cantidad infringida por violación al reglamento de estacionamiento. En Corea, antes de agosto de 2018, sí el personal de emergencia tenía que quebrar las ventanas de un coche para hacer su trabajo, su departamento era responsable por el daño.

Esto puede explicar la vacilación del personal de emergencia de quebrar las ventanas de los vehículos que obstruían su trabajo. Sin embargo, las leyes pertinentes recientemente modificadas dan a «los trabajadores en el sector de combatir incendios... más discreción y autoridad en caso de emergencia».[60]

En circunstancias similares en Estados Unidos, las compañías de seguros no cubrirían los daños causados por el personal de bomberos a un carro que está estacionado ilegalmente obstruyendo la realización de su trabajo por negligencia del dueño. Por ejemplo, la compañía de seguros de auto y casa Ameriprise, define negligencia como la falta de «mostrar la cantidad apropiada de cuidado o de responsabilidad para la situación. El fallo de tomar las precauciones apropiadas puede causar al asegurado ser responsable por el daño».[61]

Para facilitar la comunicación, los coreanos frecuentemente adhieren el número de su teléfono celular al tablero del carro. Eso permite a quien necesite que un carro estacionado ilegalmente sea movido pueda comunicarse con el dueño por teléfono. Esto es para la conveniencia de los motoristas que habitualmente estacionan su vehículo ilegalmente. Por lo tanto, el peso recae en el motorista que es incomodado en vez del motorista inconsiderado.

Imagen 4: Imagen típica de coches estacionados en doble fila en Corea. [62]

Imagen 5: Imagen típica de coches estacionados ilegalmente en áreas residenciales de Corea.[63]

La estación de bomberos de Seúl afirma que las causas atribuidas al incendio en Jecheon también existen en la ciudad de Seúl. Después del incendio de Jecheon, la estación de bomberos de Seúl inspeccionó trescientos diecinueve edificios con balnearios y saunas públicas. Ciento veinte, o sea el 37% de los edificios inspeccionados fallaron las medidas de seguridad. Muchos de los edificios inspeccionados no tenían salidas de emergencia accesibles, ya fuera por estar bloqueadas o por otras razones. Unos edificios tenían desconectado el sistema de irrigación para prevenir su funcionamiento.[64] Si el porcentaje de edificios en Seúl que falló la ley de seguridad es representativo de todo el país, el número total de edificios afectados le resulta impactante aun a un país pequeño como Corea. Sin embargo, Young Lee y yo tememos que el porcentaje de edificios que fallan los estándares puede ser aún más alto fuera de la capital.

Diecinueve de enero de 2018 — Incendio en el Hospital Sejong en Miryang, provincia de Gyongsang Sur

Casi un mes después del incendio en el complejo deportivo de la ciudad de Jecheon donde murieron veintinueve personas, otro incendio brotó en el hospital Sejong de la ciudad de Miryang. Este incendio mató a cuarenta y seis personas incluyendo un doctor, una enfermera y un asistente de enfermería. La Yonhap News Agency reportó un total de 146 lesionados.[65] Inicialmente, la prensa reportó treinta y siete muertes. Sin embargo, el número aumentó después del informe preliminar porque los heridos estaban en condición crítica. Los informes indican que los humos tóxicos inhalados causaron el mayor número de muertes. La prensa reportó que un cableado defectuoso inició el incendio en el techo de la despensa, el cual también se usaba como vestuario. Este cuarto estaba en la planta baja del edificio principal del hospital. En esa época el complejo hospitalario incluía el edificio principal de seis pisos y un anexo con hospital y residencia para ancianos.

254

El 29 de enero, el periódico *The Korea Times* publicó una lista de posibles violaciones a los códigos de seguridad y a los reglamentos de emergencia. La primera indicación de una posible violación de los códigos de seguridad fueron las seis víctimas que perecieron en el elevador y fueron descubiertas por los bomberos. Las medidas de emergencia universales para edificios indican que los elevadores no deben usarse en caso de incendio o evacuación por emergencia. Al usar los elevadores, el hueco del ascensor puede conducir gases tóxicos y fuego hacia arriba. El descubrimiento de estas víctimas indica que los empleados seguramente no previeron a estas personas de usar el elevador.

Abajo hay una lista adicional de posibles violaciones a las medidas de seguridad que parecen reflejar medidas para reducir el costo:

El viernes [19 de enero de 2018], los 99 pacientes del hospital que contenía 95 camas estaban bajo el cuidado de solamente un doctor y ocho empleados de enfermería, lo cual indica que cada empleado de salud estaba a cargo de casi 11 pacientes. El hospital tenía tres doctores, pero solo dos trabajaban a tiempo completo, y 23 empleados de enfermería, en violación a la ley la cual indica que por lo menos seis doctores y 35 empleados de enfermería eran requeridos para un hospital de ese tamaño. El tener muchos pacientes por cuarto fue un factor agravante que previno la rápida evacuación. El hospital tenía 20 pacientes por cuarto, lo cual, de acuerdo a unos pacientes sobrevivientes, causaba dificultades al entrar, salir o movilizarse en el cuarto. El costo de los servicios médicos por admitir a un paciente que el hospital puede cobrar al Servicio de Seguro Médico Nacional es el mismo sin importar el número de pacientes por cuarto. Esta ha sido la razón principal por la cual el hospital puso el mayor número de pacientes posible en un espacio limitado.[66]

El artículo también revela que el edificio del Hospital Sejong había sido ilegalmente remodelado en 2006. Después, el Gobierno local penalizó al hospital por la cantidad de treinta millones de wones coreanos (~$28,000) por esa remodelación ilegal del edificio.

Los administradores del hospital fueron criticados por el público y la prensa por la falta de un sistema de riego lo cual podría haber ayudado a reducir el número de víctimas. Sin embargo, en conferencia de prensa, el director del hospital, Song Byeong-cheol, «argumentó que este hospital no estaba sujeto a la instalación obligatoria de rociadores debido a su pequeño tamaño».[67]

Los oficiales del partido del Gobierno y de los partidos oponentes ofrecieron las condolencias acostumbradas a las familias de las víctimas y prometieron apoyo a ellas y sus familias. Representantes de varios ministerios fueron enviados al lugar del accidente para ayudar después de la tragedia. Ellos también prometieron conducir una investigación a fondo para identificar la causa del accidente y a los responsables. Es más, los oficiales de gobierno «prometieron conducir medidas contundentes para mejorar la seguridad pública».[68] A la hora de esta escritura, el término que nadie ha identificado operacionalmente es «medidas contundentes».

En marzo de 2018, después del incendio, doce personas que fueron encontradas directa o indirectamente responsables fueron acusadas. Estas personas incluían tanto el administrador del hospital como oficiales de gobierno presentes y pasados: «Los acusados incluían el director del consejo del hospital quien [fue] acusado de violar el Acta de Construcción,

El Acta de Servicio Médico y un número de otras leyes en el curso de administrar el hospital...».[69]

Finalmente, el director del consejo del hospital y el gerente general fueron encarcelados por renovar ilegalmente el hospital y por no adherirse a las reglas de seguridad.

Medidas más estrictas

Después de los últimos dos accidentes mortales que sucedieron en el mismo mes, incluyendo el incendio del complejo deportivo en Jecheon y el incendio del Hospital Sejong en Miryang, y especialmente dada la complicidad pública en varios de los accidentes causados por la humanidad que yo investigué, me convencí que un cambio radical es necesario para modificar seriamente la actitud publica hacia la prevención de incendios y la preservación de la seguridad pública.

Después de estos dos incendios mortales, el Gobierno anunció que iba a conducir inspecciones de seguridad a aproximadamente sesenta mil instalaciones «de alto riesgo» a través del país. De acuerdo con *The Korea Herald*, incluidos en la categoría de «alto riesgo» había «pequeños y medianos hospitales, hogares para ancianos, albergues, centros de cuidado postnatal, baños públicos y mercados tradicionales».[70] Estos negocios fueron clasificados de «alto riesgo» porque muchos de ellos estaban localizados en edificios que fueron exentos de cumplir con las regulaciones de seguridad más estrictas debido a su tamaño.

El plan preveía dos rondas de inspecciones. En la primera ronda, los gobiernos locales proporcionarían a los inspectores una lista de control de veinte a treinta elementos. Posteriormente, se llevaría a cabo una segunda ronda de inspecciones al azar para garantizar que las primeras revisiones se habían realizado correctamente. Según se informa, las reparaciones y los trabajos de refuerzo identificados se financiarían a través de los «fondos de gestión de catástrofes y las subvenciones para la seguridad contra incendios» de los gobiernos locales.[71] Sin embargo, no está claro si los costos de reparación y refuerzo correrían a cargo de los gobiernos locales o por los propietarios de los negocios. *The Korea Herald* informó: «después de las inspecciones, el Gobierno [haría] un seguimiento para ver si los administradores de las instalaciones [habían] solucionado los problemas de seguridad según las órdenes de los inspectores».[72]

Estas dos tragedias motivaron finalmente a los legisladores a modificar El Marco de la Ley de Servicios de Extinción de Incendios. La enmienda sirvió para minimizar el impacto de futuros incendios. La intención de la ley revisada era abordar algunas desconexiones entre la ley y la práctica real en términos de garantizar la seguridad pública. Una de esas desconexiones era ejemplificada por los conductores que no ceden el paso a los camiones de bomberos en tránsito, a pesar de que estos suenan sus sirenas. Otra desconexión fue el ya mencionado constante estacionamiento ilegal y al azar, que a menudo obstruye el acceso a los hidrantes para incendios, al equipo de los bomberos y a los bomberos. Si se aplica estrictamente, la contribución más valiosa de la ley será cambiar la actitud del público hacia la prevención y extinción de incendios y la protección de la seguridad pública.

La enmienda, que entró en vigor el 27 de junio de 2018 y fue aplicada el 10 de agosto del mismo año por el Gobierno Metropolitano de Seúl, por lo menos, autoriza a los departamentos de policía locales a designar zonas de no estacionamiento dentro de cinco metros de los hidrantes de incendios. También aumenta las multas tanto para los conductores que obstruyan el tránsito de los camiones de bomberos como para los que estacionen su vehículo a menos de cinco metros de los hidrantes de incendios o en zonas exclusivas para camiones de bomberos. La multa se fijó en un millón de wones coreanos (~896 dólares). El aumento sustancial de la multa envía un claro mensaje a los conductores de que el Gobierno toma en serio el posibilitar el trabajo a los bomberos por medio de establecer reglamentos específicos y castigando a los obstruccionistas para reducir futuras catástrofes por incendios.

A continuación, se exponen dos de los puntos clave de la enmienda en los párrafos cuatro y cinco del Artículo 25 del Marco de la Ley de Servicios de Extinción de Incendios. Estos párrafos aclaran incertidumbres anteriores relacionadas con la confiscación de vehículos que obstruyen el trabajo de los bomberos y los costos relacionados. La adopción de esta enmienda es bien intencionada. Sin embargo, su éxito será determinado no por su intención, sino por la eficacia de su aplicación y su impacto en la actitud del público en general hacia la seguridad comunal, tal como explican los párrafos:

(3) Al hacer una movilización urgente para actividades de control de incendios, el director general de una estación de bomberos, el jefe de la estación de bomberos, o el comandante de brigada puede remover o mover cualquier vehículo estacionado o parado, objetos, etc. que impiden el pasaje de los camiones de bomberos o las actividades de apagar incendios.

(4) El director general de una estación de bomberos, el jefe de la estación de bomberos o el comandante de brigada puede pedir a la agencia apropiada tal como el Gobierno local competente, para proveer asistencia relacionada a vehículos de remolque, recursos humanos, etc., para remover o mover cualquier vehículo estacionado o parado obstruyendo las actividades de control de incendios bajo párrafo (3), y

259

la agencia correspondiente así solicitada debe proveer la asistencia excepto en circunstancias extenuantes. <Nuevo inserto por Acto No. 15532, marzo 27 de 2018>

(5) Un Alcalde/o Gobernador de provincia puede pagar los gastos a las personas que provean vehículos de remolque, recursos humanos, etc., tal como indica el párrafo (4), y prescrito por ordenanza municipal de la ciudad/ o provincia. <Nuevo inserto por Acto No. 15532, marzo 27 de 2018>[73]

Reflexiones de conclusión acerca de los accidentes causados por la humanidad

Los informes indican que el incendio del Hospital Sejong en Miryang, el más reciente en una larga lista de accidentes causados por la humanidad que se remonta a la catástrofe del transbordador *Sewol*, erosionó la confianza de la gente en los estándares de seguridad del país. A raíz de los accidentes más recientes, los coreanos han comenzado a reconocer los patrones repetitivos que rodean la incesante violación de las medidas y regulaciones de seguridad. Sin embargo, el solo imponer las más estrictas regulaciones de seguridad no evitará accidentes. El público en realidad debe adoptar una mentalidad que no solo le permita aceptar las normas de seguridad, sino que también comprender y asimilar su espíritu e intención. Muy importante es que los valores culturales deben incorporar de manera inherente la intención de obedecer los reglamentos porque el hacerlo es para el bien de todos.

Muchas de estas catástrofes parecen haber sido causadas por múltiples factores involucrando la violación de códigos de seguridad. Estos códigos no solamente fueron violados por las personas directamente responsables, sino por el público en general. El público muestra indiferencia por las reglas de seguridad al utilizar instalaciones para propósitos diferentes de los intencionados cuando fueron creadas, y al empujar el límite de las instalaciones y el equipo al punto de ruptura con el único propósito de maximizar la eficiencia y por ende las ganancias financieras. El comportamiento del público en general, en muchas instancias parece ser un factor contribuyente, y uno que empeora los desafíos de un sitio de accidente. El estacionarse ilegalmente frente a hidrantes o enfrente de las entradas de los edificios, y bloquear las entradas estorbando el acceso de vehículos de emergencia empeora la catástrofe de manera tangible.

Reacción nacional a las catástrofes

Típicamente, el pueblo coreano tiene una reacción concreta a las catástrofes. Primero, después del choque inicial y el periodo de luto, la respuesta de los ciudadanos a este accidente es la indignación. Parece existir una fuerte demanda para identificar y castigar a los culpables o a las agencias encargadas. Segundo, se exige una disculpa pública sincera por parte de los responsables, incluso el director ejecutivo de la compañía y el presidente del país. Tercero, frecuentemente se pide al Gobierno que intervenga y «arregle el problema».

Indignación y deseo de identificar y castigar a los culpables

A pesar de que los perpetradores son identificados y castigados, los accidentes provocados por el hombre y causados por la despreocupación por la seguridad pública continúan ocurriendo. Un examen de las causas de varios accidentes parece indicar que los patrones de despreocupación por la seguridad pública también se repiten cíclicamente. Violar códigos de seguridad, exceder la capacidad de las instalaciones, equipo o transporte, utilizar las instalaciones para propósitos no intencionados, remodelar edificios o medios de transporte sin los permisos o las inspecciones apropiadas; todas contribuyen de manera constante a accidentes fatales en Corea. Además, la falta de inspecciones de seguridad adecuadas que tienen por objeto garantizar el cumplimiento de las normas de seguridad sirve para empeorar la situación.

En unos casos, la actitud y conducta del público en general hacia las normas de seguridad parecen haber contribuido a accidentes. Tal que, se requiere una pregunta fundamental: ¿apoya la sociedad la idea de reducir el número de catástrofes causadas por ignorar las medidas de seguridad, con el entendimiento que la adherencia a normas estrictas necesitará un cambio en el pensar de la nación?

El cambio de actitud para enfatizar la seguridad y una planificación cuidadosa, en vez de la eficiencia, no solo va a incomodar a mucha gente, sino aún más importante es que puede causar la reducción de ganancias y el aumento de costos. Costos más altos se podrían experimentar en áreas tal como la construcción, viviendas, transportación, cuidados de la salud, entretenimiento y comida. Si la respuesta es no, la discusión y el debate terminan ahí. Si la respuesta es sí, entonces ¿qué tan efectiva y práctica es la reacción nacional a las catástrofes?

¿Es la respuesta pública a tragedias citada arriba una reacción instintiva basada en emociones y en la cultura? O ¿es esta respuesta una manera eficiente de enfrentar situaciones dolorosas y desafortunadas? ¿Responde este patrón de respuesta a las razones del porqué estos accidentes continúan ocurriendo? O ¿es necesario que todo el país sea más reflexivo y autocrítico y se pregunte qué estamos haciendo mal como sociedad? ¿Cuál es la actitud del público en general hacia las normas de seguridad, leyes, y sanciones? ¿Cómo podemos prevenir la pérdida de vidas inocentes en nuestra nación? ¿Debería el país seguir su enfoque de identificar a los culpables y personas a cargo, exigir su castigo y luego continuar como si nada? ¿Será el hecho de identificar y castigar a los principales individuos y agencias responsables de quebrantar la ley suficiente para absolver el público en general para que la gente continúe tratando las medidas y estándares de seguridad en la usual manera desdeñosa?

Young Lee y yo reconocemos que la pregunta de qué hacer en materia de seguridad pública genera controversia con la gente en ambos lados del pasillo. Unos demandan reformas y adherencia estricta a las medidas de seguridad. Otros dicen después de una catástrofe: «continuemos con nuestras vidas, los culpables ya fueron castigados». La fuerza que empuja la actitud del público en general hacia los estándares, reglamentos y multas parece ser un deseo por la eficiencia. Este deseo tiene raíz en conveniencia personal, interés propio, codicia y prosperidad económica.

El resultado, una y otra vez, es la pérdida de vidas inocentes. Desde la perspectiva de un extranjero, lo desafortunado, triste y frustrante de estos «accidentes» es que el deseo cultural por la eficiencia toma precedencia sobre la vida humana. El deseo de conveniencia personal y el arduo esfuerzo por bienes materiales llega a sobrepasar la inconveniencia de la tragedia ocasional. En otras palabras, unas personas creen que para que el país mantenga su viabilidad económica, unos sacrificios son inevitables. Tal como ya se ha discutido, históricamente, los sacrificios han jugado un papel esencial en el logro del milagro del río Han.

¿Qué se deduce de esto? ¿Será que la eficiencia para obtener ganancias debe ser el principio rector de Corea? ¿O el ignorar los estándares y reglamentos de seguridad es aceptable con solo que no se descubran? ¿O ambos? ¿O es algo diferente?

Una parte de la población considera que para que la economía en su conjunto avance, y para que el país entero se beneficie, algunos sacrificios por unos pocos tendrán que suceder en el camino. Por lo tanto, algunas vidas inocentes se perderán en el proceso de obtener prosperidad financiera. Estas vidas, en este punto de vista, son un triste pero inevitable precio que hay que pagar para el beneficio de todos. Esta mentalidad puede ser que derive de la actitud histórica de aplaudir el sacrificio nacional, que ayudó a levantar a Corea desde las cenizas después de la guerra de Corea.

Sin embargo, la economía coreana ya pasó el nivel de desarrollo. Actualmente, Corea está situada entre las economías élite del mundo. ¿Habrá llegado el momento para que Corea deje de enfatizar el enfoque a la competitividad y la eficiencia a todo costo, y ponga más énfasis en acciones que beneficien las vidas humanas? Vistos desde una perspectiva humanista, estos accidentes causados por la humanidad podrían ser evitados de manera consistente si la nación adoptara una mentalidad más balanceada, una que valora a ambos, tanto los beneficios financieros como la seguridad universal. De esta manera, la tendencia a tomar atajos e ignorar las leyes y estándares de seguridad podrían disminuir si los castigos para los perpetradores son suficientemente altos para que sean vistos como un disuasivo real. Sin embargo, los coreanos en general necesitarían renunciar a los beneficios financieros y conveniencias que provienen de hacer caso omiso a las medidas de seguridad pública.

Exigencia de una disculpa sincera por parte de los responsables

La ausencia o incluso el retraso de una disculpa sincera tras una catástrofe nacional o un incidente que recibe atención nacional en algunos casos ha provocado la indignación del público. Sin embargo, exigir y recibir las habituales disculpas públicas no es suficiente. Estas disculpas se limitan a suavizar el último incidente, mientras que eluden examinar las cuestiones fundamentales. Esta miopía nacional es una negación de la complicidad del público en general en estos incidentes. La nación debe reconocer el fallo fundamental que supone el incumplimiento generalizado de las normas y reglamentos de seguridad. Es necesario transmitir un mensaje más claro. Uno que clarifique que tanto la tentación de «tomar atajos» como la relación de *gap* y *eul* contribuyen a catástrofes y a abusos.

Hasta que esta mentalidad sea erradicada y el público entienda el concepto de que las normas de seguridad tienen un propósito, y que el regirse por ellas es para el bien público, estos accidentes provocados por el hombre seguirán castigando la psique del país. Además, si en general le interesa al público disminuir, en la medida posible, los abusos y catástrofes causados por no cumplir las normas y reglamentos de seguridad, el país necesita emprender una campaña nacional para deshacer las decisiones tomadas en el pasado. Las prácticas en áreas de construcción de edificios, que tomaron parte en el pasado en busca de la eficiencia y el ahorro de dinero en los costos de construcción, deben ser erradicadas.

Esta campaña de «limpieza» sería costosa y probablemente aumentaría el precio de los bienes y servicios. El público en general tendría que asumir este costo adicional, pero los beneficios podrían ser la creación de trabajos. Young Lee y yo entendemos que los directores generales y el presidente de la nación deben considerarse responsables de garantizar la seguridad pública, pero una sola persona no puede cambiar la actitud del pueblo hacia la seguridad pública. La ciudadanía debe reconocer que la seguridad pública es la responsabilidad de todos. Deben prestar la merecida atención a esta preocupación. Una persona, o un líder, no puede conseguirlo por sí solo.

Reclamos para que el Gobierno «arregle el problema»

La verdad es que los legisladores pueden adoptar medidas de seguridad estrictas, pero si el público hace caso omiso y sigue enfatizando la eficiencia en aras de la ganancia financiera, ninguna ley será efectiva a menos que se aplique y que tenga severas consecuencias monetarias. Así mismo, unos coreanos temen que los legisladores no aprobarán leyes que tengan un impacto negativo en las grandes corporaciones, por temor a que el momento económico sea obstruido. En realidad, los *baby boomers* y algunos jóvenes conservadores quienes reconocen la contribución de los *chaebols*, o sea conglomerados administrados por familias, a la vitalidad económica del país, tienden a no desear que el Gobierno adopte leyes que impedirían la viabilidad de los conglomerados. Hay una extensa percepción de que el bienestar económico del país depende de la viabilidad financiera de los *chaebols* porque estos son vistos como el motor de la economía coreana y los creadores de trabajos.

Esta creencia puede tener raíces profundas en la cultura coreana donde históricamente el grupo es más importante que el individuo. Este pensamiento parece haberse promovido en las décadas de 1960s y 1970s bajo la presidencia de Park Chung Hee (1963–1979), cuando el país estaba bajo un gran proceso de reconstrucción. Después de los estragos de la guerra de Corea se estaba tratando de lograr una recuperación sustancial y construir la infraestructura. Su lema 새마을운동 [*Sae ma eul eun dong*] o sea, «Reconstruyamos el país», proveía una grito de unidad. Sin embargo, una vez más, Young Lee y yo reiteramos que Corea es un diferente escenario ahora que el de los 60s, 70s, 80s y 90s. Actualmente la economía es mucho más grande, las sociedades en Corea y en el mundo son mucho más complejas y la globalización está aquí para quedarse. Young Lee y yo también reconocemos que la existencia de intereses conflictivos resulta en un ambiente que hace más difícil la toma de decisiones por los líderes de gobierno. Sin embargo, la pregunta fundamental es: ¿qué quiere el público en general? ¿Prefieren mantener el statu quo o desean encaminar a Corea a un nivel de avance más balanceado, donde la ética, los valores y el nivel de conciencia están en línea con la fortaleza de la economía y los avances tecnológicos?

Malas decisiones, codicia, corrupción y negligencia por la seguridad pública son síntomas de una nación en desarrollo. Estas son unas de las cosas que existieron durante el periodo de rápida expansión económica y urbanización. Como resultado de las condiciones prevalentes durante el periodo de transición de Corea de una nación en desarrollo a una nación tecnológicamente avanzada, el pueblo coreano tuvo que afrontar accidentes trágicos y eventos cambiantes de la vida debido a accidentes causados por la humanidad. Lamentablemente, unas de las prácticas y actitudes con respecto a la seguridad pública evidentes durante este periodo de transición, se han mantenido profundamente arraigadas en la cultura y han resurgido en accidentes más recientes. El hecho de que unas de estas prácticas y actitudes continúan apareciendo indica que las sociedades en transición de «en desarrollo» a uno más avanzado económica y tecnológicamente necesitan trabajar de manera deliberada para asegurar que la ética, los valores y la concientización sigan el ritmo del resto de los avances. Según se ve, los hábitos de actitud y patrones de comportamiento anteriores son más difíciles de remover que las arrugas, las narices imperfectas y la tecnología anticuada.

De acuerdo al profesor del departamento de historia de la University of Southern California Hwang Kyung Moon, quien después del accidente del transbordador *Sewol* escribió un artículo titulado «Lecciones de los desastres», la gente coreana pasó por un periodo de reflexión e introspección después de los accidentes trágicos ocurridos durante el periodo de expansión económica. Él dice:

Los coreanos… llegaron a entender que tal comportamiento [El comportamiento asociado con el colapso de los grandes

267

almacenes Sampoong.] era sintomático de un problema más grande en la sociedad y la cultura, que, de alguna manera, todos compartían responsabilidad por ello.

La sociedad élite y la gente común por igual tomaron un vistazo más de cerca a las mentalidades y las éticas del periodo de rápido crecimiento económico durante varias décadas anteriores. Ellos se preguntaron, si en el afán de conseguir industrialización, el país perdió su alma colectiva, queriendo tomar demasiados atajos o fallando considerar los costos más altos, pero menos tangibles de perseguir la fortuna.[74]

Dado los casi incesantes accidentes en el periodo más reciente desde 2014 hasta 2018, y los patrones de conducta recurrentes asociados con estos incidentes, ¿es hora de que el pueblo coreano pase por otro periodo de reflexión y búsqueda de su alma para determinar si todavía están buscando las riquezas a todo costo o si las lecciones del pasado han caído en oídos sordos? Es hora de que los coreanos se pregunten a sí mismos: «¿qué papel tenemos nosotros como sociedad en este ambiente lleno de accidentes?».

Después de la catástrofe del transbordador *Sewol*, *The Korea Herald* publicó un artículo titulado «La cultura asociada con la vulnerabilidad de Corea a los desastres», donde el autor Kim Hoo-ran identifica dos factores culturales que han contribuido a los desastres causados por el hombre. El primer factor es el fallo de seguir las reglas, el segundo es el *ppali ppali* cultural. Estas son dos características arraigadas en la sociedad coreana que yo también he notado a través de mis observaciones diarias, que incluyen el trabajo, la comida, la conducción de vehículos y la educación:

El no cumplir con las reglas ha sido un gran factor contribuyente a la mayoría de los desastres coreanos causados por el hombre…. Varios de estos accidentes pudieron ser previstos y prevenidos si las reglas y regulaciones hubieran sido observadas…

La cultura de «ppalli ppalli», o «rápido rápido», es producto de la era que vio el desarrollo económico como una meta general. El país por completo estaba a toda marcha, aun haciendo caso omiso a las leyes y procedimientos si era necesario para lograr un rápido desarrollo económico. Después de décadas de eludir las leyes, la sociedad coreana se insensibilizó ante los riesgos que corría.[75]

La repetición de patrones y similitudes en los accidentes identificados en este libro no debería sorprender a los coreanos. Los medios de comunicación han publicado una serie de artículos de opinión después de los grandes acontecimientos, comparando las condiciones e identificando las similitudes entre el último incidente y cualquier número de accidentes anteriores. La frustración, la impaciencia, la rabia, la desesperación y la sensación de impotencia ante la repetición de los hechos se reflejan en estos artículos con toda claridad. Pero al final, los autores y editores consiguen reunir un rayo de esperanza de que las cosas pueden cambiar siempre que cambie la actitud del público en general. Es importante señalar que la psique de los coreanos se vio afectada, como es lógico, tras el hundimiento del transbordador *Sewol*, no sólo por la tragedia sino por la sucesión de accidentes mortales que se produjeron ese mismo año. Las dos citas siguientes de artículos de opinión ilustran mi punto de vista.

El siguiente extracto pertenece a un artículo de opinión publicado tras la cadena de accidentes ocurridos después de la tragedia del transbordador

Sewol y un incendio en el Hospital Hyosarang el 28 de mayo de 2014, comparándolo con otro incendio hospitalario ocurrido cuatro años antes. El artículo también actúa como una premonición de los accidentes hospitalarios ocurridos desde la fecha de publicación del artículo:

> El último incendio en un hospital recuerda al que arrasó un centro de ancianos en Pohang, provincia de Gyeongsang del Norte, hace cuatro años, en el que murieron 10 personas, la mayoría por inhalación de humo. Es patético que no hayamos aprendido nada de ese incidente mortal...
>
> No se puede negar la posibilidad de que se repitan calamidades similares en ellos, dado que los hospitales y residencias de ancianos han proliferado en la última década de acuerdo con el rápido envejecimiento de la población del país.
>
> Las catástrofes recurrentes nos recuerdan que no hay lugares seguros en Corea, pero por eso debemos redoblar los esfuerzos para tratar de garantizar la seguridad en las instalaciones públicas.[76]

Por último, en el artículo de opinión citado a continuación, el autor alude a los accidentes que tuvieron lugar el 2, el 26 y el 28 de mayo de 2014 tras el hundimiento del transbordador *Sewol*. Concluye:

> Esos casos [de accidentes] revelan que nada ha cambiado desde la tragedia del Sewol. Nuestra sociedad sigue como siempre, como si el naufragio nunca hubiera ocurrido. Seguimos con nuestros viejos hábitos.[77]

Además, el autor del artículo de opinión informa de que Kim Geo-sung, presidente de Transparencia Internacional Corea, presente en una mesa redonda organizada por *The Korea Times*, dijo

> …la nación debe centrarse en los remedios a largo plazo para reconstruir la sociedad restaurando los valores que respetan la vida humana.[78]

Finalmente, el autor concluye con una sobria observación sobre la letanía de accidentes en el país y la necesidad de un cambio social:

> Lamento enormemente decir que a Corea le queda un largo camino por recorrer antes de convertirse en un lugar seguro para vivir. Tenemos que dar un primer paso, por pequeño que sea, para salir de nuestros viejos hábitos y cambiar nosotros mismos para curar los males de nuestra sociedad.[79]

Todas estas afirmaciones son muy acertadas. Sin embargo, el punto más crítico que los coreanos de hoy deben reconocer es que el país ha pasado de aquel periodo de rápida expansión económica a una etapa de desarrollo más estable. Esta evolución ha contribuido a que el país ocupe una posición destacada entre las naciones desarrolladas del mundo. Las estrategias que contribuyeron a impulsar al país a su posición actual están, como mínimo, desajustadas con la etapa actual de desarrollo. A lo sumo, estas estrategias son contraproducentes. El proceso de evolución cultural debe dar ahora mayor prioridad a los intangibles, como la sensibilización sobre el valor de la vida humana, y la elevación de la conciencia hasta el nivel en que las acciones estén dictadas por el bienestar colectivo en lugar de la conveniencia del individuo o la riqueza materialista.

Actualización

Desde la redacción inicial de este libro, han seguido ocurriendo accidentes provocados por el hombre. El más notable, alrededor de las 2:30 de la mañana del 27 de julio de 2019, dos ciudadanos coreanos murieron y diecisiete resultaron heridos al derrumbarse la galería de un club nocturno en Gwangju.[80] Entre los heridos había atletas extranjeros que competían en los Campeonatos Mundiales de la FINA (Fédération Internationale de Natation o Federación Internacional de Natación) del 12 al 28 de julio en Gwangju, situada a unos trescientos treinta kilómetros (~doscientas cinco millas) al sur de Seúl.[81] Según los informes, había unos trescientos setenta clientes dentro del club nocturno cuando ocurrió el accidente y aproximadamente cien de ellos estaban «en la zona de la galería, que estaba a 2.5 metros [~8.2 pies] por encima del piso inferior».[82]

Los informes iniciales de fuentes informativas como la Yonhap News Agency, *The Korea Herald*, y *The Korea Times* indican que al menos una parte de la galería se amplió «ilegalmente sin la autorización de la alcaldía».[83]

Un informe de seguimiento que apareció en *The Chosun Media* indica que:

> ...según el Departamento de Policía de Gwangju, el operador del club nocturno amplió y arregló la estructura ilegal del segundo piso tres veces. El informe también señala que el proceso de soldadura fue realizado por un conocido del propietario del club que no tenía licencia para soldadura ni experiencia calificada. Por lo tanto, la policía lo registró con homicidio involuntario.[84]

Este último accidente vuelve a ser un ejemplo de patrones de comportamiento que se reflejan en acciones realizadas sin tener en cuenta la seguridad pública y los permisos adecuados. Al igual que en otros incidentes, estas acciones parecen tener un motivo similar: las ganancias financieras, que se actualizan recortando gastos y mediante la eficiencia.

Los accidentes mortales, como el del complejo deportivo de Jecheon, el incendio de un edificio de apartamentos en Uijeongbu, el del hospital de Miryang y el del club nocturno de Gwangju, proporcionan al público una prueba de realidad sobre la posible proliferación de los problemas de la construcción. Normalmente, tras este tipo de incidentes el Gobierno realiza inspecciones de instalaciones similares para determinar el posible alcance de los problemas. Tras el derrumbe de la galería en el club nocturno de Gwangju, los reporteros de *Dong-A Media* realizaron una investigación sobre los clubes nocturnos de tres ciudades:

> Los reporteros de *Dong-A Media* revisaron los registros públicos de los clubes nocturnos de Seúl, Busán y Daegu. El equipo seleccionó al azar y visitó 35 clubes nocturnos. Descubrieron que 25 de los 35 clubes habían añadido estructuras ilegales, como un balcón. También descubrieron que 10 de esos 25 clubes habían sido citados por funcionarios del Gobierno y se les había ordenado limpiar o desmontar las estructuras ilegales. Sin embargo, no cumplieron la orden y siguieron operando el negocio.[85]

Además, el artículo citado anteriormente expone sin rodeos la razón por la que los operadores de clubes nocturnos no cumplen las órdenes del Gobierno de retirar las ampliaciones ilegales. El artículo afirma: «No acatan las órdenes de demolición porque los ingresos de las ampliaciones ilegales son mucho mayores que las sanciones que tienen que pagar cuando son sorprendidos en las redadas».[86] Esta afirmación explícita corrobora una observación que Young Lee y yo hemos hecho sobre el papel de las multas como elemento disuasorio en ámbitos como el estacionamiento ilegal, que impide a los bomberos desempeñar sus funciones, y la construcción deficiente, que pone en peligro la vida de las personas. Las multas como elemento disuasorio de los actos ilegales, o de las acciones que ponen en peligro la seguridad pública, deben ser lo suficientemente elevadas para que sean eficaces.

Sin embargo, la moraleja más importante de las investigaciones tras otros accidentes mortales en general, y de la investigación de los reporteros de *Dong-A Media* en relación con las ampliaciones estructurales no autorizadas en los clubes nocturnos, es la evaluación del alcance potencial problemático de las estructuras existentes y del riesgo para el público en general. Teniendo en cuenta estos hallazgos, está claro que existe la posibilidad de que se pierdan más vidas, aunque todas las futuras construcciones y remodelaciones se realicen siguiendo estrictas directrices de seguridad por parte de contratistas autorizados y con los permisos necesarios. Sin embargo, el hecho de que este tipo de hallazgos se comparta con el público es un paso en la dirección correcta. Queda por verse si el Gobierno, los propietarios de edificios y el público en general toman las medidas necesarias para implementar un programa eficaz de gestión de riesgos que incluya deshacer años de decisiones equivocadas.

NOTAS

1. "Horas trabajadas", Datos *OCDE*, consultado el 5 de septiembre de 2019, *data.oecd.org*.
2. "Población urbana (% de la población mundial)", *The World Bank*, consultado el 5 de septiembre de 2019, *data.worldbank.org*.
3. Ibid.
4. "Crecimiento de la población urbana (% anual)", *The World Bank*, consultado el 5 de septiembre de 2019, *data.worldbank.org*.
5. Consulte las gráficas anteriores sobre la población urbana y el crecimiento de la población urbana.
6. Sang-Soo Jeon, "Desastres provocados por el hombre en Corea: Historias de casos y planes de mejora", *International Journal of Scientific and Research Publications* vol. 4, no. 7 (julio de 2014).
7. Esta cifra no incluye las lesiones, de las cuales hubo muchas más.
8. Benjamin Elisha Sawe, "El desastre del almacén Sampoong de 1995", *World Atlas*, 25 de abril de 2017, *worldatlas.com*.
9. Nikola, "El último apartamento de ciudadanos en Seúl", *KO-JECTS*, 23 de noviembre de 2015, *kojects.com*.
10. Ibid.
11. Ibid.
12. Sang-Soo Jeon, "Desastres provocados por el hombre en Corea".
13. Nikola, "El último apartamento de ciudadanos en Seúl".
14. Kanga Kong, "La historia de derrumbes de edificios en Corea del Sur", *The Wall Street Journal*, 18 de febrero de 2014, *blogs.wsj.com*.
15. Nikola, "El último apartamento de ciudadanos en Seúl".
16. Ibid.
17. Existe una pequeña discrepancia en cuanto a la fecha exacta del accidente en los distintos informes. Algunas fuentes de información indican que tuvo lugar el 10 de octubre, y otras indican que sucedió el

12 de octubre. Sang-Soo Jeon, "Desastres provocados por el hombre en Corea".

18. Ibid.

19. Ibid.

20. Sawe, "El desastre del almacén Sampoong de 1995".

21. "El gran almacén Sampoong", *Failure Case Studies – The University of North Carolina at Charlotte*, accedido por última vez el 6 de noviembre de 2019, *eng-resources.uncc.edu*.

22. Sawe, "El desastre del almacén Sampoong de 1995".

23. "Derrumbe del almacén Sampoong", *The Distributed Wikipedia Mirror Project*, consultado por última vez el 31 de marzo de 2017.

24. Andrei Lankov, "El amanecer de la Corea moderna: El derrumbe del almacén Sampoong", *The Korea Times*, 14 de octubre de 2004, *times. hankooki.com*.

25. Ibid.

26. Sawe, "El desastre del almacén Sampoong de 1995".

27. Ibid.

28. "El gran almacén Sampoong", *Failure Case Studies*.

29. Ibid.

30. Ibid.

31. Jeon Su-Yong, "Investigación de la fiscalía sobre el accidente del transbordador Sewol", *The Chosun Ilbo*, 7 de octubre de 2014, *chosun.com*.

32. Per Liljas, "Investigaciones sobre el desastre del transbordador de Corea del Sur revela una letanía de errores", *Time*, 24 de abril de 2014, *time.com*.

33. "[Editorial]: Prevenir desastres", *The Korea Herald*, 20 de abril de 2014, *koreaherald.com*.

34. Elias Groll, "¿Por qué muere tanta gente en accidentes de transbordador?", *Foreign Policy*, 16 de abril de 2014, *foreignpolicy.com*.

35. "Cuatro muertos y 124 heridos en un incendio en una manzana de apartamentos", *Korea JoongAng Daily*, consultado el 11 de febrero de 2019, *koreajoongangdaily.joins.com*.

36. Seul Lee, "La policía cierra la investigación sobre el incendio en Uijeongbu", *Newshankuk*, 26 de marzo de 2015, *eng.newshankuk.com*.

37. "4 Muertos y 100 heridos en el incendio de apartamentos en Uijeongbu", *The Korea Times*, 11 de enero de 2015, *koreatimes.us*.

38. Ibid.

39. "La policía cierra la investigación sobre el incendio en Uijeongbu", *Newshankuk*.

40. Hyun-Jeong Lee, "La policía inicia una investigación sobre el incendio en Ujeongbu", *The Korea Herald*, 11 de enero de 2015, *koreaherald.com*.

41. "Se sospecha que el método Dryvit fue la causa de la propagación instantánea del fuego en Ujeongbu", *The Dong-A Ilbo*, 13 de enero de 2015, *donga.com*.

42. Jeanne Huber, "¿Por qué es que la parte interior de esta puerta se sigue dañando con la lluvia?", *The Washington Post*, consultado el 5 de septiembre de 2019, *washingtonpost.com*.

43. Benjamin A. Haag, "Sistema de aislamiento y acabado exterior: Consideraciones de peligro para el servicio de bomberos", *University of Cincinnati*, 10 de febrero de 2016, *ceas.uc.edu*.

44. Ibid.

45. "Se sospecha que el método Dryvit", *The Dong-A Ilbo*.

46. "Cuatro muertos y 124 heridos en un incendio", *Korea JoongAng Daily*.

47. Ibid.

48. Mi propio énfasis. "Se sospecha que el método Dryvit", *The Dong-A Ilbo*.

49. Ibid.

50. Se-Hwan Bak, [Noticias de actualidad] Los gimnasios surcoreanos se enfrentan al escrutinio después del incendio mortal en Jecheon", *The Korea Herald*, 25 de diciembre de 2017, *koreaherald.com*.

51. "La policía cierra la investigación sobre el incendio en Uijeongbu", *Newshankuk*, 26 de marzo de 2015, *eng.newshankuk.com*.

52. Se-Hwan Bak, "Los gimnasios surcoreanos".

53. Soo-Sun You, "Chispa eléctrica inició el fuego en Uijeongbu", *The Korea Times*, 6 de septiembre de 2019, *koreatimes.ko.kr*.

54. Ibid.

55. Ibid.

56. Ibid.

57. Ryu Hyo-Jin, "Chispa eléctrica", *The Korea Times*, 6 de septiembre de 2019, imagen.

58. "(LEAD) El laboratorio estatal de delitos confirma que el fuego comenzó desde el techo", *Yonhap News Agency*, 23 de diciembre de 2017, *en.yna.ko.kr*.

59. Ibid.

60. Lee Jae-Min, "El estacionamiento liberal no es tolerado", *The Korea Herald*, 9 de enero de 2018, *koreaherald.com*.

61. "Entender la negligencia y la responsabilidad", *Ameriprise Auto & Home Insurance*, consultado el 5 de septiembre de 2019, *ameriprise. com*.

62. Kim Jin-Kyu, "El estacionamiento en doble fila es habitual en los estacionamientos de Jinju, Corea del Sur", *NEWSIS*, 20 de mayo de 2009, *news.naver.com*.

63. Lee Jae-Ho, "Las leyes de estacionamiento ilegal no sancionadas en un área residencial de Gwangju están incomodando a los residentes", *Asia News Agency*, 20 de febrero de 2013, *anewsa.com*.

64. Park Jin-Young, "Inspección de casas de baños para la prevención de incendios en Seúl: Una de cada tres no supera la inspección", traducido por Young Lee, *KBS*, 1 de febrero de 2018, *naver.me*.

65. "El número de muertos en el incendio de un hospital en Corea del Sur aumenta a 46", *Yonhap News Agency*, 6 de febrero de 2018, *m-en. yna.co.kr*.

66. Lee Kyung-Min, "El hospital Miryang enfrenta una investigación por violaciones de seguridad", *The Korea Times*, 29 de enero de 2018, *koreatimes.ko.kr*.

67. "Hospital se disculpa por el incendio mortal, pero afirma que cumple con los reglamentos de prevención de incendios", *Yonhap News*, 26 de enero de 2018, *en.yna.co.kr*.

68. Choe Sang-hun, "Por lo menos 37 personas mueren en un incendio en un hospital en Corea del Sur", *The New York Times*, 25 de enero de 2018, *newyorktimes.com*.

69. "12 acusados por incendio que mato a docenas de personas en un hospital en el sur de Corea del Sur", *The Korea Herald*, 16 de marzo de 2018, *koreaherald.com*.

70. Kim Hoo-ran, "Los controles de seguridad en las instalaciones de 'alto riesgo' comienzan la próxima semana", *The Korea Herald*, 2 de febrero de 2018, *koreaherald.com*.

71. Ibid.

72. Ibid.

73. "Marco de la Ley de Servicios de Extinción de Incendios, Artículo 25", *Korea Law Translation Center*, consultado el 26 de noviembre de 2019, *elaw.klri.re.kr*.

74. Kyung Moon Hwang, "Lección de los desastres", *The Korea Times*, 30 de abril de 2014, *koreatimes.co.kr*.

75. Kim Hoo-ran, "Cultura estrechamente vinculada a la vulnerabilidad de Corea a los desastres", *The Korea Herald*, 13 de mayo de 2014, *koreaherald.com*.

76. "Desastres recurrentes", *The Korea Times*, consultado el 1 de septiembre de 2019, *koreatimes.co.kr*.

77. Park Yoon-Bae, "Los viejos hábitos tardan en morir", *The Korea Times*, 4 de junio de 2014, *koreatimes.co.kr*.

78. Ibid

79. Ibid

80. "Derrumbe de galería en un club nocturno en Gwangju mata a dos personas", *Yonhap News Agency*, 27 de julio de 2019, *en.yna.co.kr.*

81. Ibid.

82. Ibid.

83. Ibid.

84. Kwon Oh-Eun, "La estructura colapsada en un club nocturno en Gwangju fue construida por un conocido del propietario que no tiene licencia", traducido por Young Lee, *The Chosun Ilbo*, *naver.me.*

85. Ko Do-Yea, "25 de 35 clubes nocturnos de dos pisos añadieron una estructura sin permiso", traducido por Young Lee, *The Dong-A Ilbo*, 30 de julio de 2019, *naver.me.*

86. Ibid.

Capítulo Siete

Accidentes industriales recientes

Las razones para incluir un capítulo separado sobre los accidentes industriales recientes, además de los accidentes provocados por la humanidad que se analizan en el capítulo seis, son tres. En primer lugar, el entorno y las circunstancias asociadas a estos incidentes son diferentes de los examinados en el capítulo seis, en el sentido de que se producen mientras se realizan tareas relacionadas con el trabajo, especialmente en el caso de las empresas industriales. Además, la mayoría de los accidentes industriales se producen como resultado de condiciones peligrosas o actos peligrosos, o ambos. Además, los accidentes industriales tienen el potencial de afectar a un gran número de personas o una zona extensa. Sin embargo, no todos los accidentes que afectan a un gran número de personas son accidentes industriales. El hundimiento del transbordador *Sewol* y el derrumbe de los grandes almacenes Sampoong no fueron accidentes industriales, aunque afectaron a muchas personas y hubo tanto condiciones como actos peligrosos. En segundo lugar, los accidentes industriales recientes están produciendo en la actualidad profundas repercusiones en la sociedad coreana. En tercer lugar, ha comenzado a materializarse el potencial para elevar el nivel de conciencia de todo un país sobre la necesidad de mejorar las condiciones de trabajo y mantener la seguridad pública. Antes de profundizar en los detalles que rodean a los sucesos seleccionados para el debate, las dos definiciones siguientes de accidentes laborales ayudarán a aclarar los parámetros utilizados para identificar los incidentes que se analizan en este capítulo.

Collins English Dictionary ofrece dos definiciones de accidente industrial:

1. Un accidente que le ocurre a un empleado de una empresa industrial durante el transcurso de su trabajo.

2. Un accidente a gran escala provocado por una empresa industrial y que afecta a muchas personas o una gran zona.[1]

En este capítulo, me centraré exclusivamente en los accidentes que entran en la primera definición. Las muestras se limitarán a los accidentes que ocurren a «empleados de una empresa industrial durante el curso de su trabajo».

La segunda definición procede de *Career Trend* (*Tendencias en Carreras*):

Los accidentes industriales son percances graves que provocan lesiones a las personas y daños a la propiedad o al medio ambiente. Por ejemplo, una explosión o un incendio en una instalación de fabricación de productos pirotécnicos es un accidente industrial, al igual que la liberación accidental de productos químicos tóxicos al medio ambiente cuando falla un tanque de almacenamiento. Los tipos de accidentes industriales varían de un lugar a otro, pero **la mayoría es el resultado de condiciones y actos peligrosos.**[2]

La parte de «condiciones y actos peligrosos» de esta definición es fundamental porque sin estas condiciones y actos peligrosos, la predisposición a los accidentes se reduce considerablemente.

Al igual que en el caso de los accidentes provocados por la humanidad en el capítulo anterior, el número de accidentes que entran en la definición de accidentes laborales sigue siendo considerable. Sin embargo, como se ha mencionado en capítulos anteriores, este libro se centra principalmente en los patrones de comportamiento dentro del contexto cultural coreano, y no exclusivamente en los accidentes. Por lo tanto, al considerar los incidentes potenciales para su inclusión y su circunstancia relacionada, busqué patrones que personificaran las normas culturales para llegar a los eventos específicos que se discuten a continuación.

La relación contratista-subcontratista y los accidentes laborales

En el caso de los accidentes de la construcción y de otros accidentes industriales, se suele identificar a determinadas personas, como los responsables de seguridad de la empresa contratista y subcontratista, como partes responsables y se les enjuicia. Si las empresas contratistas y subcontratistas están implicadas en el accidente, estas últimas han absorbido por tradición la responsabilidad financiera por el riesgo de accidente. Esta absorción ha sido la práctica durante años, principalmente para proporcionar cierta protección legal y financiera a las grandes corporaciones o *chaebols*. Tanto el Gobierno como los ciudadanos consideraban a estas corporaciones como el motor de la economía coreana por su enorme poder de creación de empleo.

Por el contrario, en esta relación, las empresas subcontratistas individuales fueron esencialmente sacrificadas. El Gobierno y los ciudadanos las consideraban menos poderosas, menos influyentes y menos capaces de crear puestos de trabajo por sí mismas y, por lo tanto, con menos probabilidades de influir de manera significativa en la economía que las grandes empresas. Esta dinámica ejemplifica la relación entre *gap* y *eul*. Reconociendo la inestimable contribución de los *chaebols* al aumento

283

sin precedentes de la economía coreana tras la guerra de Corea, la opinión pública aprobó históricamente el trato especial que se daba a los *chaebols*. Durante años, este apoyo incondicional provino principalmente de los *baby boomers* que vivieron los tiempos difíciles durante y después de la guerra de Corea. Los *baby boomers* fueron los ciudadanos que presenciaron el papel fundamental de los *chaebols* en el milagro del río Han. Sin embargo, dado el reciente número de accidentes industriales mortales relacionados con asociaciones entre empresas contratistas y subcontratistas, un número creciente de críticos del statu quo, en particular los *millennials*, han alzado la voz.[3] Exigen que se ponga fin a la práctica de la «externalización de los peligros» mediante la promulgación y aplicación de leyes que impidan el traspaso de la responsabilidad de las empresas contratistas a las subcontratistas.[4]

Según el sistema tradicional, las grandes empresas subcontratan proyectos a las compañías que presentan ofertas bajas en un proceso competitivo. Una vez conseguido el contrato, estos subcontratistas suelen recortar las medidas de seguridad para mantenerse a flote y obtener beneficios. La reducción de costos puede incluir la contratación de trabajadores irregulares y eventuales de bajo costo para evitar tener que pagar prestaciones y evitar proporcionar una formación de seguridad adecuada. También puede implicar la realización de trabajos con menos empleados, incluso cuando las medidas de seguridad exigen que los trabajadores realicen su trabajo en parejas. Cada una de estas medidas de reducción de costos da lugar a condiciones peligrosas.

Tal fue el caso de la muerte de Kim Yong-kyun, un trabajador temporal de la central térmica de Taean, operada por Korea Western Power (KOWEPO), que falleció el martes 11 de diciembre de 2018 «tras quedar atrapado entre una cinta transportadora y la maquinaria mientras trabajaba a solas en su turno de noche».[5] Su trabajo «debería haber sido realizado por al menos dos personas por razones de seguridad», pero como estaba trabajando solo, no había nadie disponible para apagar el equipo cuando Kim quedó atrapado.[6] Por desgracia, las circunstancias que rodean este incidente no son únicas. Otros trabajadores han muerto trabajando solos, a pesar de que las normas de seguridad exigen que trabajen en pareja.

Algunas fuentes señalan el desproporcionado número de accidentes en Corea relacionados con trabajadores irregulares o temporales. *The Korea Herald*, por ejemplo, informó que:

> En 2014, los trabajadores irregulares, que representaban el 20 por ciento de los trabajadores de los conglomerados con más de 300 miembros de la plantilla, constituyeron casi el 40 por ciento de los fallecidos por accidentes laborales mortales, según el Ministerio de Trabajo.[7]

En un artículo publicado el 2 de junio de 2016, *The Korea Times* informó de una estadística similar para 2015. El artículo hace la siguiente afirmación:

> Las muertes de trabajadores de subcontratistas no son nuevas. Según el Ministerio de Trabajo y Empleo, estas muertes representaron el 40.2 por ciento del total de muertes en obras por accidentes laborales el año pasado [2015], comparado con el 37.7 por ciento de 2012.

> De los siete trabajadores que murieron en las obras de Hyundai Heavy Industries este año [2016], cinco eran trabajadores subcontratados.

En Corea, [es] legal y común que los contratistas principales, en su mayoría grandes constructores u operadores de transporte, contraten a subcontratistas porque es rentable y los subcontratistas se encargan de la gestión de los trabajadores en lugar de ellos.[8]

Las estadísticas evidencian una coincidencia entre el porcentaje de trabajadores irregulares en las grandes empresas y el porcentaje de los que mueren por accidentes laborales mortales. Esta relación parece dar crédito a los críticos de la práctica de la subcontratación que sostienen que los conglomerados están subcontratando trabajos peligrosos. Insisten en que esta práctica genera una formación de seguridad insuficiente e ineficaz en el mejor de los casos, y una ausencia total de formación de seguridad en el peor. Además, los críticos señalan la mala gestión de los trabajadores irregulares, evidenciada por una supervisión poco rigurosa y una persistente falta de respeto a las normas de seguridad.

A juzgar por los resultados de una encuesta de 791 trabajadores temporales realizada en 2014 por la Comisión Nacional de Derechos Humanos de Corea, «los trabajadores irregulares son más vulnerables a los accidentes [relacionados con el trabajo] porque se les suele asignar una mayor carga de trabajo y trabajos más peligrosos».[9]

Accidentes en el metro de Seúl

Comenzaré el análisis de los accidentes laborales recientes con aquellos incidentes que tuvieron lugar entre 2013 y 2016 en la compañía Seoul Metro, que supervisa las operaciones diarias de las líneas 1–4 del metro de Seúl.[10] El metro de Seúl sufrió cuatro accidentes laborales mortales entre 2013 y 2016: 1) el 20 de enero de 2013 en la estación de Seongsu, 2) el 29 de agosto de 2015 en la estación de Gangnam, 3) el 28 de mayo de 2016 en la estación de Guui y 4) el 3 de septiembre de 2016, cerca de la estación de Seongsu. Todos estos accidentes resultaron en tragedias mortales, y cada tragedia cumple con el criterio especificado por la definición de accidentes industriales de *Career Trend*: fueron el resultado de condiciones o actos peligrosos. También se ajustan a la definición de accidente laboral del *Collins English Dictionary* en el sentido de que les ocurrieron a empleados de una empresa industrial en el transcurso de su trabajo.[11]

En los cuatro casos, las personas que murieron realizando tareas relacionadas con su trabajo eran miembros de empresas subcontratadas por Seoul Metro, que forma parte del Gobierno Metropolitano de Seúl (SMG por sus siglas en inglés).[12]

Veinte de enero de 2013 — Accidente en la estación de Seongsu en el metro de Seúl

Aunque la información sobre este accidente en particular es bastante escasa debido al tiempo transcurrido desde que ocurrió el suceso, los informes indican que el 20 de enero de 2013, un inspector murió en la estación de Seongsu mientras realizaba una inspección a solas en los sensores de las puertas de pantalla del metro.

Según el *Korea JoongAng Daily*, después de esta tragedia, el metro de Seúl puso en marcha nuevas directrices para prevenir futuros «accidentes relacionados con las puertas de pantalla».[13] Por lo tanto, este accidente marcó el antes y el después de exigir que los trabajadores de mantenimiento realicen sus tareas en pareja «en todo momento cuando reparen las puertas de pantalla».[14] En otras palabras, «trabajar a solas en las puertas de pantalla se convirtió en una violación de las directrices de seguridad».[15] Además, «se supone que los trabajadores sólo deben trabajar en el exterior de las puertas durante las horas de funcionamiento del metro y deben presentarse en la estación antes de trabajar en el interior de las puertas».[16] Sin embargo, como seguían produciéndose accidentes en condiciones similares, era evidente que los trabajadores no seguían las nuevas directrices de forma sistemática. A raíz de los persistentes accidentes en el metro de Seúl, el público en general ha cuestionado la eficacia de la formación en seguridad y la supervisión de los subcontratistas de la empresa.

Veintinueve de agosto de 2015 — Accidente en la estación de Gangnam en el metro de Seúl

Soompi informó que de acuerdo con el noticiero de KBS (Korean Broadcasting System), el Sr. Cho, un trabajador de mantenimiento de veintiocho años de edad, fue atropellado por un tren del metro mientras realizaba trabajos de reparación en una puerta del metro en la estación de Gangnam el 29 de agosto de 2015. Según este informe, el Sr. Cho estaba trabajando a solas a pesar de que las normas de seguridad del metro exigen que «al menos dos trabajadores [estén] presentes en todos los lugares de reparación».[17]

El informe continúa indicando otras regulaciones relacionadas con las operaciones, incluyendo la estipulación de que:

No se realicen reparaciones mientras el metro esté en funcionamiento, y que en el caso de una reparación que deba realizarse durante las horas de funcionamiento, se haga un informe y se tomen las medidas adecuadas.[18]

Sin embargo, el artículo también afirma que no hay consecuencias por incumplir la normativa.

Un representante de Seoul Metro declaró: «No hay ninguna sanción por no cumplir las normas. Simplemente hay una cláusula que dice que, en caso de accidente, la empresa de servicios debe asumir toda la responsabilidad».[19]

El párrafo citado ofrece una visión beneficiosa sobre un entorno propenso a los accidentes. En primer lugar, las normas de seguridad existen, pero no se hacen cumplir. En segundo lugar, como señala el representante de la empresa, no hay sanciones por no cumplir las normas. Los dos primeros puntos son patrones de comportamiento de la sociedad coreana que se han observado y analizado ampliamente en los capítulos anteriores. Estos patrones se refieren a actividades como la conducción y el estacionamiento ilegales, que también están relacionadas con la seguridad pública. En tercer lugar, el representante de Seoul Metro citado anteriormente alude a la relación contratista-subcontratista en lo que respecta a la responsabilidad. En caso de accidente, el subcontratista asume toda la responsabilidad. Como se ha dicho antes, esta práctica parece estar en vigor para proteger a las grandes empresas, incluidos los *chaebols*, y por su propia naturaleza, es análoga a la relación *gap* y *eul*. En esta situación dualista, la entidad con más influencia, poder y recursos recibe un mejor trato o más concesiones. En cuarto lugar, la última declaración atribuida al representante de Seoul Metro da a entender que el Sr. Cho, el trabajador de mantenimiento fallecido en este accidente, podría haber sido empleado de una empresa subcontratada. Un artículo publicado por *The Korea Times* sobre este accidente confirma que el Sr. Cho era efectivamente «un empleado de la subcontratista del operador».[20] El operador era, por supuesto, Seoul Metro.

The Korea Times informó de que el Sr. Cho «abrió la puerta manualmente alrededor de las 19:30 horas para hacer una comprobación, aunque era durante el horario de funcionamiento del metro».[21] Un tren llegó mientras él estaba trabajando en el lado de la vía del andén. En consecuencia, quedó atrapado entre la puerta y el tren. Como resultado, el Sr. Cho sufrió heridas mortales.

En el artículo de *The Korea Times* citado anteriormente, el redactor cita a un funcionario de Seoul Metro diciendo:

> Los trabajadores de reparación pueden abrir la puerta, pero durante las horas de funcionamiento del metro, se supone que sólo deben trabajar en el lado del andén, no en el lado de la vía.[22]

Esta declaración subraya, naturalmente, la escasa supervisión de los trabajadores subcontratados, tanto por parte de Seoul Metro como de la empresa subcontratada, y sugiere la posibilidad de una formación insuficiente o inadecuada. No está claro si el Sr. Cho conocía la normativa o no. *The Korea Times* también informó de que, según el funcionario de Seoul Metro, nadie se puso en contacto con el centro de control de operaciones para solicitar la interrupción temporal de las operaciones.

Además, se le cita diciendo:

> Según los requisitos de seguridad, dos o tres trabajadores deben realizar las reparaciones durante las horas de funcionamiento del metro, pero Cho emprendió el trabajo solo.[23]

Sin embargo, el artículo basado en KBS News presenta una imagen muy diferente. El artículo incluye las declaraciones de la prometida del Sr. Cho, que parecen confirmar la presión ejercida por la empresa subcontratista y las condiciones inseguras a las que se enfrentaban los trabajadores de mantenimiento. Se le cita diciendo:

Él [el Sr. Cho] solía quejarse de que se le ordenaba trabajar a solas durante las horas de funcionamiento del metro. Como era el empleado más joven, a menudo se encargaba él solo de las reparaciones e inspecciones sencillas.[24]

Dada la incongruencia entre las declaraciones atribuidas al funcionario de Seoul Metro y las supuestas acciones del Sr. Cho, hay que cuestionar el nivel de supervisión que ejerce Seoul Metro sobre las operaciones de la empresa subcontratada y sus empleados.

Veintiocho de mayo de 2016 — Accidente en la estación de Guui en el metro de Seúl

Un mecánico de diecinueve años de edad, de apellido Kim, murió arrollado por un tren que llegaba mientras reparaba una puerta de seguridad del andén en la estación de Guui, en la línea dos del metro de Seúl. Al igual que en los dos accidentes mortales anteriores, el Sr. Kim estaba trabajando solo. Sin embargo, las normas de seguridad exigen que este trabajo sea realizado por dos personas para que puedan cuidarse mutuamente y evitar así los trenes que se aproximan. El Sr. Kim, junto con otros ciento veinticuatro empleados de Eunseong PSD, subcontratista de Seoul Metro, fue «asignado para arreglar 7,700 puertas de seguridad de andenes en 97 estaciones».[25] Según un artículo que apareció en *The Korea Times*:

Solo en 2014, las puertas de los andenes de las cuatro líneas [líneas 1–4] tuvieron unos 12,000 informes de mal funcionamiento, un promedio de más de 30 al día. Al recibir un informe, los mecánicos deben llegar a la estación en menos de una hora o enfrentarse a sanciones, según el contrato.[26]

Esta información indica que la presión ejercida sobre los trabajadores de mantenimiento, causada por la escasez de recursos humanos y la falta de tiempo, fue considerable y tuvo un gran impacto. El artículo revela que «El subcontratista [Eunseong PSD] se negó a aumentar la mano de obra para ahorrar costos».[27] Sin embargo, el *Korea JoongAng Daily* informó de que, tras la muerte del Sr. Kim en la estación de Guui, se eliminó el requisito de completar las reparaciones en el plazo de una hora desde la notificación de una avería.[28] Si se aplica, la eliminación de este requisito aliviaría parte de la presión sobre los mecánicos.

Según *The Korea Herald*, en junio, tras el accidente mortal de la estación de Guui, que fue el tercero en tres años y medio en circunstancias similares, «Seoul Metro admitió que [el accidente] se debió a unas normas de seguridad poco estrictas y a [un] sistema de gestión defectuoso».[29] Además, después de este incidente, Seoul Metro empezó a aplicar estrictamente el requisito de que todos los mecánicos trabajen en pareja.[30] En otras palabras, para que el metro de Seúl aplicara por fin una norma de seguridad básica, tuvieron que pasar tres años y medio, tres trabajadores subcontratados murieron y la presión pública aumentó hasta un punto sin retorno.

Tras el accidente mortal de la estación de Guui, el tema de la subcontratación de trabajos relacionados con la seguridad y el mantenimiento recibió una gran atención nacional. Por ejemplo, los líderes públicos mantuvieron la presión sobre Seoul Metro y otras empresas que realizaban esta práctica pidiendo que «se detengan las prácticas de subcontratación».[31] La presidenta del Partido de la Justicia, Sim Sang-jeong, por ejemplo, fue citada diciendo: «Las prácticas irresponsables e indiscriminadas de recortes de Seoul Metro causaron la muerte [en la estación de Guui]. Además, Seoul Metro no es la única empresa con estas prácticas peligrosas».[32] Esta declaración supone una reprimenda pública a Seoul Metro y un reconocimiento del carácter generalizado de la subcontratación en Corea. La Presidenta llevó el argumento un paso más allá al pedir a los coreanos que impulsen un profundo cambio social para evitar futuras tragedias cuando dijo: «Debemos cambiar fundamentalmente nuestra sociedad que sigue produciendo tragedias evitables».[33]

Actualización de las condiciones de trabajo — Un año después del accidente en la estación de Guui

Un año después del accidente mortal, *The Korea Times* publicó una actualización de las condiciones de trabajo en Seoul Metro. Incluía las medidas adoptadas por la empresa para evitar que se repitan accidentes similares, así como un informe sobre las consecuencias legales asociadas al suceso de la estación de Guui.

Según la actualización, «la regla del equipo de dos se estaba cumpliendo estrictamente».[34] Sin embargo, los trabajadores irregulares seguían estando «sobrecargados de trabajo y mal pagados»:

> Los trabajadores regulares tienen garantizado un descanso después de un turno de nueve horas, pero los irregulares a menudo tienen que trabajar en turnos de 15 horas, lo que implica frecuentes tareas nocturnas.[35]

Si son precisas, estas condiciones de trabajo rozan lo inhumano. No sólo son poco éticas, sino que ponen en peligro a los trabajadores y al público en general, ya que las tareas asignadas a los mecánicos afectan a la seguridad pública. En las industrias que tienen que ver con la seguridad pública, un error puede ser fatal. El sentido común sugiere que cuantas más horas trabajen los empleados sin tomarse un descanso, más propensos serán a cometer errores.

Remuneración

En cuanto a la remuneración, el salario mensual de los trabajadores regulares aumenta según la antigüedad, mientras que «el de los irregulares permanece estancado».[36] El salario mensual de la víctima era de 1.44 millones de wones coreanos (1,286 dólares) o 17.28 millones de wones (~14,532 dólares) al año.[37] Esta cantidad queda empequeñecida por el salario promedio anual de los empleados fijos de Seoul Metro, que ganan «casi 70 millones de wones (61,865 dólares)».[38] Después de veinte años en el trabajo, la diferencia salarial anual entre un empleado fijo y uno irregular es de veinticuatro millones de wones (~20,402 dólares).[39]

No es de extrañar, por lo tanto, encontrar una alta tasa de deserción entre los trabajadores subcontratados por Seoul Metro. En 2017, *The Korea Times* informó que la empresa estaba «autorizada a contratar a 206 trabajadores irregulares». Sin embargo, «el número... rara vez supera los 190, ya que muchos renuncian debido a la excesiva carga de trabajo».[40] Basándose en las cifras salariales citadas anteriormente, la baja remuneración de los trabajadores subcontratados parece contribuir a la elevada tasa de deserción.

Ramificaciones legales

Tras el accidente de la estación de Guui, tanto Seoul Metro como Eunseong PSD fueron considerados responsables por el Gobierno. La fiscalía acusó a los funcionarios de ambas empresas contratistas y subcontratistas de graves delitos profesionales:

> La fiscalía ha acusado a nueve funcionarios de Seoul Metro y a la empresa empleadora de Kim, la subcontratista Eunseong PSD. Las dos empresas también han sido acusadas.

La Fiscalía del Este de Seúl dijo que los nueve están acusados de negligencia profesional con resultado de muerte por no seguir las directrices de seguridad y [no enviar] funcionarios para realizar inspecciones de seguridad periódicas in situ.[41]

La indignación del público

Debido a este caso y a incidentes anteriores en Seoul Metro, el público empezó a pedir que la empresa dejara de subcontratar tareas de alto riesgo y que «contratara a todos sus trabajadores de seguridad y mantenimiento como empleados a tiempo completo».[42]

La presión sobre Seoul Metro aumentó aún más, cuando los medios de comunicación informaron de las irregularidades que implicaban tanto a Seoul Metro como a Eunseong PSD. Las fuentes periodísticas revelaron que Eunseong PSD «se vio obligada a contratar a funcionarios jubilados de Seoul Metro, muchos de ellos sin conocimientos de mecánica, lo que obligó a los mecánicos habituales a cubrir más turnos y a poner sus vidas en peligro».[43]

La prensa reveló más detalles de las irregularidades. Al parecer, en el momento del accidente, Seoul Metro subcontrataba con otras cuatro empresas, además de Eunseong PSD. Los informes indican que las cinco subcontratistas se vieron obligadas a contratar a antiguos funcionarios de Seoul Metro. Según un artículo aparecido en el *Korea JoongAng Daily* el 17 de junio de 2016:

Hay 136 exfuncionarios de Seoul Metro actualmente empleados en sus cinco subcontratistas, incluyendo Eunsung PSD. De ellos, 106 tienen 60 años o más, y la mayoría de los 30 restantes tienen más de 50 años...

COREA DEL SUR: EL PRECIO DE LA EFICIENCIA Y EL ÉXITO

Los 136 fueron recontratados por las compañías subcontratistas con la condición de que no se pusieran a prueba sus habilidades y conocimientos mecánicos; que recibieran al menos el doble de salario que los empleados regulares de los subcontratistas; y que en caso de que la compañía subcontratista quebrara, o si su contrato con ella terminara, pudieran ser recontratados por Seoul Metro.[44]

Al parecer, la práctica de Seoul Metro de exigir a los subcontratistas la contratación de antiguos funcionarios de la empresa no era nueva en 2016. El *Korea JoongAng Daily* informó que esta práctica se remonta a 2008, cuando la empresa empezó a subcontratar trabajos de mantenimiento. En ese año, el número de funcionarios jubilados de Seoul Metro que trabajaban en empresas subcontratadas ascendía a cuatrocientos siete.[45] La pregunta aquí es: «¿cuál es el impacto de esta práctica poco ortodoxa de Seoul Metro en la seguridad pública?». Evidentemente, los puestos ocupados en las empresas de subcontratación por funcionarios jubilados de Seoul Metro con cualificaciones no especificadas como resultado de la contratación forzosa significa que el personal de la subcontratación tuvo que realizar la misma cantidad de trabajo, relacionado con la seguridad pública, con menos empleados cualificados.

La práctica de exigir a los subcontratistas que contraten a antiguos funcionarios de Seoul Metro no es, desde luego, una práctica empresarial normal y puede calificarse de poco ética, en el mejor de los casos, y posiblemente de corrupta, en el peor. Aunque se trate de un incidente aislado, funcionarios del Gobierno de alto nivel han tenido problemas éticos.[46, 47] Aunque no existe una relación causal entre los posibles problemas de falta de ética/corrupción en Seoul Metro y los niveles superiores de la sociedad, parece probable que la estructura cultural sea especialmente propensa a este tipo de abusos.

La desafortunada consecuencia de este nivel de prácticas poco éticas es el estancamiento resultante: el país no puede avanzar y deshacerse de la imagen de «país en desarrollo» que tuvo Corea en las décadas posteriores a la guerra de Corea.

Tres de septiembre de 2016 — Accidente cerca de la estación de Seongsu en el metro de Seúl

El 3 de septiembre de 2016, solo tres meses después del accidente mortal en la estación de Guui, otro incidente laboral dentro de la jurisdicción de Seoul Metro causó la muerte de un trabajador irregular de veintiocho años. La noticia solo comparte el apellido del fallecido, Park. El Sr. Park cayó al vacío desde un puente cercano a la estación de Seongsu. En el momento del accidente, el Sr. Park y otros cuatro trabajadores de 3s Engineering, una empresa subcontratada por Seoul Metro, estaban realizando trabajos de refuerzo del puente. Al parecer, estaban «retirando los elementos de soporte» del puente cuando se produjo el accidente.[48]

Otros accidentes laborales recientes

Las siguientes historias sobre accidentes laborales recientes están relacionadas con otras empresas distintas de Seoul Metro. La razón de incluirlas es demostrar que los patrones de comportamiento específicos que rodean a los accidentes laborales se observan en una variedad de contextos e implican a diferentes actores. En otras palabras, no son exclusivos de Seoul Metro. La inclusión de estas historias es especialmente importante, ya que las observaciones realizadas en este libro sobre la cultura y la sociedad coreanas se basan en patrones de comportamiento que tienen tendencia a repetirse.

Primero de junio de 2016 — Una obra de construcción del metro se derrumba en una estación de la ciudad de Namyangju en la provincia de Gyeonggi

Un informe preliminar indica que la explosión de un tanque de gas en la ciudad de Namyangju pudo haber causado el colapso de una obra de construcción del metro. Este incidente causó al menos cuatro muertos y diez heridos. Todas las víctimas eran empleados de Maeil ENC, una subcontratista contratada por POSCO Engineering & Construction para instalar los rieles del metro.[49]

En cuanto a la causa de la explosión, *The Korea Times* informa:

> Según la policía, la explosión se produjo por la fuga nocturna de gas propano de un tanque, y fue culpa de los trabajadores que no trasladaron el tanque a un lugar separado el día anterior, como exige la ley.[50]

Esta declaración da credibilidad a la afirmación de los críticos de que el énfasis en los márgenes de beneficio por encima de la seguridad pública es el principal factor motivador de la práctica de la subcontratación. La hipótesis crítica es que esta práctica engendra una capacitación de seguridad inadecuada o inexistente, normas de seguridad laxas y una gestión defectuosa.[51]

El derrumbe de la obra del metro en la ciudad de Namyangju es otro ejemplo de un accidente industrial derivado de una práctica comercial entre una gran empresa y una compañía de subcontratación. Este y otros accidentes industriales recientes despertaron la preocupación del público por las «normas de seguridad laxas».[52] Cada vez más, el público parece reconocer que estas normas dan lugar a «condiciones de trabajo peligrosas» que conducen a frecuentes accidentes mortales de trabajadores subcontratados y a la práctica de subcontratar trabajos peligrosos por parte de las grandes empresas.[53]

A raíz de los frecuentes accidentes laborales mortales, la práctica de la subcontratación, aceptada en todo el país, recibió numerosas críticas. El público coreano, la academia, los representantes de una agencia de salud laboral y medioambiental e incluso un representante de la Oficina de Derechos Humanos de las Naciones Unidas expresaron su opinión en contra de estas prácticas.

El profesor Park Chang-geun, de la Universidad Católica de Kwandong, comenta específicamente sobre el derrumbe de la obra del metro en la ciudad de Namyangju. *The Korea Times* lo citó diciendo: «Los trabajadores de la obra del metro no habrían de estar conscientes del manual de seguridad».[54] El profesor Park enseña en el Departamento de Ingeniería Civil de la Universidad Católica de Kwandong y es miembro del Comité de Evaluación de Seguridad de la Corporación Coreana de Seguridad de la Infraestructura, una entidad gubernamental.

En el artículo citado anteriormente, en el que reacciona al mismo incidente y busca soluciones que frenen la racha de accidentes industriales mortales, el autor atribuye la siguiente declaración a Hyun Jae-soon, director de planificación del Instituto Wonjin de Salud Laboral y Medioambiental:

> El Gobierno debe impedir que las grandes empresas confíen los trabajos de seguridad a un subcontratista. Además, el castigo para los responsables debería ser más duro para que un accidente como este pueda llevar a la empresa a la quiebra.[55]

Los aparentemente incesantes accidentes mortales en los que están implicados contratistas principales y subcontratistas no pasaron desapercibidos a la comunidad internacional, incluso a las Naciones Unidas. Así lo informa *The Korea Times*:

> La cuestión de la subcontratación también fue planteada por los delegados de las Naciones Unidas que visitaban Corea para estudiar las empresas y los derechos humanos. Michael Addo, miembro de la Oficina de Derechos Humanos de las Naciones Unidas, indicó el miércoles [1 de junio de 2016, el mismo día en que se derrumbó la obra del metro en la ciudad de Namyangju] que los contratistas principales deberían asumir más responsabilidad por las cosas que suceden en la cadena de contratos.[56]

Cada una de estas declaraciones de personas de orígenes muy diferentes aborda las desconexiones en el paradigma existente de la subcontratación de trabajos peligrosos. Esta relación revela las siguientes repercusiones: 1) la formación inadecuada o inexistente en materia de seguridad de los trabajadores subcontratados, 2) el papel del Gobierno al permitir la externalización del trabajo de seguridad por parte de los contratistas principales, 3) las consecuencias relativamente leves para los infractores y 4) la abrogación de la responsabilidad por parte de los contratistas principales en los casos de accidente. Estas cuatro áreas deberían servir de impulso para una subcontratación más eficaz y la adopción de un paradigma que valore la seguridad pública tanto como los márgenes de beneficio.

En un artículo que apareció en el *International Business Times* (*IB Times*) sobre el derrumbe de la obra del metro en la ciudad de Namyangju, los analistas señalan que: «muchos de los problemas de seguridad en Corea del Sur se deben a la escasa regulación de las leyes existentes, y también a la amplia ignorancia que persiste en materia de seguridad en general».[57]

Esta afirmación confirma las observaciones de Young Lee y las mías sobre la letanía de accidentes, tanto provocados por la humanidad como industriales, que han asolado Corea durante muchos años, especialmente en el pasado reciente de 2013 a 2018. Los avances tecnológicos del país contrastan con el aparente desprecio por la seguridad pública producido por una inclinación hacia la eficiencia y las ganancias financieras a corto plazo. Las ganancias financieras, junto con los márgenes de beneficio obtenidos a través de la eficiencia, son vitales para garantizar la viabilidad de una empresa. A nivel macroeconómico, son el alma de la economía de un país. Cuando se gestionan y reinvierten de manera adecuada, permiten a una empresa y a un país generar crecimiento económico. Young Lee y yo somos conscientes del papel vital que han desempeñado los beneficios financieros en los avances económicos y tecnológicos de Corea. Lo que proponemos es un paradigma que equilibra las ganancias financieras con la seguridad pública.

La subcontratación es una estrategia empresarial que genera ganancias financieras, no solo en Corea sino en muchos países del mundo:

En 2018, el mercado mundial de la subcontratación ascendió a 85,600 millones de dólares. Sin embargo, se calcula que hasta el 50% de los acuerdos de subcontratación terminan mal. Esto no es una razón para rechazar la externalización. Simplemente demuestra lo importante que es elegir cuidadosamente un socio de externalización y gestionar la relación con el proveedor.[58]

En referencia a los accidentes industriales examinados en este capítulo, especialmente los ocurridos en la jurisdicción de Seoul Metro, en particular el incidente de la estación de Guui, ya que se reportó en la empresa que ellos admitieron que el accidente fue el resultado de «normas de seguridad laxas y [un] sistema de gestión defectuoso, es fundamental reiterar el énfasis puesto en la gestión de la relación con el proveedor».[59]

Varias fuentes empresariales, como MicroSourcing y Customer Think, citan los resultados de la Encuesta Global de Subcontratación de Deloitte de 2016 para mostrar las razones por las que las empresas recurren a la subcontratación en todo el mundo. Las cuatro principales razones y sus respectivos porcentajes son los siguientes:

» Herramienta de reducción de costos — 59%
» Permite centrarse en el negocio principal — 57%
» Resuelve problemas de capacidad — 47%
» Mejora la calidad del servicio — 31%[60]

A partir de los accidentes laborales presentados en este capítulo, parece que las empresas coreanas que recurren a la externalización están en consonancia, al menos, con la razón principal proporcionada por los encuestados de Deloitte en 2016.

Veinticinco de junio de 2016 — Un técnico de aire acondicionado cae al vacío

Según un informe del programa emitido el 25 de junio de 2016 del importante noticiero coreano MBC News Desk, un técnico de aire acondicionado de cuarenta y dos años cayó al vacío desde el tercer piso de un edificio de apartamentos en Seúl. Era empleado de una empresa que subcontrataba para Samsung Electronics.

Los informes indican que el técnico se vio obligado a hacer sesenta reparaciones al mes por un salario base mensual de 1.3 millones de wones coreanos (~1,217 dólares).[61] El técnico también recibía bonificaciones adicionales de entre cinco y treinta y cinco dólares por los trabajos que superaban las sesenta reparaciones básicas.[62] La presión para completar un número fijo de reparaciones y la posibilidad de ganar un dinero extra para mantener a sus dos hijos se tradujo en una clara prisa por completar los trabajos asignados, y más. Según el telediario, una buena parte del sueldo del técnico se utilizaba para pagar los gastos de educación complementaria y de enriquecimiento de sus hijos en *hagwons* o posiblemente la matrícula de la universidad. Para ganar la mayor cantidad de dinero posible, el técnico supuestamente ignoró el uso del equipo de seguridad requerido, como el casco y las cuerdas de seguridad. Al parecer, también realizaba el trabajo a solas en lugar de con un compañero.

Dado que el técnico trabajaba para una empresa subcontratada, Samsung Electronics no asume ninguna responsabilidad relacionada con el accidente.

Lamentablemente, no se trata de un incidente aislado en el que un técnico de aire acondicionado pierde la vida en el ejercicio de sus funciones para ganarse la vida.

Nueve de julio de 2017 — Muere un técnico de aire acondicionado

El 9 de julio de 2017, otro técnico de aire acondicionado apellidado Kim, que trabajaba para un subcontratista contratado por Samsung Electronics, se desplomó mientras realizaba un trabajo en circunstancias similares.[63] Finalmente murió en la sala de urgencias. Según su esposa, Kim no había tenido un día libre en cuatro meses.[64]

Cabe destacar que tanto este incidente como el anterior de los técnicos de aire acondicionado ocurrieron durante la temporada alta, cuando las temperaturas y la humedad en Corea son elevadas y la demanda de reparaciones de aire acondicionado se dispara.

Además de demostrar el aspecto omnipresente y el impacto negativo de la práctica de la subcontratación en Corea, estos ejemplos ofrecen una ventana al lado humano de estas tragedias, la presión a la que están sometidos estos trabajadores y los sacrificios que deben hacer para mantenerse a sí mismos y a sus familias. Al final, algunos hacen el último sacrificio en este acuerdo de subcontratación que parece valorar las ganancias financieras a corto plazo sobre las condiciones de trabajo y las vidas humanas.

Once de diciembre de 2018 — Muere un subcontratista en una central térmica de Taean

Kim Yong-kyun era un trabajador de mantenimiento de veinticuatro años que trabajaba en Korea Engineering and Power Service (KEPS). KEPS era un subcontratista de la empresa estatal Korea Western Power (KOWEPO). El Sr. Kim murió en una central térmica de Taean, provincia de Chungcheong del Sur, a unos ciento treinta kilómetros u ochenta y una millas al suroeste de Seúl, tras quedar atrapado por una banda transportadora de carbón. El joven trabajador, que estaba en el cuarto mes de su trabajo temporal, sufrió una muerte espantosa cuando la banda transportadora, que corría a una velocidad de dieciséis pies por segundo, lo decapitó.[65]

The Korea Times informó de lo siguiente: «Según la policía, [el Sr.] Kim estaba inspeccionando la banda transportadora solo, aunque las directrices establecen que al menos dos trabajadores deben hacer el trabajo juntos in situ por razones de seguridad».[66] El medio de comunicación también informó de que «[el Sr. Kim] perdió el contacto con la oficina sobre las [10:00] de la noche del lunes 10 de diciembre, y su cuerpo fue encontrado a las 3:20 de la madrugada del día siguiente».[67] Las matemáticas básicas revelan que el cuerpo puede haber estado tirado en el suelo durante cinco horas antes de ser descubierto.

Los informes indican que el Sr. Kim sólo recibió «tres horas de educación sobre la seguridad antes de ser desplegado en la banda transportadora».[68] Una declaración similar de los compañeros de trabajo del Sr. Kim, publicada en *The Korea Times*, parece corroborar la afirmación de que la capacitación en materia de seguridad in situ era insuficiente. Además, sus compañeros de trabajo habrían presentado «28 quejas solicitando mejoras en el peligroso entorno de trabajo, pero todas ellas fueron rechazadas por considerar que podían causar "daños en las instalaciones"».[69]

Al omitir el proceso completo de capacitación en seguridad para un proyecto concreto, que les resultaría necesario a sus propios empleados, las grandes empresas ahorran dinero. Así, aprovechan el ahorro generado por la contratación de subcontratistas en lugar de capacitar a sus propios trabajadores. Este acuerdo permite a los subcontratistas contratar a trabajadores irregulares por salarios más bajos y evitar el pago de prestaciones, con lo que indirectamente ahorran aún más dinero y aumentan los beneficios de las grandes empresas. *Labor Notes* informa:

> ...[El Sr. Kim] tuvo que comprar de su bolsillo un casco de seguridad y una linterna mientras se llevaba a casa menos de 1,500 dólares al mes sin prestaciones. Esto era menos de la mitad de los salarios de los trabajadores regulares, sin siquiera tener en cuenta [los] beneficios que pueden obtener.

En el momento de su muerte, la mochila del Sr. Kim contenía una linterna rota y tres tazas de fideos, la única comida que podía permitirse.[70]

Estas afirmaciones captan los bajos salarios y las duras condiciones de trabajo asociadas al trabajo contingente y a corto plazo. Además, subrayan la situación desesperada en la que se encuentran los jóvenes coreanos cuando no consiguen un puesto fijo en una gran empresa. En un contexto más amplio, estas condiciones comienzan a explicar el énfasis que las familias coreanas ponen en la educación. Si los niños no tienen éxito en la educación, no sólo no podrán conseguir un trabajo corporativo bien pagado, sino que literalmente pondrán sus vidas en peligro al verse obligados a la opción indeseable: trabajar para un subcontratista.

Los accidentes industriales en los que están implicados los subcontratistas no son raros y no se producen sólo en esta planta en particular. Según *The Korea Times*, el 97% de los accidentes ocurridos en los cinco años anteriores a este incidente afectaron a trabajadores subcontratados. Además, en los ocho años anteriores, doce trabajadores subcontratados perdieron la vida en la planta.[71] A pesar de estas estadísticas, la central recibió el visto bueno del Gobierno. De hecho, el Gobierno coreano designó la planta como «lugar de trabajo con cero accidentes» durante los últimos tres años. Esta designación se asigna cuando una empresa evita accidentes graves o muertes. Además, «el Gobierno también había exentado a KOWEPO del pago de la prima del seguro de accidentes laborales por valor de doscientos veinte millones de wones (1.9 millones de dólares) durante cinco años hasta 2017», como resultado de la certificación de «lugar de trabajo sin accidentes».[72] *The Korea Herald* corroboró esta información en un artículo publicado el 16 de diciembre de 2018, titulado: «Los contratistas originales deben ser responsables de los accidentes de los subcontratistas». El artículo confirma no solo los ahorros amasados por KOWEPO como resultado del historial de «seguridad» de la empresa, sino también la práctica del Gobierno de ignorar los accidentes industriales contra el contratista principal cuando un subcontratista está involucrado:

> Korea Western Power, la empresa que explota la central eléctrica, obtuvo beneficios de reducción de impuestos en función de su historial de seguridad porque los accidentes de los trabajadores subcontratados no se registran contra el contratista original.[73]

El sistema de certificación sólo tiene en cuenta los accidentes de los trabajadores contratados por la empresa, pero no «cuenta» a los trabajadores subcontratados. Por consiguiente, el sistema incentiva a las grandes empresas a ampliar sus prácticas de subcontratación para ahorrar dinero, borrando las primas de los seguros de accidentes laborales cuando no hay empleados de la empresa implicados en accidentes, independientemente del número de accidentes de los subcontratistas. Los críticos señalan que esta desconexión es una forma de que las grandes empresas no informen de los accidentes laborales y no sólo ahorren dinero, sino que sigan siendo elegibles para los reconocimientos de seguridad. El desafortunado resultado de este proceso de notificación «inexacto» es que perpetúa un entorno inseguro para los trabajadores y para el público. En lugar de trabajar para promover la seguridad pública, el sistema tradicional y actual trabaja en contra de ella.

Tras el incidente del Sr. Kim, los medios de comunicación revelan que el público coreano comenzó a cuestionar el rigor de las inspecciones de seguridad en la planta. *The Korea Times* informa de que, dos meses antes del accidente, la Asociación de Tecnología de Seguridad de Corea había realizado una inspección de seguridad. Esta inspección incluía la banda transportadora implicada en el incidente mortal. La planta superó dicha revisión. En consecuencia, la publicación conjetura que «la inspección se llevó a cabo de forma superficial».[74]

Este incidente recibió una gran atención del público porque la muerte del Sr. Kim fue la última de una serie de accidentes industriales mortales. La frecuencia y persistencia de estos accidentes subraya el énfasis del país en la eficiencia y la rápida rentabilidad financiera a expensas de las normas de seguridad. Los informes indican que la muerte del Sr. Kim está lejos de ser una aberración. Por el contrario, parece reflejar la norma.

> [El Sr.] Kim fue un daño colateral, ya que el país se ha convertido en una economía depredadora que se alimenta de su mano de obra temporal. En Corea del Sur, en un año normal mueren más de 1,000 trabajadores en accidentes en sus lugares de trabajo, la tasa de mortalidad más alta de los 36 países miembros de la OCDE. Alrededor del 76% de estas muertes son de trabajadores temporales.

> Las alarmantes cifras oficiales probablemente subestiman las muertes reales de los trabajadores temporales, ya que sus accidentes a menudo no se declaran.[75]

El 27 de junio de 2016, la publicación *Hankyoreh* publicó un artículo en el que se exponían las razones de la paradoja entre la relativamente baja tasa de accidentes laborales y la alta tasa de mortalidad laboral. La disparidad de estas tasas se refleja en los datos presentados para Corea, al compararlos con el promedio de la OCDE. En 2013, Corea tenía una tasa de accidentes laborales del 0.59%, mientras que el promedio de los países de la OCDE era del 2.7%, lo que implica que el entorno laboral en Corea era significativamente más seguro que el del resto de los países de la

OCDE. La tasa de accidentes se calcula a partir del número de accidentes declarados por cada cien trabajadores. Por el contrario, Corea tenía una tasa de mortalidad laboral de 6.8 por cada cien mil, la más alta de los países de la OCDE.[76]

La incongruencia entre el índice de accidentes laborales notablemente bajo de Corea y su índice de mortalidad laboral significativamente más alto indica el verdadero estado de la seguridad laboral coreana. Según *Hankyoreh*:

> La explicación de esta paradoja es que los accidentes industriales de Corea del Sur se encubren. Es decir, los accidentes industriales no se registran como accidentes industriales hasta que la muerte los hace imposibles de ocultar.[77]

Un artículo titulado «Las condiciones mortales de la industria coreana se basan en la cultura del encubrimiento» escrito por Bryan Harris, Song Jung-a y Kang Buseong publicado el 5 de diciembre de 2017 por el *Financial Times*, corrobora la preocupación por la discrepancia entre la baja tasa de accidentes industriales de Corea y su alta tasa de mortalidad en comparación con otras naciones de la OCDE. El artículo informa que «expertos laborales, activistas e incluso informes oficiales del Gobierno... alegan que las empresas encubren los incidentes» por las razones ya comentadas.[78] Además, las empresas ahorran mucho cuando reciben exenciones del Gobierno para el pago de seguros. Otra razón para el presunto encubrimiento de accidentes es evitar «el daño a su marca».[79] Esta última razón para el presunto encubrimiento de accidentes tiene sentido, ya que Corea depende mucho de sus conglomerados para la viabilidad económica nacional.

La pregunta crítica es la siguiente: ¿cuál es la magnitud del encubrimiento de los accidentes y enfermedades industriales? Aunque el artículo del *Financial Times* citado anteriormente se centra en los accidentes y enfermedades industriales reconocidos como ocultos en la compañía Hankook Tire, los autores indican que las acusaciones de «falta de protección de los trabajadores» se extienden a otras grandes empresas.[80] En este grupo se incluye la división de semiconductores de Samsung Electronics, que se ha visto envuelta en un litigio con unos doscientos cuarenta trabajadores «que afirman que la exposición a sustancias químicas desencadenó una serie de enfermedades, como leucemia, linfoma y tumores cerebrales».[81]

Para identificar la raíz de la causa de los problemas de los accidentes industriales en Corea, los autores del artículo del *Financial Times* citan a un miembro de la academia, Paek Do-myung. El Sr. Paek trabaja como experto en salud pública en la Universidad Nacional de Seúl, y explica la situación de la siguiente manera:

> El problema de los accidentes industriales en Corea del Sur es... más grave que el de otras potencias manufactureras... la seguridad individual y los derechos de los trabajadores han pasado tradicionalmente a un segundo plano frente al desarrollo económico del país y la competitividad de las empresas.[82]

Esta afirmación alude a un factor que contribuyó al milagro del río Han: el fervor nacional por el desarrollo económico del país desde el final de la guerra de Corea, un compromiso inquebrantable con una causa nacional a pesar del alto precio pagado en vidas inocentes. El fervor nacional se hace evidente a través del elemento cultural incluido en la declaración. Los coreanos están inusualmente dispuestos a hacer sacrificios personales por el progreso del país. Estas dos perspectivas se analizan en detalle en los capítulos anteriores.

Como ya se ha dicho, uno de los incentivos económicos para no declarar los accidentes laborales es la reducción o exención de las primas del seguro industrial. Otro incentivo «es la práctica del Gobierno de dar mayor [prioridad] a las empresas con menores índices de accidentes laborales durante la evaluación de "precalificación" de las empresas que pretenden presentar una oferta para grandes proyectos de construcción».[83]

En 2018, gracias a la creciente presión pública, Corea adoptó finalmente un sistema integrado que exige a contratistas y subcontratistas compartir la responsabilidad de los accidentes laborales. Sin embargo, la política solo se aplica a «industrias limitadas, que incluyen la producción, los ferrocarriles y el metro y las que tienen más de 1,000 trabajadores a tiempo completo. Otras industrias, como la producción de energía, la minería y el transporte marítimo, han quedado exentas».[84] Aunque el nuevo sistema es un paso en la dirección correcta, no aborda ni puede abordar completamente las cuestiones culturales fundamentales que subyacen al problema de la seguridad.

El «proyecto de ley de Kim Yong-kyun»

Posteriormente, el 27 de diciembre de 2018, «después de una semana de clamores y protestas públicas tras la muerte de Kim», el Comité Parlamentario de Medio Ambiente y Trabajo aprobó una enmienda a la Ley de Seguridad y Salud Ocupacional (OSHA por sus siglas en inglés) (también conocida como Ley de Seguridad Industrial), además conocida por los medios de comunicación y el público como el «Proyecto de Ley Kim Yong-kyun».[85] El apodo hace honor al trabajador de mantenimiento de veinticuatro años que perdió la vida en la central térmica de KOWEPO en Taean. De hecho, el objetivo de este proyecto de ley es prevenir futuros accidentes laborales «ampliando los deberes de la empresa que contrata a subcontratistas... haciéndola responsable de la gestión de la seguridad de los empleados del subcontratista y reforzando el castigo del empleador y la empresa cuando un trabajador muere en un accidente laboral».[86] Como medidas adicionales, «la enmienda prohíbe a las empresas subcontratar 22 tipos de trabajos de alto riesgo, como el revestimiento metálico».[87]

La adopción del «proyecto de ley Kim Yong-kyun» es un paso crucial para prevenir futuros accidentes laborales de contratistas y subcontratistas. La pregunta sigue siendo: ¿la nueva ley va lo suficientemente lejos? Aunque las penas, tanto de prisión como de multa, para los infractores de las normas de seguridad han aumentado en algunos casos en la enmienda recientemente aprobada, el proyecto de ley se queda corto respecto a su intención inicial. El *Kyunghyang Shinmun* informa que sigue siendo una versión suavizada del proyecto original.[88] Lo más probable es que los términos del proyecto de ley aprobado representen un compromiso entre las distintas facciones políticas.

En el caso de un accidente industrial mortal en el que estén implicados un contratista y una empresa subcontratista, el proyecto original pedía que se aumentara el número máximo de años de prisión de los actuales siete a diez años.[89] En cambio, el proyecto de ley final mantiene el límite actual de siete años.[90] Sin embargo, incorpora una nueva estipulación según la cual cuando «el mismo delito se cometa en un plazo de cinco años, la pena puede aumentar hasta la mitad de la pena original».[91] No obstante, la nueva ley aumenta significativamente las multas en caso de accidente industrial mortal en el que estén implicados un contratista y un subcontratista, pasando de los actuales cien millones de wones (~ 89,022 dólares) a mil millones de wones (~ 889,742 dólares). Además, «cuando la empresa que contrata al subcontratista no cumple sus obligaciones en materia de medidas de seguridad y salud», el proyecto original preveía una pena máxima de cinco años de prisión y multas de hasta cincuenta millones de wones (~ 44,511 dólares).[92] Sin embargo, la redacción final del proyecto de ley estipula hasta tres años de prisión o una multa de hasta treinta millones de wones (~26,706 dólares). Aunque el castigo para los infractores especificado por la nueva enmienda es menor que el estipulado en el proyecto original, es sin embargo significativamente mayor que el actual «hasta un año de prisión o una multa de hasta 10 millones de wones (~8,900 dólares)».[93]

La aprobación de esta enmienda indica que Corea está avanzando en la disminución del número de accidentes laborales. Sin embargo, como ocurre con cualquier ley nueva, aún está por determinar el grado de rigor con el que se aplica la normativa y si consigue el objetivo deseado. En un contexto más amplio, Corea ha aprobado la «Ley Kim Yong-kyun» y otras leyes recientemente adoptadas para proteger a los trabajadores y hacer que los contratistas primarios sean más responsables. Esta nueva legislación indica que la sociedad coreana está experimentando un sutil y largamente esperado pero profundo cambio de conciencia. A largo plazo, este cambio beneficiará a todo el país. Está empezando a producirse un profundo cambio de prioridades.

NOTAS

1. "Accidente industrial", *The Collins English Dictionary*, consultado el 9 de septiembre de 2019, *collinsdictionary.com*.

2. Énfasis añadido. Deb Dupree, "Definición de accidente laboral", 27 de diciembre de 2018, *careertrend.com*.

3. Nuestra definición de *millennials* es la siguiente: cualquier persona nacida entre 1981 y 1996 (con edades comprendidas entre los veintitrés y los treinta y ocho años en 2019) se considera un *millennial*. Michael Dimock, "Definiendo las generaciones: Dónde terminan los *millennials* y empieza la Generación Z", *Pew Research*, 17 de enero de 2019, *pewresearch.org*.

4. Choi Young-ae, jefe de la Comisión Nacional de Derechos Humanos, fue citado en un artículo escrito por Jo He-rim y publicado en el periódico *The Korea Herald* el 16 de diciembre de 2018 en el que pedía "una enmienda a la Ley de Seguridad y Salud Ocupacional (OSHA por sus siglas en inglés) para prohibir la 'externalización del trabajo peligroso' en las obras de infraestructura y ordenar que los contratistas principales asuman la responsabilidad de los accidentes que ocurran en las obras". Se ha informado de que ha dicho: "Para reducir los costos de mano de obra, la sociedad está externalizando incluso la responsabilidad de prevenir accidentes y catástrofes a los subcontratistas, 'externalizando el peligro'". Jo He-rim: "Los contratistas originales deben ser responsables de los accidentes de los subcontratistas", *The Korea Herald*, 16 de diciembre de 2018, *koreaherald.com*.

5. Este accidente industrial se analiza más adelante con más detalle. Ibid.

6. Ibid.

7. Ock Hyun-ju, "Una explosión en una obra de construcción del metro mata a 4 trabajadores y hiere a 10", *The Korea Herald*, 1 de junio de 2016, *koreaherald.com*.

8. Kim Se-Jeong, "La subcontratación causa accidentes por negligencia", 2 de junio de 2016, *koreatimes.co.kr.*

9. Ock Hyun-ju, "Una explosión en una obra de construcción".

10. Cho Han-Dae y Esther Chung, "Los trabajadores del metro siguen trabajando apresuradamente", *Korea JoongAng Daily*, 17 de junio de 2016, *koreajoongdaily.joins.com.*

11. Énfasis añadido.

12. Lee Kyung-min, "El accidente del metro demuestra que se ignora la seguridad", *The Korea Times*, 1 de junio de 2016, *koreatimes.co.kr.*

13. "Trabajador del metro aplastado por un tren", *Korea JoongAng Daily*, 30 de mayo de 2016, *koreajoongangdaily.joins.com.*

14. Ibid.

15. Ibid.

16. Ibid.

17. Leejojoba, "Un joven coreano pierde la vida en un accidente del metro; estaba haciendo trabajos de reparación solo a pesar de las normas", *Soompi*, 1 de septiembre de 2015, *soompi.com.*

18. Ibid.

19. Ibid.

20. Kim Rahn, "Un trabajador muere mientras repara una puerta del metro en una estación del metro", *The Korea Times*, 30 de agosto de 2018, *koreatimes.co.kr.*

21. Ibid.

22. Ibid.

23. Ibid.

24. Leejojoba, "Un joven coreano".

25. "El accidente del metro demuestra que se ignora la seguridad", *The Korea Times*, 1 de junio de 2016, *koreatimes.co.kr.*

26. Ibid.

27. Ibid.

28. Cho Han-Dae y Esther Chung, "Los trabajadores del metro siguen trabajando apresuradamente".

29. Kim Da-Sol, "Trabajador de mantenimiento del metro muere durante las reparaciones", *The Korea Herald*, 4 de septiembre de 2016, *koreaherald.com*.

30. Cho Han-Dae y Esther Chung, "Los trabajadores del metro siguen trabajando apresuradamente".

31. Lee Kyung-min, "El accidente del metro demuestra que se ignora la seguridad".

32. Ibid.

33. Ibid.

34. Lee Kyung-min, "Un año después del accidente de la estación de Guui, no ha cambiado mucho", *The Korea Times*, 28 de mayo de 2017, *koreatimes.co.kr*.

35. Ibid.

36. Ibid.

37. Ibid.

38. Yang Young-yu, "Mirando en el espejo", *Korea JoongAng Daily*, 24 de octubre de 2018. *koreajoongangdaily.joins.com*.

39. Lee Kyung-min, "Un año después del accidente de la estación de Guui".

40. Ibid.

41. Ibid.

42. Lee Kyung-min, "El accidente del metro demuestra que se ignora la seguridad".

43. Cho Han-Dae y Esther Chung, "Los trabajadores del metro siguen trabajando apresuradamente".

44. Ibid.

45. Ibid.

46. Choe Sang-hun, "Park Geun-hye, ex líder surcoreana, recibe 25 años de prisión", *The New York Times*, 24 de agosto de 2018, *newyorktimes. com*.

47. Joyce Lee, "El tribunal surcoreano eleva la pena de cárcel de la ex presidenta Park a 25 años", *Reuters*, 23 de agosto de 2018, *reuters.com*.

48. Kim Da-Sol, "Trabajador de mantenimiento del metro muere durante las reparaciones".

49. Ock Hyun-ju, "Una explosión en una obra de construcción".

50. Kim Se-Jeong, "La subcontratación causa accidentes por negligencia".

51. Esta afirmación se deriva de la información publicada en *The Korea Times*, que es objetivamente correcta según nuestro conocimiento.

52. Ock Hyun-ju, "Una explosión en una obra de construcción".

53. Ibid.

54. Kim Se-Jeong, "La subcontratación causa accidentes por negligencia".

55. Ibid.

56. Ibid.

57. Nandini Krishnamoorthy, "Corea del Sur: 4 muertos y 10 heridos en una explosión cerca de Seúl", *International Business Times*, 1 de junio de 2016, *ibtimes.co.uk*.

58. "Externalización", *NIBusinessInfo.Co.uk*, consultado el 9 de septiembre de 2019, *nibusinessinfo.co.uk*.

59. Kim Da-Sol, "Trabajador de mantenimiento del metro muere durante las reparaciones".

60. "La lista definitiva de estadísticas de subcontratación", *Microsourcing*, 28 de febrero de 2019, *microsourcing.com*.

61. Shin Jae-woong, "Murió al caer durante la instalación de un aire acondicionado, trabajando sin dispositivos de seguridad debido a la presión por la apretada agenda", traducido por Young Lee, 25 de junio de 2016, *n.news.naver.com*.

62. Ibid.

63. Gang Hee-Yeon, "Colapso durante la instalación... Tragedia repetida cada temporada de alta demanda de aire acondicionado", traducido por Young Lee, 13 de julio de 2017, *n.news.naver.com*.

64. Ibid.

65. Yi San, "Corea del Sur: La muerte de un joven trabajador galvaniza un nuevo movimiento", *LaborNotes*, 2 de enero de 2019, *labornotes.org*.

66. Kang Seung-woo, "Operaciones de subcontratación criticadas tras la muerte de un joven", *The Korea Times*, 13 de diciembre de 2018, *koreatimes.co.kr*.

67. Ibid.

68. Yi San, "Corea del Sur".

69. Jung Hae-myoung, "La muerte de los subcontratistas no se contabiliza en la evaluación del Gobierno", *The Korea Times*, 17 de diciembre de 2019, *koreatimes.co.kr*.

70. Yi San, "Corea del Sur".

71. Kang Seung-woo, "Operaciones de subcontratación".

72. Jung Hae-myoung, "La muerte de los subcontratistas no se contabiliza en la evaluación del Gobierno".

73. Jo He-rim, "Los contratistas originales deben ser responsables de los accidentes de los subcontratistas", *The Korea Herald*, 17 de diciembre de 2018, *koreaherald.com*.

74. Jung Hae-myoung, "La muerte de los subcontratistas no se contabiliza en la evaluación del Gobierno".

75. Énfasis añadido. Yi San, "Corea del Sur".

76. Jeong Eun-Joo, "Cómo Corea del Sur tiene una baja tasa de accidentes industriales, junto a la mayor tasa de mortalidad", *Hankyoreh*, 27 de junio de 2016, *english.hani.co.kr*.

77. Ibid.

78. "Las condiciones mortales de Corea se basan en una cultura de encubrimiento", *Financial Times*, 5 de diciembre de 2017, *ft.com*.

79. Ibid.

80. Ibid.

81. Ibid.

82. Ibid.

83. Jeong Eun-Joo, "Cómo Corea del Sur tiene una baja tasa de accidentes industriales, junto a la mayor tasa de mortalidad".

84. Jo He-rim, "Los contratistas originales".

85. Yi San, "Corea del Sur".

86. Nam Ji-Won y Jo Hyeong-Guk, "Los legisladores llegan a un acuerdo sobre el 'proyecto de ley de Kim Yong-gyun' de último minuto", *The Kyunghyang Shinmun*, 28 de diciembre de 2018, *english.khan.co.kr*.

87. Yi San, "Corea del Sur".

88. Nam Ji-Won y Jo Hyeong-Guk, "Los legisladores".

89. Ibid.

90. Ibid.

91. Ibid.

92. Ibid.

93. Ibid.

Capítulo Ocho

El panorama general: Cómo los cambios de valores afectan la economía y la población

Durante cientos de años, los valores sociales coreanos se han basado en las tradiciones confucianas y taoístas. Así, se apreciaban los valores familiares y el respeto a los mayores por encima de todo. En el pasado, Corea se promocionaba a sí misma como "el país de la gente cortés de Oriente", que se traduce como *dongbangyeuijiguk* (동방예의지국). Hoy en día, sigue siendo costumbre que la gente se incline con la cabeza al saludarse y que utilice un coreano más formal al hablar con los mayores.

El concepto de compartir alimentos

Otros valores notables que históricamente tienen los coreanos son la generosidad y el compartir alimentos. Compartir la comida con amigos, vecinos e incluso extraños está muy extendido. Esto sigue siendo cierto incluso en la Corea moderna, con su asombrosa tecnología e infraestructura, su sociedad competitiva, el amplio uso del maquillaje, la cirugía plástica y el Botox y el omnipresente K-Pop. El concepto de compartir la comida, del que hablo también en el capítulo dos, es una cualidad conmovedora y encantadora. Es un valor que admiro profundamente y que quedará grabado en mi corazón mientras viva. El número de veces que tanto viejos amigos como personas recién conocidas me invitaron a compartir una comida ya sea en casa o en un restaurante es demasiado inmenso para describirlo en este libro. Basta con decir que me sentí bien acogido y honrado de que me pidieran que compartiera una comida. Su hospitalidad me conmovió muchísimo. También recuerdo con cariño que unas personas completamente desconocidas me ofrecieron comida mientras viajaba de una ciudad a otra en transporte público. Es habitual que los autobuses se detengan en las paradas de descanso durante unos quince minutos para hacer una pausa de descanso. Estas paradas, a diferencia de las de Estados Unidos y otras partes del mundo, que no ofrecen más que baños y máquinas expendedoras de refrescos y comida chatarra, son verdaderos centros comerciales que incluyen restaurantes con todos los servicios, cafeterías, tiendas de música y puestos de comida tradicional coreana. Durante estas pausas, debido a la limitación de tiempo, la mayoría de los pasajeros, si van a comprar algo de comida, se inclinan por los artículos que se pueden consumir en el autobús, como las castañas asadas. Si viajaba a solas, no era raro que la persona sentada a mi lado me ofreciera algo de la comida que había comprado.

En una ocasión, bajo circunstancias diferentes, recuerdo que caminaba hacia un templo budista en una pequeña ciudad donde me detuve a descansar. Sentados a mi lado había un padre y sus dos hijos de cuatro o cinco años más o menos. Estaban disfrutando de mandarinas. Cuando me senté, el padre peló una mandarina a medias y me la ofreció. Fue un gesto tan conmovedor que no pude imaginarme rechazando la amabilidad del desconocido. Observé invariablemente un comportamiento similar de generosidad o de compartir la comida entre los alumnos matriculados en la escuela americana donde daba clases.

Al vivir tan lejos de casa, me esforcé por mantener el contacto con mis amigos coreanos que enseñaban en la universidad, aunque vivieran en otras ciudades. Se convirtieron en una parte importante de mi experiencia en Corea, no sólo por poder familiarizarme íntimamente con el tejido de la cultura coreana, sino sobre todo como red de apoyo. En cierto sentido, se convirtieron en miembros de mi familia. Nos reuníamos regularmente para compartir una comida, aunque viviéramos en ciudades distintas. Nos turnábamos para visitar la ciudad del otro, normalmente en viajes de uno o dos días. En una de esas ocasiones en las que me visitaron en Jeonju, me sugirieron que cenáramos en un restaurante en lo que ellos llamaban comúnmente la calle «makgeolli/makkoli», para que pudiera saborear la comida y el vino de arroz crudo que la acompaña llamado *makgeolli/makkoli* (막걸리), que se elabora con un contenido entre 6% y 8% de alcohol por volumen.[1] La comida se sirve en pequeñas porciones para que los clientes puedan probar el mayor número posible de platos. En la lengua vernácula de la comida española, estos platos probablemente se llamarían «tapas». El *makgeolli/makkoli* era la bebida alcohólica preferida en Corea en las décadas de 1960 y 1970. Sin embargo, en la década de los setenta, empezó a perder su atractivo, ya que las generaciones más jóvenes se inclinaron por bebidas importadas, como la cerveza. Es una bebida fermentada, sin filtrar, de color blanco lechoso, semidulce y ligeramente efervescente que se sirve en tazones como si fuera una sopa. El *makgeolli/makkoli* recuperó su popularidad entre las generaciones más jóvenes en el siglo XXI por sus beneficios para la salud y su bajo contenido de alcohol.[2]

Mientras mis amigos y yo cenábamos, no pude evitar darme cuenta de que era el único no coreano en un restaurante repleto de gente. Estoy seguro que este hecho no pasó desapercibido por los demás clientes. Las personas sentadas en la mesa contigua a la nuestra sentían especial curiosidad por el tipo de platos que yo prefería. Mientras seguíamos disfrutando de nuestra cena, se volvieron amables y empezaron a pedir platos para nosotros que notaron que yo disfrutaba especialmente. Intenté corresponder a su amabilidad, pero no quisieron. Pude percibir que su esfuerzo por ser amables y cordiales era genuino. Cuando pregunté a mis amigos si este comportamiento era habitual en Corea, me explicaron que era más común en las zonas no metropolitanas que en las grandes ciudades como Seúl, donde la proliferación de occidentales había convertido su presencia en algo habitual. Aclararon, además, que probablemente ocurría en Seúl un par de décadas antes.

Cuando pregunté por otras tradiciones para compartir alimentos, mis amigos me contaron que, en general, cuando la gente se muda a un nuevo barrio, sobre todo en las zonas rurales, se empeña en preparar o comprar pasteles de arroz dulce conocidos como *tteok* (떡) y compartirlos con sus vecinos en su nueva comunidad. El tteok se considera una comida de celebración que suele compartirse en el día de Año Nuevo, las bodas y los cumpleaños. Puede «variar desde versiones bastante elaboradas con frutos secos y frutas hasta el *tteok* de sabor simple que se utiliza en la cocina casera».[3]

Tuve la suerte de vivir muchos más momentos compartiendo comida en Corea, demasiado numerosos para relatarlos en este libro. Sin embargo, el que probablemente destaqué en mi mente como una expresión de bondad es uno que ocurrió cuando estuve en cama durante unos cinco días con la gripe. Una tarde alguien llamó a mi puerta. Como mi apartamento estaba situado en una zona segura del edificio al que sólo podían acceder los residentes, me extrañó especialmente que llamaran a mi puerta. Cuando abrí la puerta, me sorprendió ver a una de las administradoras de la escuela que se interesó por mi estado de salud mientras me entregaba una sopa de pollo casera especialmente preparada para combatir un resfriado o la gripe, además me llevó platos de acompañamiento en recipientes reutilizables. Pude disfrutar de dos raciones de la deliciosa sopa y me ayudó a recuperar las fuerzas. Fue una experiencia única en toda mi vida que me llegó al corazón. Este acto ejemplifica el significado de compartir la comida y la bondad del pueblo coreano.

En todos mis viajes por otras partes del mundo, nunca he experimentado una generosidad tan genuina a la hora de compartir alimentos como la que experimenté en Corea. Esta tradición parece seguir viva, especialmente en las zonas no metropolitanas. Sin embargo, otras tradiciones antiguas parecen estar en declive.

El impacto de la globalización

Al analizar los cambios en los valores, las tradiciones, las costumbres y los patrones de comportamiento que se están produciendo hoy en Corea, es importante reconocer el impacto que la globalización ha tenido en las culturas de todos los continentes. Como resultado, algunos de estos elementos están cambiando o desapareciendo, otros están siendo cuestionados y otros están siendo importados y exportados, y eventualmente adoptados por otras partes del mundo. Debido a las marcadas diferencias culturales iniciales, esta tendencia es especialmente palpable en el intercambio entre Oriente y Occidente.

Por ejemplo, los alimentos parecen estar a la vanguardia de este intercambio cultural. El concepto de comida rápida estadounidense, es decir, las hamburguesas y la pizza, se ha abierto paso en los países orientales durante los últimos veinte o cuarenta y cinco años. La invasión de McDonald's en los países orientales es un buen ejemplo de este intercambio. La siguiente gráfica muestra el año en que McDonald's abrió su primer restaurante en cada uno de los países asiáticos enumerados y el número de locales hasta 2014.[4] El número de locales de McDonald's en los países asiáticos es una muestra del poder de la globalización, ya que ilustra la proliferación no solo de negocios, sino también de tradiciones, prácticas, modas, costumbres, rituales, creencias y, lo que es más importante, valores de un país a otro y de una región del mundo a otra gracias a la televisión, el cine, los medios de comunicación, el Internet y el acceso a los viajes sin restricciones. La globalización hace que nos parezcamos en vez de diferenciarnos.

Gráfica 1: La presencia de McDonald's en selectos países asiáticos[5]

País	Primera ubicación	Número total de restaurantes en 2014
Japón	1971	3,300+
Hong Kong	1975	No disponible
Singapur	1979	120+
Las Filipinas	1981	400+
Malasia	1982	No disponible
Taiwán	1984	~397
Tailandia	1986	~195
Corea del Sur	1988	~300
China	1990	No disponible
Indonesia	1991	~150
La India	1996	300

A la inversa, aunque la comida china tuvo una ventaja en Estados Unidos como resultado de la larga historia de inmigración china que comenzó entre 1848 y 1865 y coincidió con el descubrimiento de oro en California y el inicio del ferrocarril transcontinental, la comida tailandesa, india y coreana ha aumentado en popularidad en muchas partes del país. Del mismo modo, en el Occidente, hay más gente que nunca involucrada en la meditación y yoga de inspiración oriental. Los medios de comunicación han desempeñado un papel en el intercambio cultural que estamos presenciando. Es fácil ver la influencia del hip-hop y de Michael Jackson en el K-Pop. Ahora, el fenómeno del K-Pop se ha abierto camino en otras partes de Asia y está ganando popularidad en Estados Unidos.

A un nivel más profundo, no cabe duda de que una parte de la evolución de los valores que se está experimentando en los países de todo el mundo, en particular en Asia, y más concretamente en Corea del Sur, se ha visto influenciada en gran medida por el proceso de globalización. Otra parte de la evolución de los valores ha sido motivada por cambios culturales internos instigados por las condiciones específicas de cada país. La influencia de los valores occidentales en las sociedades orientales puede ser más evidente, y posiblemente más radical, debido al cambio cultural que representa esta evolución: algunos de los valores que se están adoptando son diametralmente opuestos a los valores tradicionales existentes. Algunos de los cambios de valores que se están produciendo en Corea son la adopción de actitudes materialistas causadas en parte por el aspecto competitivo de la sociedad y en parte por la influencia de la sociedad occidental, el énfasis en la apariencia física y la adopción del concepto de eficiencia, que ya está firmemente arraigado en el tejido de la sociedad coreana. Dos cambios de valores que están empezando a surgir son el paso de la unidad, la conformidad y la búsqueda de consenso a un modelo individualista y la falta de respeto a los mayores. El análisis que se hace a continuación se centra en los valores cambiantes y no en los que ya están profundamente arraigados en la cultura coreana, que se analizan con más detalle en los capítulos uno y tres.

Valores familiares y respeto por los mayores

Hoy en día, los valores familiares se enfatizan mucho menos. El respeto a los mayores está desapareciendo rápidamente. En su lugar, se acentúa la juventud y la apariencia física, como lo atestigua el énfasis en la juventud en los medios de comunicación, así como el uso extensivo de cosméticos,

327

cirugía plástica y Botox. La riqueza es uno de los pocos bienes que mantienen a la generación mayor en una posición social respetable. Sin embargo, la brecha generacional entre los mayores y los jóvenes de veinte y treinta años es cada vez mayor. Young Lee y yo reconocemos que los retos que representa la brecha generacional son universales. Sin embargo, el concepto de respeto a los mayores en Corea, concretamente, está sufriendo un cambio radical de ciento ochenta grados hacia la falta de respeto a los mayores. En lugar de referirse a la frase tradicional coreana «respetar a los mayores» (경로), se menciona a menudo la frase con el significado opuesto, «faltar al respeto a los mayores» (혐로). La lucha de poder entre la generación mayor, es decir, los *baby boomers*, y la generación más joven es incluso evidente en los populares dramas coreanos. El creciente abismo entre las dos generaciones parece tener tres fuentes claras:

1. La sensación de que la generación mayor representa una carga económica para los más jóvenes, por ejemplo, el mayor costo de los servicios sociales asociado a una población cada vez más envejecida,

2. La discordia política entre el fervor de la generación mayor por apoyar los valores tradicionales y el rechazo de la generación más joven de los mismos,

3. La percepción de los jóvenes de que las generaciones mayores poseen la mayor parte de la riqueza individual que se amasó mediante fuertes inversiones en bienes raíces en una especie de frenesí especulativo y que produjo un aumento vertiginoso de los precios de la vivienda, especialmente en grandes ciudades como Seúl, sus alrededores y Busán. En consecuencia, la generación más joven se ve en apuros financieros por la agresiva inversión de la generación anterior que tuvo el efecto neto de hacer que los bienes inmuebles fueran inaccesibles para la generación más joven, dados sus salarios. Por consiguiente, cada vez le resulta más

difícil a la generación más joven experimentar una independencia financiera total sin el apoyo de sus padres. Muchos permanecen en casa de sus padres incluso después de conseguir un empleo debido a los exorbitantes precios de la vivienda.

La otra cara de la moneda en lo que respecta a las razones que se perciben para la brecha generacional entre la generación más vieja y la más joven es que fue la generación más vieja la que ayudó a reconstruir el país. Las generaciones mayores son muy conscientes de haber sacado a Corea de sus cenizas tras la guerra de Corea mediante sacrificios individuales y colectivos. Del mismo modo, fue la generación de más edad la que ayudó a sacar al país de la pobreza en las décadas de 1950 y 1960 y la que contribuyó a convertir a Corea en la economía modelo que es hoy.

En este tira y afloja entre las dos generaciones, también es importante reconocer la contribución de la generación más joven a la transformación de la cultura coreana, que se está exportando al resto del mundo a través del K-Pop, las telenovelas, los cosméticos, la cirugía plástica y algunas de las tecnologías más avanzadas. La tecnología que sale de Corea puede competir en la sociedad de consumo actual con todos los competidores, como Apple, Ford, GE, GM, Google, Honda, Intel, Kenmore, Toyota y Whirlpool. Para bien o para mal, la cultura coreana nunca será la misma. Esta transformación cultural también está contribuyendo de forma significativa a la economía coreana.

Como observación personal, experimenté una cierta reverencia por los adultos mayores y los ancianos cuando empecé a viajar por Corea en mis cuarentas a mediados de los años noventa. Este respeto por los mayores se manifestaba de forma sutil. Era bastante habitual que los más jóvenes me ofrecieran su asiento en el metro de Seúl si subía en un momento en que no había asientos disponibles. Sin embargo, es cierto

329

que en aquella época yo era uno de los pocos occidentales que visitaban Corea. Hoy en día, es más común ver a los occidentales, ya que el número de turistas ha aumentado considerablemente, al igual que el número de residentes occidentales que trabajan sobre todo como educadores en *hagwons* y escuelas internacionales. Sin embargo, creo que la edad fue un factor más crítico que la etnicidad en el comportamiento de los coreanos hacia mí. En comparación, mientras viajaba en el metro de Seúl durante mi última estancia como un hombre canoso de sesenta y cinco años, nadie, excepto otro anciano, me ofreció su asiento, que rechacé cortésmente. Sin embargo, es cierto que ahora el metro de Seúl, y quizá otros, tiene asientos claramente identificados para personas mayores, lo que creo que es diferente a lo que ocurría hace entre veinte y treinta años. Así que, tal vez, los más jóvenes no se sientan obligados a ceder su asiento a los mayores porque hay asientos específicamente designados para ellos.

Aunque el ejemplo anterior del cambio en el tratamiento de los ancianos puede parecer mundano para el observador casual, recientemente se han publicado pruebas que apoyan esta observación. La Comisión Nacional de Derechos Humanos de Corea realizó una encuesta y publicó sus conclusiones en el «Informe sobre los derechos humanos de los mayores» de 2018.[6] A través de la encuesta, la Comisión descubrió que el 56% de los jóvenes que participaron en la encuesta creían que las personas mayores les quitaban el trabajo. Otro hallazgo clave indica que los jóvenes creen que cualquier aumento de los servicios sociales para los mayores representa una carga adicional para ellos. El informe también muestra que el 81.9% de las personas de entre veinte y treinta años que participaron en la encuesta respondieron «sí» a la afirmación: «el conflicto entre las generaciones jóvenes y los mayores es muy grave».[7] Sin duda, la raíz del conflicto es compleja y multifacética, pero es natural que los más jóvenes sientan el pellizco económico asociado a los crecientes costos de las prestaciones sociales para una población cada vez más envejecida. En efecto, hay menos jóvenes que trabajan activamente y están disponibles para pagar estos servicios. Desgraciadamente, la situación puede agravarse en el futuro dada la baja tasa de fecundidad que se registra actualmente en Corea y que se analiza más adelante en este capítulo.

La diferencia de opiniones políticas entre los ciudadanos de la tercera edad y los *millennials* puede deberse a que las generaciones de más edad conservan valores tradicionales y ancestrales y a que las generaciones más jóvenes los cuestionan. Aunque sutil en muchos aspectos, la división entre estas dos entidades puede haberse hecho más pronunciada y palpable en el pasado reciente, cuando diferentes segmentos de la población declararon sus posturas sobre la destitución de la primera presidenta, Park Geun-hye. En las diversas manifestaciones que tuvieron lugar en todo el país, se hizo evidente que los ciudadanos de mayor edad, en su mayoría, mostraban su apoyo a la exmandataria y su reverencia a su padre, el expresidente Park Chung-hee, que gobernó Corea desde 1963 hasta su asesinato en 1979. Así, sus partidarios se identificaban con los valores tradicionales. Los jóvenes, en general, se situaban en el lado opuesto de la balanza: apoyaban la destitución. Además, como ya se ha comentado en este libro, al adoptar el término *infierno de Joseon* para referirse a Corea, algunos jóvenes expresan su rechazo a algunos valores coreanos. En particular, rechazan la fórmula tradicional para salir adelante social y económicamente —a través de la dedicación, el trabajo duro y el sacrificio— como resultado de su percepción de que el campo de juego está sesgado a favor de los ricos. Este tema se trata con más detalle más adelante en este capítulo.

Debido a estas diferencias, los jóvenes perciben cada vez más a la generación de mayores como conservadora, inflexible, poco dispuesta o incapaz de adaptarse a una nueva era con nuevas ideas. Por ejemplo, la generación más joven considera que la generación de más edad está en desventaja tecnológica al carecer de capacidad para utilizar las computadoras y las redes sociales. En consecuencia, los mayores se dan cuenta de que se están quedando atrás en algunas áreas y temen un mayor aislamiento y ostracismo. Por ello, muchos intentan adaptarse gradualmente a la tecnología moderna o, al menos, aceptar parcialmente las exigencias de una nueva era. Son bastante realistas como para reconocer que no pueden detener la ola de cambio resistiéndose a ella. En cambio, algunos intentan subirse a la ola. En general, los ciudadanos de edad avanzada reconocen los beneficios y los sacrificios asociados al impulso de ser más eficientes. Saben que la eficiencia ha hecho avanzar el país en un periodo relativamente corto. Además, han adoptado la noción de mantener un aspecto físico atractivo. La mayoría de las personas mayores se tiñen el pelo de negro y se maquillan. Las que tienen medios para hacerlo optan por llevar ropa elegante y juvenil. En cuanto al uso de la tecnología, algunas personas mayores se esfuerzan por actualizar sus conocimientos asistiendo a talleres o clases que les enseñan a utilizar las computadoras y las redes sociales. Muchos optan por mantenerse socialmente activos —se inscriben en cursos de música, canto, dibujo y danza tradicional coreana para adquirir nuevos conocimientos, afinar sus habilidades o simplemente para mantenerse en forma—. Algunos optan por asistir a la iglesia, participar en actividades relacionadas con ella y compartir una comida con amigos en su restaurante favorito. Los fines de semana, algunos se reúnen con amigos para ir de excursión, que es una actividad coreana favorita.

A pesar de estos esfuerzos por parte de los mayores, la brecha entre los *millennials* y las generaciones mayores sigue siendo enorme, sobre todo en lo que respecta a los valores familiares, el sacrificio individual por el bien del conjunto y el respeto a los mayores. En consecuencia, la generación mayor se encuentra en un dilema. ¿Deben adherirse a los valores tradicionales (por ejemplo, enfatizar el concepto de sacrificio individual por el bien del conjunto; criticar la opción de los jóvenes de posponer o evitar el matrimonio; rechazar la cirugía plástica electiva y el

Botox)? Se dan cuenta de que, si se mantienen en los valores tradicionales, es probable que la brecha generacional aumente aún más y que se queden aún más aislados y sin respeto. O bien, ¿deben aceptar los nuevos valores que defiende la generación más joven y apoyarlos? ¿Deberían intentar avanzar con los tiempos, cerrar la brecha generacional, integrarse en los procesos de toma de decisiones de todo el país e intentar recuperar parte del respeto perdido? Una tercera opción puede ser el compromiso. Tal vez las generaciones mayores puedan aceptar algunos de los cambios, pero no otros. Invertir la tendencia de pasar del respeto a la falta de respeto a los mayores es responsabilidad de ambas partes. Ambas partes podrían encontrar un punto medio mediante la comprensión mutua y la comunicación respetuosa.

El énfasis en el materialismo

Aunque todavía hay muchos dramas televisivos que presentan perspectivas históricas y argumentos relacionados con *chaebols* y la relación *gap* y *eul*, el énfasis en el materialismo —juventud, apariencia física y coches de lujo— es evidente en las telenovelas coreanas, que se han exportado con éxito a otros países asiáticos. Es cierto que estos conceptos también prevalecen en algunos dramas estadounidenses. Sin embargo, la diferencia radica en la omnipresencia y el grado de intensidad que exhiben los dramas televisivos coreanos.

Algunos de los dramas coreanos más populares centrados en el materialismo que han tenido éxito fuera de Corea son los siguientes: *Boys over Flowers* (*Chicos sobre flores*) (2009), *Secret Garden* (*El jardín secreto*) (2010) y *The Heirs* (*Los herederos*) (2013). *Boys over Flowers* cuenta la historia de una chica normal que se ve obligada a asistir a una prestigiosa academia tras salvar la vida de un estudiante.[8] *Secret Garden* es una historia de Cenicienta entre una doble de acción y el director de unos grandes almacenes de lujo.[9] *The Heirs* es otra historia de Cenicienta sobre un apuesto heredero de un conglomerado y la hija del ama de llaves de su familia, una chica pobre y corriente.[10] Los modelos de los dramas son mujeres y hombres jóvenes y guapos que tienen las cejas perfiladas, están en excelente condición física, se han sometido a cirugía plástica para adquirir un aspecto cincelado y, por supuesto, llevan maquillaje. Tanto las telenovelas como el K-Pop han contribuido enormemente al aumento del uso de cosméticos en general. Corea se distingue por ser el octavo mercado de cosméticos del mundo.[11] Las estimaciones indican que el tamaño del mercado en 2016 fue de aproximadamente siete mil cien millones de dólares. Además, el mercado se expandió a una tasa de crecimiento anual del 8.2% durante los cinco años anteriores.

El aumento del uso de cosméticos por parte de los hombres ha sido impulsado por los ídolos del K-Pop, que popularizaron una estética «afeminadamente masculina» o «de hombre bello». Hoy en día, es común que los hombres coreanos, sobre todo los *millennials*, utilicen cosméticos, y no solo loción corporal y para después del afeitado y tónico, sino crema BB (bálsamo antimanchas) y otros productos cosméticos:

> Corea del Sur representa alrededor del 20% del mercado mundial de cosméticos para hombres. Esto significa que las ventas anuales de más de un millón de dólares provienen de unos 25 millones de hombres, y esta cifra se inflará en un 50% en los próximos cinco años.[12]

La naturaleza competitiva de la sociedad, en general, y del mercado laboral, en particular, parece haber influenciado en el aumento del uso de cosméticos. Se cree que la apariencia de la piel da a los individuos una ventaja en el proceso de solicitud de empleo. Los empresarios pueden haber contribuido indirectamente a la preocupación por el aspecto físico, ya que la mayoría de los empleadores exigen a los solicitantes de empleo que incluyan una foto en su currículum vitae.

Es necesario hacer un comentario cultural al respecto. En Estados Unidos, salvo algunas excepciones, la práctica de exigir a los solicitantes de empleo que incluyan una fotografía en su solicitud de trabajo es ilegal. Dos de esas excepciones serían los trabajos de actor y de modelo para los que la apariencia del solicitante es relevante para el posible trabajo. Varias leyes hacen ilegal la exigencia de una fotografía, entre ellas «la Ley de Derechos Civiles de 1964 (Título VII), la Ley de Discriminación por Edad en el Empleo de 1967... la Ley de Reforma de la Función Pública de 1978, [y] la Ley de Estadounidenses con Discapacidades de 1990».[13] Es importante señalar que todas estas normativas se adoptaron en Estados Unidos a finales del siglo XX. La razón de ser de estas leyes es impedir la discriminación en la contratación y el empleo por factores como la edad, el sexo (incluidos el género, la identidad de género, la orientación sexual y el embarazo), el origen nacional y la discapacidad. Esta diferencia entre Corea y algunos países occidentales, especialmente Estados Unidos, es sutil pero importante. En un capítulo anterior, hice referencia a la homogeneidad étnica y racial de Corea frente a la diversidad de Estados Unidos. Este factor, así como el contexto histórico de EE. UU., ha contribuido sin duda a la implementación de leyes que protegen los derechos civiles de las personas.

En Corea, la cirugía estética y Botox son paralelos quirúrgicos a un amplio uso de los cosméticos. La cirugía estética es bastante común hoy en día en Corea, como lo es en todo el mundo. Quizás dos de las partes del cuerpo más populares que se someten a cirugía estética en Corea, concretamente, son los ojos y la nariz.

La mentalidad del país en torno a la cirugía estética ha sufrido una importante transformación en los últimos años. Como se ha comentado en el primer capítulo, algunos de los valores sociales coreanos actuales tienen sus raíces en el confucianismo, sobre todo tal y como se practicaba en la era Joseon (alrededor de 1392–1910). El confucianismo coreano propugnaba valores y prácticas éticas como la benevolencia, la cortesía, la diligencia, la obediencia a los superiores, la sabiduría y la bondad, que incluye la integridad y la honestidad. Alguien que se adhiere a estos valores y prácticas éticas no alteraría su aspecto por razones prácticas. Además, someterse a una operación de cirugía estética se consideraba históricamente vergonzoso porque, esencialmente, quienes se sometían a ella intentaban cambiar el cuerpo que les habían dado sus antepasados/padres. En el confucianismo, incluso cortarse el pelo se consideraba una falta de respeto o una desobediencia a los antepasados/padres porque el pelo se consideraba una parte del cuerpo que los individuos heredaban. En los primeros tiempos de la cirugía plástica (mediados de los años 1950 hasta1960), las generaciones mayores, los *baby boomers* y los mayores, consideraban el procedimiento deshonesto o inmoral, porque a través de la cirugía plástica los individuos cambian su apariencia. También se consideraba un signo de falta de sinceridad. Se pensaba que los individuos que se sometían a la cirugía plástica engañaban a los demás. Este engaño consistía en hacer creer a los demás que su aspecto era mejor de lo que realmente era. Además, los individuos que se sometían a la intervención tenían sentimientos de culpa por desobedecer o faltar al respeto a sus antepasados/padres.

Por eso, en el pasado, los coreanos consideraban la cirugía plástica un tabú. Las personas que se sometían a la cirugía estética, por lo general, no querían que se hiciera pública. Se consideraba vergonzoso admitir que se habían sometido a este procedimiento porque demostraba que eran pretenciosos y estaban muy preocupados por su aspecto físico.

A todos los efectos, esas creencias se consideran ahora pasadas. Hoy en día, algunos coreanos tienen razones de peso para someterse a la cirugía estética. La cirugía les proporciona otra oportunidad de invertir en sí mismos y de ganar ventaja en un entorno altamente competitivo. Los coreanos pasan por el quirófano para mejorar sus perspectivas en un proceso de solicitud de empleo, un posible matrimonio o la búsqueda de pareja, para subrayar su estatus socioeconómico o simplemente para satisfacer su deseo de tener un mejor aspecto. Los coreanos que son lo suficientemente ricos como para permitirse la cirugía estética envían un mensaje consciente o inconsciente al resto de sus compatriotas de que tienen dinero. Por eso, muchos son muy abiertos con sus amigos, familiares y conocidos a la hora de someterse al procedimiento. La cirugía plástica ha dejado de ser un tabú para convertirse en un símbolo de estatus.

Corea también exporta su cultura. A través de las telenovelas y el K-Pop, Corea presenta su versión de Hollywood al resto del mundo, especialmente a los países del sudeste asiático y a China. Como resultado del notable éxito del K-Pop y de las telenovelas coreanas, Corea se ha convertido en la meca de la cirugía plástica. Los viajes organizados por empresas de turismo médico para personas que buscan cirugía plástica son cada vez más populares. Una de las razones de esta popularidad, aparte del hecho de que las clínicas coreanas de cirugía estética se están promocionando activamente fuera de Corea, es que la cirugía estética en Corea, concretamente en Gangnam de la fama del «Gangnam Style», ha desarrollado una reputación de ser muy avanzada como resultado de la reputación de los cirujanos de estar entre los más exitosos de Asia.

Como resultado de esta excelente reputación, y con la ayuda de la popularidad del K-Pop y de las telenovelas, personas del sudeste asiático y de China acuden en masa a Gangnam para someterse a estos procedimientos. Una de las razones por las que tanto coreanos como extranjeros acuden a

Gangnam para someterse a una operación de cirugía plástica es que allí se operan los famosos del cine y la televisión y los ídolos del K-Pop. Además, en Gangnam se encuentran los mejores cirujanos plásticos y clínicas de cirugía. Además, el barrio de moda de Seúl, Gangnam, alberga empresas de turismo médico que promueven activamente sus servicios en otros países.

Este esfuerzo parece estar bien organizado y contar con el apoyo del Gobierno coreano. El sitio web Visit Medical Korea ofrece paquetes de viajes médicos en una amplia variedad de áreas médicas, como la medicina tradicional coreana, el tratamiento con células madre, la sustitución de la articulación artificial de la cadera y, por supuesto, la cirugía plástica y estética. El sitio web cuenta con un total de 2,084 hospitales y 1,682 facilitadores en todo el país. Los facilitadores son empresas que ofrecen promoción y servicios de turismo médico, incluidas las consultas y las reservas de hotel. Entre los servicios de interpretación disponibles en estos hospitales y facilitadores figuran los siguientes idiomas: árabe, inglés, chino, japonés, mongol y ruso. El sitio web indica que sus servicios son proporcionados por la Organización de Turismo de Corea, una entidad gubernamental.[14]

Un ejemplo del énfasis en el materialismo, en relación con la naturaleza competitiva de la cultura coreana, se encuentra en mi experiencia personal con el interés de una madre por el éxito futuro de su hijo. Esta madre creía que las personas más altas suelen tener más éxito en la vida y en su carrera. Por lo tanto, hizo que su hijo recibiera hormonas de crecimiento. Durante mi experiencia en la enseñanza de este alumno, experimentó literalmente dolores de crecimiento y llegó a ser bastante alto. Cuando estaba en el décimo curso, medía cerca de 1.80 metros.

El concepto de automatización

El uso generalizado de la automatización en la vida cotidiana coreana se da por sentado por los coreanos, que se benefician y disfrutan de las ventajas de eficiencia, comodidad y ahorro para el consumidor que genera la automatización. Aunque la automatización es común en Corea, puede resultarle bastante sutil e imperceptible al turista corriente. Sin embargo, para un occidental que tenga la oportunidad de sumergirse en varios aspectos de la economía, los efectos en el estilo de vida diario son sorprendentes. En el capítulo dos se analizan algunos ejemplos de tecnologías eficaces. Esos ejemplos, y otros, se revisan aquí desde una perspectiva económica. En la economía coreana actual, la automatización se relaciona con la eficiencia asociada al desempleo y otros problemas nacionales generalizados.

Automatización práctica que mejora la eficiencia y facilita un mejor servicio al cliente

Maniquíes de control de tráfico en las obras: Mis extensos viajes por todo el país me han permitido pasar por varias obras de construcción en las que se utilizan maniquíes de control de tráfico, en lugar de personas, las veinticuatro horas del día para alertar a los conductores de que deben ser más precavidos. Está claro que las empresas de construcción se benefician al ahorrar en costos de personal. Suponiendo que ese ahorro pase a los propietarios de los proyectos, ellos también se benefician económicamente.

Pulsadores de llamada en las mesas de los restaurantes: Los botones de llamada se utilizan universalmente en los restaurantes para ofrecer un servicio eficiente a los clientes. Los botones permiten a los clientes llamar a su mesero para cualquier necesidad. Al utilizar estos botones de llamada, el cliente recibe un servicio más rápido, los meseros son más eficientes y los propietarios de los restaurantes ahorran dinero en personal, lo que hace que el restaurante sea más competitivo. El ahorro se traslada a los clientes, que son los últimos beneficiarios de esta práctica, en forma de reducción del costo de la comida. Como se explica más adelante en este capítulo, la proliferación de restaurantes es la causa del entorno competitivo en el negocio de la restauración. Por lo tanto, los propietarios de los restaurantes necesitan utilizar estrategias de ahorro de costos para seguir siendo competitivos y generar beneficios. En consecuencia, según mi experiencia, los precios de la comida en los restaurantes de Corea son relativamente baratos en comparación con algunos países del Occidente.

Sistema de autoservicio centralizado para pedir comida: Estos sistemas se han instalado en patios de comidas, en grandes almacenes, terminales de autobuses, supermercados y paradas de descanso donde hay varios restaurantes contiguos. El objetivo de estos sistemas es hacer más eficiente el pedido de comida en varios restaurantes. Estos sistemas permiten a los clientes ver primero el menú y los precios de la comida, hacer un pedido y pagar la cuenta de cualquiera de los restaurantes participantes. Una vez hecho su pedido, se dirigen al restaurante para recoger su comida. Al utilizar estos sistemas de autoservicio para pedir comida, los propietarios de los restaurantes reducen costos en personal de caja. Una vez más, el beneficiario final es el cliente, que disfruta de un menor costo de la comida.

Cámaras de CCTV (circuito cerrado de televisión): Las cámaras de CCTV son omnipresentes en Corea. Son fáciles de detectar tanto en las calles como en los edificios y sus alrededores. Las cámaras de circuito cerrado se utilizan para la vigilancia, la seguridad del recinto, la prevención e investigación de delitos y el control de los estacionamientos. De este modo, los costos del personal de policía y seguridad se reducen considerablemente, si no se eliminan por completo.

Sistema de control de velocidad: Las cámaras de control de velocidad están situadas estratégicamente en las calles de la ciudad y en carreteras. Gracias a su uso, se reducen o eliminan los costos de las patrullas de calles y carreteras.

Sistemas de navegación coreanos: Los conductores coreanos utilizan mucho los sistemas de navegación. Una ventaja añadida de los sistemas de navegación coreanos es la capacidad de alertar a los conductores sobre la ubicación de las cámaras de control de tránsito/velocidad. Dado el énfasis en la eficiencia de la cultura coreana, esta información permite a los conductores reducir su velocidad mientras su coche está dentro del alcance del visor de las cámaras de control de velocidad. Por lo tanto, los conductores pueden cumplir más fácilmente los límites de velocidad y evitar las multas de tráfico. A la vez, estos sistemas automáticos permiten que las varias entidades de control de tránsito se ahorren dinero en personal, tanto de vigilancia como administrativo puesto que las multas por infracciones se generan de forma automática.

Cámaras de vigilancia: Como se ha descrito anteriormente, los conductores coreanos equipan su coche con una grabadora de tablero en el parabrisas que actúa como una «caja negra» en miniatura en los casos de accidente al grabar toda la actividad que tiene lugar delante del vehículo. Las grabaciones se utilizan para procesar eficazmente los ajustes de las reclamaciones en asuntos relacionados con accidentes. Al disponer de las pruebas, los peritos ahorran tiempo en la investigación de los accidentes y los clientes disfrutan de un procedimiento de reclamación más cómodo y eficaz. Además, los costos de los litigios se reducen de manera significativa gracias a las pruebas aportadas por estas cámaras. De este modo, las compañías de seguros generan ahorros en costos de personal al contratar menos peritos y empleados de atención al cliente. Como resultado, las compañías de seguros pueden trasladar el ahorro a los clientes.

Máquinas de atención al cliente en los bancos: La gran mayoría de las sucursales bancarias utilizan máquinas de atención al cliente que emiten números de boleto secuenciales y dirigen a los clientes al cajero bancario adecuado en función de las necesidades de la transacción del cliente y de la hora de llegada. Esta eficiencia en la atención al cliente beneficia a los clientes directa e indirectamente: los clientes reciben un servicio directo y de calidad, y los bancos necesitan menos personal para atender a la clientela.

Máquinas de autoservicio en oficinas gubernamentales: En las oficinas gubernamentales, los clientes que necesitan servicios esenciales, como la obtención de una prueba de residencia, utilizan máquinas de autoservicio para completar su transacción. Al incorporar las máquinas, las entidades gubernamentales proporcionan un mejor servicio al público y generan ahorros en los costos de personal al contratar menos empleados de oficina. Un uso eficiente comparable de la tecnología en Estados Unidos es el servicio de autoservicio disponible en algunas grandes cadenas de supermercados, donde los clientes que se inclinan por este servicio para evitar tener que hacer largas colas en la caja pueden procesar la transacción de compra escaneando ellos mismos cada uno de los artículos de su cesta, embolsando su propia compra y utilizando su tarjeta de débito o crédito para pagar su factura.

Máquinas de autoservicio para pacientes en los hospitales: Como residente en Corea, tuve la oportunidad de visitar tanto grandes hospitales como pequeñas clínicas para recibir atención médica durante mi estancia. La eficiencia con la que se satisfacen las necesidades de un gran número de pacientes fue impresionante. Esta eficiencia se facilita por el uso estratégico de la tecnología. Por ejemplo, visité regularmente un hospital que utilizaba máquinas de autoservicio para pacientes situadas en el vestíbulo. Estas máquinas emiten números para procesar a los pacientes y los dirigen a la ventanilla correspondiente. También, los pacientes pueden pagar los servicios programados, como la visita al médico y las pruebas de laboratorio. Por último, las máquinas incluso generan la receta del paciente tras completar todos los servicios. Naturalmente, estas máquinas de autoservicio permiten a los pacientes disfrutar de un servicio de atención al cliente rápido y eficaz, y el hospital puede repercutir el ahorro generado por la reducción de los costos de personal. Según mis observaciones, en Corea proliferan los hospitales y clínicas. Por tanto, los pacientes tienen muchas opciones. En consecuencia, las clínicas médicas y los hospitales se ven obligados a utilizar la tecnología para mejorar la eficiencia y reducir los costos debido a la feroz competencia. Según mi experiencia, los servicios médicos en Corea son mucho menos costosos que en Estados Unidos.

Aunque Corea es un país que marca la tendencia en la utilización de la tecnología para aumentar la eficiencia y ofrecer un mejor servicio al cliente, otros países también están avanzando en este sentido. Los hospitales de Estados Unidos, por ejemplo, también están adoptando la tecnología para aumentar la eficiencia y ofrecer un mejor servicio a los pacientes. Los hospitales y otros proveedores de atención sanitaria están poniendo aplicaciones a disposición de los pacientes para que puedan gestionar su atención médica concertando citas con el médico, comunicándose con él por correo electrónico, haciendo un seguimiento de los cambios en su historial médico como los resultados de los análisis, haciendo un seguimiento de los medicamentos que están tomando e incluso pagando sus facturas en línea. Claramente, al aprovechar al máximo la tecnología, los proveedores de servicios sanitarios reducen los costos de personal.

Sistemas digitalizados en los hospitales: En el anterior escenario hospitalario coreano, una vez que el paciente completa el tratamiento inicial en la zona del vestíbulo, pasa a la unidad hospitalaria designada.

Las unidades emplean un sistema digitalizado para gestionar la entrada de pacientes y facilitar el procesamiento de un gran número de ellos. Una vez registrados los pacientes en el mostrador de la recepcionista, el sistema automatizado muestra el nombre del paciente y el orden en el que lo verá el médico. La tecnología mejora la eficiencia de los hospitales al procesar a los pacientes de forma ordenada y puntual. Los pacientes se sienten satisfechos porque se benefician de una tramitación eficiente de los servicios, que les permite utilizar su tiempo de espera de forma eficaz, ya que saben aproximadamente cuándo verán al médico. El sistema también ayuda a las enfermeras y a los médicos al informarles del orden exacto de los pacientes. Desde el punto de vista financiero, gracias al uso eficaz de la tecnología, los hospitales pueden recortar costos al reducir el número de empleados, como los recepcionistas, lo que disminuye los costos administrativos. El ahorro de los hospitales se traduce también en un ahorro para los pacientes en forma de costos médicos más bajos. Como ya se ha dicho, al reducir los costos de personal y trasladar el ahorro a los pacientes, los proveedores de servicios sanitarios de Corea pueden ofrecer servicios accesibles a los pacientes y sobrevivir la brutal competencia en este campo.

El propósito de incluir estos ejemplos de automatización no es condenar la implantación de la eficiencia en los sistemas e instituciones cotidianas de Corea. Young Lee y yo reconocemos que, a medida que las sociedades avanzan tecnológicamente, la automatización se incorpora a la vida cotidiana. Del mismo modo, los avances tecnológicos facilitan la eficiencia en todos los sectores, lo que puede repercutir en un mejor servicio al cliente y en la reducción de costos. Sin embargo, corresponde a los políticos responsables no sólo reconocer los efectos económicos de las consecuencias previstas y no previstas de la maximización de la eficiencia, sino también tener en cuenta estos resultados a la hora de hacer proyecciones a largo plazo y adoptar políticas económicas que beneficien a todos. La opinión pública se ha quejado de la eliminación de puestos de trabajo provocada por la automatización. Sin embargo, una vez que los avances tecnológicos se aplican con éxito para la automatización, es prácticamente imposible dar un paso atrás. Por lo tanto, Young Lee y yo planteamos una pregunta hipotética en relación con las quejas sobre la eliminación de puestos de trabajo asociada a la automatización: si fuera posible volver a una situación anterior en la que la automatización y la pérdida de puestos de trabajo no existieran, ¿Estaría el público dispuesto a renunciar a la eficiencia y al ahorro monetario que ha generado la automatización? Por experiencia personal, parece que el público disfruta de los beneficios directos e indirectos de la automatización, como la eficiencia, la rapidez del servicio, la autosuficiencia y los precios más bajos, y acepta la inevitabilidad de la eliminación de puestos de trabajo que conlleva.

La educación

Corea tiene una de las tasas de alfabetización más altas del mundo. Para respaldar esta afirmación, proporcionaré datos pertinentes del Centro Nacional de Estadísticas Educativas (NCES por sus siglas en inglés), una entidad del Departamento de Educación de Estados Unidos y del Instituto de Ciencias de la Educación. Estos datos se recopilan en base a los datos proporcionados por los países miembros de la OCDE. Según el NCES, en 2017, Corea se distinguió por tener el nivel más alto de terminación de la escuela secundaria en el grupo de edad de veinticinco a treinta y cuatro años (los nacidos entre 1983 y 1992) entre las treinta y cuatro de las treinta y seis naciones miembros de la OCDE que reportaron datos en esta categoría. Mientras que la tasa promedio de finalización de la enseñanza de preparatoria en los países de la OCDE en esta categoría era del 85%, la tasa de finalización de la enseñanza de preparatoria en Corea era de un sorprendente 98%.[15] Sin embargo, no es sorprendente que la tasa de finalización de la enseñanza de preparatoria para el grupo de edad de cincuenta y cinco a sesenta y cuatro años fuera solo del 64%.[16] Estas dos estadísticas parecen reflejar el énfasis que Corea ha puesto en la educación después de la guerra de Corea, especialmente desde la década de 1980. Durante este periodo, Corea también experimentó la democratización de la educación superior y un asombroso aumento de la productividad del país, medida por el PIB.

La democratización de los estudios superiores

Entre las naciones de la OCDE, Corea ha tenido un éxito único en la democratización de la educación superior. En consecuencia, además de tener una alta tasa de alfabetización, también tiene uno de los porcentajes más altos de individuos con un título de educación superior en el mundo. Según el NCES, en 2017, Corea ocupa el tercer lugar, por detrás de Canadá y Japón, entre los países de la OCDE en cuanto a la parte de la población de veinticinco a sesenta y cuatro años con algún título de educación superior, con un 48%, es decir, once puntos porcentuales más que el promedio de la OCDE.[17] En 2017, el promedio de la OCDE entre los treinta de los treinta y seis países miembros que proporcionaron datos en esta categoría fue del 37%. El porcentaje de Corea en esta categoría se duplicó, pasando del 24% en 2000 al mencionado 48% en 2017, como resultado de la democratización de la educación superior en Corea desde principios de la década de 1980. Solo el pequeño país de Irlanda pudo igualar el asombroso aumento de veinticuatro puntos de Corea en esta categoría en el mismo periodo.[18]

El NCES desglosa además los datos de titulación universitaria presentados anteriormente en dos categorías de edad: de veinticinco a treinta y cuatro y de cincuenta y cinco a sesenta y cuatro años. Los datos de Corea subrayan aún más la enorme diferencia de logros entre las dos generaciones y señalan el comienzo de la democratización de la educación superior. En concreto, para 2017, el país ocupa el primer puesto entre las treinta y cinco de las treinta y seis naciones de la OCDE que presentaron datos sobre el porcentaje de la población que había alcanzado algún título universitario con un sorprendente 70% en el grupo de edad de veinticinco a treinta y cuatro años (los nacidos entre 1983 y 1992).[19] Por el contrario, el grupo de cincuenta y cinco a sesenta y cuatro años (los nacidos entre 1953 y 1962) alcanzó un previsible y triste 21% en la misma categoría.[20] El hecho de que el grupo de cincuenta y cinco a sesenta y cuatro años tenga un nivel de estudios relativamente bajo no es sorprendente, ya que las personas que componen este grupo nacieron en los años posteriores a la guerra de Corea. Ningún otro país de la OCDE se acerca a la enorme diferencia del 48% entre los dos grupos de edad. Estos datos también son una prueba más de la asombrosa recuperación tras la guerra de Corea y del papel central que la educación desempeñó en el milagro del río Han.

Es muy probable que el porcentaje de personas de entre veinticinco y sesenta y cuatro años de edad que poseen un título universitario aumente en los próximos años, y sin duda seguirá superando el promedio de los países de la OCDE por un amplio margen. Según un artículo publicado en *The Korea JoongAng Daily* el 23 de enero de 2017, «el 69.8 por ciento de los coreanos graduados de secundaria continuaron sus estudios en universidades a partir del año pasado [2016]. Aunque el número de solicitantes de títulos universitarios ha ido disminuyendo en el país, la cifra sigue siendo superior al promedio de la OCDE, que es del 41 por ciento».[21] El hecho de que casi el 70% de los coreanos graduados de preparatoria hagan la transición a la universidad es una estadística asombrosa. Es un testimonio no solo del hecho de que la educación es muy valorada, sino que se ve como el camino hacia la seguridad financiera, la prosperidad económica y el prestigio.

Esta percepción, junto con la democratización de la educación superior y el afán casi compulsivo de obtener un título de bachillerato, tiene graves ramificaciones a varios niveles. Una de ellas es el impacto económico en el empleo/desempleo, por no hablar de las personas y las familias, dadas las cantidades de dinero que se gastan en educación privada desde la escuela primaria hasta la preparatoria y más allá. Los *hagwons*, junto con los tutores privados, se han convertido en una industria en sí mismos. Los padres se ven obligados a destinar una gran parte de sus ingresos y/o ahorros para pagar la educación privada de sus hijos sólo para estar a la altura de los vecinos, teniendo a menudo que endeudarse para cubrir estos gastos. Otra consecuencia es el nivel de estrés que experimentan las familias y los estudiantes. Los padres sienten el pellizco financiero y los estudiantes experimentan la falta de sueño. Por lo general, los estudiantes se ven sometidos a una gran presión para cumplir no sólo las expectativas de los padres, sino también las de la familia.

Lo más preocupante es el elevado número de casos asociados a daños intencionados que lo han impulsado a ser la principal causa de muerte entre los jóvenes de nueve a veinticuatro años de edad entre 2007 y 2017. Los críticos pueden argumentar que la relación entre el daño intencional y el estrés escolar no se ha establecido a través de la investigación. Sin embargo, la correlación potencial es difícil de ignorar. Las investigaciones han demostrado que el 50% de los jóvenes coreanos están insatisfechos con sus vidas. Han expresado niveles de felicidad poco profundos. Han identificado la escuela como la causa del estrés. Pasan muy poco tiempo al aire libre y dedican muy poco tiempo a la actividad física. Ante estos signos, los expertos piden que se aligere la carga de los jóvenes, que se les dé más tiempo libre y actividades en las que puedan participar. Estas estadísticas desalentadoras suscitan la pregunta: ¿la sociedad coreana las toma en serio?

Salida forzada de la fuerza laboral

Una de las consecuencias no deseadas de la democratización de la enseñanza superior es la elevada inflación de grados. Cada año se gradúan más estudiantes de los que la economía puede absorber. Debido al gran número de coreanos que se gradúan anualmente de la universidad, existe un alto nivel de desempleo y subempleo de personas con un alto nivel de estudios. La sobreabundancia de mano de obra hace que a los empresarios les resulte muy ventajoso ser económicamente eficientes renovando su plantilla con regularidad para mantener los costos bajos. Por lo tanto, es común que las personas de entre cuarenta y cincuenta años sean expulsadas de la población activa para dejar paso a una mano de obra más joven y menos costosa, aunque con menos experiencia. Una vez más, la eficiencia económica es un factor. Como resultado de la inflación de grados mencionada anteriormente, la discriminación por edad relacionada con el trabajo está muy viva en Corea. Sin embargo, dada la naturaleza práctica de los coreanos, no se considera una discriminación. Por el contrario, los coreanos consideran que este cambio es un resultado directo de la condición económica del país y, por lo tanto, un hecho de la vida. Los coreanos saben que su tiempo como parte de la fuerza laboral es limitado, por lo que se preparan para hacer planes desde el principio para esta transición de vida que saben que tendrá lugar en algún momento entre mediados de los cuarenta a mediados de los cincuenta años. Saben que durante sus veinte y treinta años necesitan ahorrar dinero. A menudo, las personas que se ven empujadas a abandonar la población activa no tienen suficientes ahorros para su jubilación debido a los gastos asociados a la educación de sus hijos. En algunos casos, tras la jubilación, siguen teniendo que hacer frente a los gastos de educación (por ejemplo, el costo de los *hagwons* o la matrícula universitaria de sus hijos). Cuando los individuos no tienen suficientes ahorros y, al mismo tiempo, se encuentran sin trabajo, dependen de la generación mayor para que les proporcione un lugar donde vivir y, a veces, incluso dinero suficiente para iniciar un pequeño negocio.

Sobresaturación de pequeñas empresas

Aquellos que tienen acceso a recursos financieros, ya sean suyos o de sus padres, o que pueden pedir dinero prestado a un banco, suelen optar por poner en marcha un pequeño negocio que no requiera conocimientos muy especializados ni siquiera experiencia empresarial previa. Las opciones más populares son las cafeterías, las tiendas de conveniencia, las pizzerías y otros negocios de preparación y entrega de alimentos. Sin embargo, la opción más común es abrir un restaurante de comida rápida o una tienda de conveniencia sujeta a franquicia. La sobresaturación de estos negocios es evidente, especialmente cuando se trata de cafeterías, tiendas de conveniencia y restaurantes. No es raro encontrar negocios similares en la misma cuadra compitiendo por la misma clientela. En consecuencia, la competencia es brutal y las condiciones de trabajo son extremadamente exigentes. En muchos casos los ingresos son inferiores al salario mínimo, dadas las largas horas que se requieren para gestionar con éxito los pequeños negocios. Además, el índice de fracaso es bastante alto cuando los propietarios carecen de preparación y emprendimiento en pequeñas empresas.

Los datos de la OCDE reflejan la situación de todo el país. Apoyan la afirmación de que el porcentaje de autoempleo en Corea es excepcionalmente alto. Según los datos de la OCDE de 2018, la porción de autoempleo de Corea es del 25.1% del empleo total. En cambio, la tasa de autoempleo de Estados Unidos es de 6.3% y la de Japón es de 10.3%.[22] En octubre de 2018, se estimó que el número de propietarios de pequeñas empresas en Corea ascendía a 6.7 millones, es decir, aproximadamente el 26% de la población económicamente activa.[23] La consistencia en el alto porcentaje de la población económicamente activa que trabaja por cuenta propia es un testimonio del espíritu emprendedor del pueblo coreano, así como de las limitadas opciones disponibles para los individuos que están siendo empujados fuera de la fuerza laboral. Estas estadísticas pueden ser también un remanente de los días en que Corea era considerada un país en desarrollo. El profesor Ha-Joon Chang, que enseña economía en Cambridge University, afirma que «la gente es mucho más emprendedora en los países en desarrollo que en los desarrollados».[24] Su afirmación se basa en los datos de un estudio de la OCDE que muestra que:

> ...en la mayoría de los países en desarrollo, entre el 30% y el 50% de la mano de obra no agrícola trabaja por cuenta propia... En algunos de los países más pobres, la proporción de personas que trabajan como empresarios individuales puede ser muy superior... En cambio, sólo el 12.8% de la mano de obra no agrícola de los países desarrollados trabaja por cuenta propia.[25]

La Federación Coreana de Pequeñas y Medianas Empresas realizó una encuesta entre setecientos propietarios de pequeñas empresas con menos de cinco empleados. Descubrieron que, en promedio, los propietarios de pequeñas empresas trabajan 10.9 horas al día, ya que la capacidad de contratar trabajadores a tiempo parcial es limitada.[26] En promedio, sólo se toman tres días libres al mes.[27] Esta realidad subraya lo duro que tienen que trabajar los propietarios de pequeñas empresas autónomas para ganarse la vida. Por muy dura que sea esta situación, puede parecerse a la vida de los propietarios de pequeñas empresas en otras partes del mundo, ya que dirigir una pequeña empresa es una tarea de veinticuatro horas al día, 365 días al año. Aunque la situación de los propietarios de pequeñas empresas es menos que ideal, sus opciones en Corea son limitadas.

Aunque es imposible confirmar una relación causal, el alto nivel de inflación de grados parece contribuir a la elevada tasa de desempleo en ciertas áreas demográficas. Como ya se ha dicho, esta sobreabundancia de candidatos sobrecalificados en el mercado laboral hace que a los directivos de las empresas les resulte económicamente eficiente sustituir a los trabajadores de entre cuarenta y cincuenta años por empleados más jóvenes y menos costosos, aunque con menos experiencia, de entre veinte y treinta años de edad. A su vez, esta práctica deja un gran número de desempleados de mediana edad con responsabilidades familiares, algunos con préstamos pendientes utilizados para pagar la educación privada de sus hijos. Estas personas buscan una forma de ganarse la vida y posiblemente pagar esos préstamos. En consecuencia, la apertura de una pequeña empresa se ve como una solución rápida y eficaz para el dilema financiero de un individuo. Sin embargo, el desafío macroeconómico sigue sin resolverse y la alta tasa de quiebra de las pequeñas empresas se agrava.

Las empresas de franquicia facilitan que personas con poca o ninguna formación en gestión de pequeñas empresas prueben su capacidad empresarial al proporcionar los servicios, productos y mercancías necesarios. Por lo tanto, abrir una pequeña empresa mediante una franquicia es una forma sencilla y eficaz, aunque arriesgada, de convertirse en propietario de un negocio. En última instancia, si el individuo fracasa en su empresa, es la carga financiera del individuo, no la carga de la corporación de la franquicia. Esta tensión da lugar a una competencia feroz entre los propietarios de estas pequeñas empresas, así como a un alto índice de quiebras. Muchos de estos propietarios de pequeñas empresas se ven obligados a pedir dinero prestado para mantenerse a sí mismos y a sus familias mientras intentan hacer despegar el negocio. Esta situación agrava la situación financiera de la familia.

Otra razón por la que las personas pueden optar por generar algunos ingresos convirtiéndose en propietarios de pequeñas empresas tras la jubilación es la insuficiencia de los ahorros para la jubilación. Esta insuficiencia es el resultado de la voluntad de los padres de sacrificar todo, incluso sus ahorros para la jubilación, para sufragar los gastos de educación privada de sus hijos. Al final, lo que parece una apuesta segura acaba siendo una lucha a largo plazo por la supervivencia económica.

Expectativas convencionales frente a nuevas actitudes

En el pasado reciente, se esperaba que los hombres jóvenes se casaran a los treinta años, después de graduarse de la universidad, completar el servicio militar y trabajar durante algunos años. De las mujeres jóvenes se esperaba que se casaran a finales de los veinte años. Hoy en día, sin embargo, la gente permanece soltera durante un periodo más largo. Algunos permanecen solteros durante más tiempo para trabajar y ahorrar suficiente dinero para poder emprender con éxito el camino socialmente aceptable. Este camino incluye la búsqueda del matrimonio a la edad apropiada. Sin embargo, los miembros de la generación más joven optan cada vez más por permanecer solteros durante un periodo más prolongado. En muchos casos, optan por renunciar al matrimonio por completo, debido al compromiso financiero que supone tener una familia, criar a los hijos y el miedo a la incapacidad de cumplir estas expectativas.

Tasa de fertilidad

Los costos de la educación privada están realmente asociados a la crianza de los hijos y siguen siendo una fuente de preocupación para los futuros padres. La percepción de que estas experiencias educativas son esenciales para que los estudiantes tengan una oportunidad en el competitivo entorno educativo del país es universalmente aceptada. Los datos del Servicio de Información Estadística de Corea (KOSIS, por sus siglas en inglés) indican que la tasa de fertilidad de los últimos diez años fue la siguiente:

Gráfica 2: Tasa de fertilidad 2008–2017[28]

Año	Tasa de fertilidad
2008	1.19
2009	1.15
2010	1.23
2011	1.24
2012	1.30
2013	1.19
2014	1.21
2015	1.24
2016	1.17
2017	1.05

Factores culturales y económicos que contribuyen a la baja tasa de fecundidad

Cada vez son más los jóvenes coreanos que retrasan y, en muchos casos, abandonan por completo la idea del matrimonio. Este cambio de comportamiento parece ser un fenómeno mundial, sobre todo en los países industrializados. En Corea, sin embargo, los costos prohibitivos asociados a la crianza de un hijo, en particular el alto costo de la educación privada, contribuyen a estas decisiones en una medida inusual. Un número cada vez mayor de hombres jóvenes se consideran incapaces de proporcionar el nivel de vida que las mujeres esperan para ellas y sus hijos. Del mismo modo, un número creciente de mujeres jóvenes se sienten incapaces de cumplir las expectativas sociales que se depositan en ellas. Tradicionalmente, se esperaba que las mujeres coreanas se quedaran en casa para criar a los hijos, cuidar de su marido y hacer las tareas domésticas. Hoy en día, las mujeres coreanas desempeñan un papel más activo en el trabajo. Sin embargo, las expectativas sociales son difíciles de erradicar. En consecuencia, a las mujeres profesionales les resulta difícil mantener su carrera y cumplir con las expectativas sociales tradicionales, por ejemplo, cocinar, cuidar a los hijos, hacer las compras y las tareas domésticas. Por ello, cada vez más mujeres profesionales optan por permanecer solteras o, si deciden casarse, pueden optar por no tener hijos. Aunque estas tendencias son generalizadas en otras culturas industrializadas, la fascinación cultural de Corea por la eficiencia y las expectativas sociales agravan estas tendencias hasta un punto problemático.

Los factores culturales, sociales y económicos desempeñan un papel fundamental en las decisiones relacionadas con el hecho de casarse o permanecer soltero o tener hijos. Según la mentalidad coreana, un padre ideal es aquel que puede proporcionar ayuda económica a sus hijos. Esta creencia fue confirmada a través de una investigación realizada por Moon Moo-gyeong, jefe de investigación y cooperación internacional del Instituto Coreano de Cuidado y Educación Infantil, quien presentó los resultados de una encuesta en el Foro de Avance de la Crianza de los Hijos el 13 de diciembre de 2016, los cuales fueron publicados por *The Hankyoreh* el primero de enero de 2017. Según los resultados de la encuesta, «los padres creen que la capacidad financiera es el requisito más crucial para ser un padre ideal».[29] Además, los encuestados se consideran a sí mismos «inadecuados como padres debido a su percepción de que no están proporcionando suficiente ayuda financiera».[30] Por lo tanto, parece que algunas parejas coreanas se consideran incapaces de estar a la altura de estas expectativas socioculturales y optan por no tener hijos en lugar de convertirse en padres a riesgo de no poder proporcionar la ayuda económica necesaria a sus hijos. En concreto, la encuesta citada anteriormente reveló que los padres están gastando «un promedio de

24.8% de sus ingresos familiares en la crianza de sus hijos».[31] Además, se informó de que, según la encuesta, «el 59.7% de los padres se sienten presionados por estos gastos».[32]

Proyecciones domésticas

Durante años, las proyecciones demográficas sobre la disminución del tamaño de los hogares han anticipado lo que ya está ocurriendo en Corea. Las proyecciones sobre los hogares con hijos frente a los que no los tienen, y los hogares unipersonales, señalan que la tendencia continuará hasta 2030 y más allá. Según un análisis estadístico publicado por Statistics Korea (Estadísticas de Corea) en 2010, se preveía que los hogares con niños sufrirían una importante reducción en el periodo de veinte años comprendido entre 2010 y 2030. Se previó que los hogares con niños disminuyeran del 54.7% al 45.5% del total de hogares.[33] Mientras tanto, se previó que los hogares sin niños (incluidos los unipersonales) aumentaran del 36.7% al 45.9% del total de hogares.[34] Estas tendencias tendrán un impacto decisivo no sólo en la economía coreana, sino en la sociedad en su conjunto. Dado que ha transcurrido casi la mitad del tiempo desde que se hicieron estas proyecciones, corresponde a los dirigentes coreanos determinar la exactitud de las mismas y el grado de preparación del país para esta eventualidad.

Statistics Korea publicó el resultado de un estudio demográfico similar en 2017. Las dos principales diferencias entre el estudio de 2010 y el de 2017 son las siguientes: el estudio de 2010 compara las proyecciones demográficas de 2010 y 2030, mientras que el de 2017 hace coincidir los datos demográficos de 2015 con las proyecciones de 2045. El estudio de 2017 también extrae las cifras de los hogares unipersonales de las cifras de los hogares sin hijos. En otras palabras, los tres grupos demográficos, incluidos los hogares de parejas con hijos, los hogares sólo de parejas y los hogares unipersonales se presentan por separado.

La decidida ventaja del estudio de 2017 representa un arma de doble filo. Por un lado, proporciona proyecciones más lejanas en el futuro que el estudio de 2010. Esta ventaja les resulta particularmente importante a los líderes gubernamentales y otros, ya que proporciona tiempo adicional para hacer los planes necesarios para prepararse para el futuro. Por otro lado, siendo la naturaleza humana la que es, es posible que los actores claves caigan en la trampa de la complacencia pensando que el año 2045 está muy lejos y que la urgencia de comprometerse en una planificación seria y tomar medidas puede no ser tan crítica. El estudio de 2017 parece confirmar las tendencias que se anticipaban ya en 2010.[35] En concreto, se prevé que los hogares de parejas con hijos disminuyan entre 2015 y 2045. Por el contrario, se proyecta que los hogares formados solo por parejas y los unipersonales aumenten en el mismo periodo.[36]

Estas proyecciones tienen profundas implicaciones para la economía coreana y, en concreto, para las familias. Proyectar lo que ocurrirá en el futuro con un alto grado de certeza es difícil. Sin embargo, es innegable que las proyecciones demográficas empiezan a materializarse en los campus universitarios. Por lo tanto, corresponde a los líderes gubernamentales y académicos, a los responsables políticos, a los directores generales y a los directores financieros de las empresas, y a los economistas, realizar modelos informáticos que arrojen posibles escenarios. Estos escenarios ayudarán a los dirigentes a aplicar políticas y establecer objetivos que generen resultados que produzcan suficientes fuentes de trabajo, promuevan el crecimiento económico, refuercen la seguridad pública y ayuden a mantener la estabilidad social.

Uno de los escenarios probables es que habrá menos adultos que trabajen para asumir la responsabilidad de mantener unos servicios sociales de calidad para una población cada vez más envejeciente. Si estas proyecciones sobre los hogares se materializan —y a partir de la publicación de este libro todo indica que así será— el desempleo podría estabilizarse. Una de las variables que influyen en el desempleo es la automatización, que los coreanos parecen abrazar sin reservas. Es difícil imaginar un escenario en el que el desempleo no se vea afectado si la innovación en la tecnología y la industria siguen avanzando. ¿Qué ocurrirá si las empresas y la industria siguen incorporando la tecnología y la automatización a las operaciones cotidianas en busca de un mejor servicio al cliente, mayores niveles de eficiencia y mayores márgenes de beneficio? El historial de Corea parece apuntar a una continuación de prácticas similares. ¿Exacerbarán estas prácticas la elevada tasa de desempleo juvenil existente? ¿Instigarán el malestar social o quizás otra ola de fuga de cerebros provocada por los jóvenes que abandonan el país en busca de mejores oportunidades de trabajo en otros lugares? Para que la economía coreana siga prosperando, las grandes empresas deben seguir innovando, generando suficientes fuentes de trabajo y manteniendo o posiblemente aumentando los niveles de exportación.

La eficiencia generada por la automatización y la innovación técnica e industrial ya está teniendo un impacto, no sólo en Corea, sino también en otras sociedades avanzadas, ya que Corea no tiene el monopolio de la eficiencia en todas sus formas. La eficiencia es uno de los fundamentos del capitalismo. Por ello, los que vivimos en otros países capitalistas nos beneficiamos de la eficiencia y disfrutamos de más tiempo libre que la mayoría de los coreanos. La pregunta es: «¿a qué precio?». El capitalismo al estilo coreano parece tener un sabor más concentrado, como el K-Pop y el *kimchi*, posiblemente como resultado de los valores culturales y la idiosincrasia, entre ellos la unidad y la armonía, la conformidad, la creación de consenso, la disposición a hacer sacrificios individuales y colectivos por el bien del grupo, el énfasis en la eficiencia y la cultura *ppali ppali*.

La presión económica

La economía coreana se ve presionada en ambos extremos del espectro demográfico, tanto por una baja tasa de fertilidad como por el rápido envejecimiento de la población. Según las estadísticas coreanas, el porcentaje actual y proyectado de personas mayores de sesenta y cinco años hasta el año 2050 son los siguientes.

Gráfica 3: Personas mayores de sesenta y cinco años o más, actuales y previstas[37]

Año	% de la población 65+
2017	13.8%
2018	14.3%
2020	15.6%
2030	24.5%
2040	32.8%
2050	38.1%

Según Quartz Media, el aspecto del envejecimiento con un efecto doblemente adverso (es decir, la baja tasa de fecundidad y el envejecimiento de la población) se describe de la siguiente manera:

Con las personas mayores a punto de constituir el 14% de la población, Corea está a punto de convertirse en una «sociedad envejecida», un umbral que alcanzó mucho más rápido que otros países desarrollados. Según la Oficina Nacional de Estadística (pdf, p5), Japón tardó 24 años en pasar de ser una «sociedad en proceso de envejecer» (definida como los mayores que representan el 7% de la población) a una envejecida: el número de mayores de 65 años se situó en 34.6 millones en Japón, o más del 27% de su población, según cifras publicadas en 2016. Alemania tardó 40 años y Francia 115 años en hacer la misma transición. Corea se convirtió en una sociedad en proceso de envejecer hace solo 17 años.[38]

Está claro que la actual administración es consciente del impacto económico de esta precaria situación. El artículo continúa citando una declaración del actual presidente:

El presidente Moon Jae-in dijo que el país se enfrenta a una «crisis nacional», y que si el país no hace más en los próximos años para animar a las mujeres a tener más hijos, incluyendo el cuidado de los niños, la vivienda y las reformas laborales, no habrá «ninguna manera de reparar el daño».[39]

Soluciones a corto y largo plazo

La pregunta sigue siendo: ¿qué están dispuestos a hacer los líderes políticos, y el país en su conjunto, para afrontar esta «crisis nacional», como denomina el actual presidente coreano a esta situación? ¿Están dispuestos a abordar estas complejas cuestiones desde una perspectiva sistémica u holística, o se van a conformar con soluciones a corto plazo? ¿Va a resurgir de nuevo el ímpetu nacionalista, como ha ocurrido en el pasado cuando el país se enfrentó a situaciones difíciles?

Hasta ahora, parece que las soluciones rápidas están a la orden del día para frenar el impacto de la baja tasa de fecundidad y, posiblemente, revertirla. Algunas ciudades, por ejemplo, han puesto en marcha subvenciones para la natalidad o prestaciones únicas para incentivar a las parejas a tener hijos y aumentar así la tasa de fecundidad. Como las ciudades conceden estas ayudas, su dispersión varía en función del lugar de residencia de las parejas. Por ejemplo, en el momento de escribir esta obra, el Gobierno de Seúl asigna el equivalente a trescientos dólares de subvención por el primer hijo y mil dólares por el segundo. El Gobierno de Busán no concede ayudas para el primer hijo, el equivalente a quinientos dólares para el segundo y mil quinientos dólares para el tercero. Se trata de subvenciones únicas que la mayoría de las parejas no consideran, con razón, un incentivo suficiente para motivarles a tener hijos, dada la cantidad de dinero necesaria para criarlos.

El Gobierno ha intentado sin éxito promover el permiso de paternidad, que está recogido en la Ley de Ayuda a la Igualdad Laboral y al Equilibrio Familiar. Esta ley permite a los empresarios conceder una excedencia por cuidado de hijos de hasta un año por cada hijo menor de ocho años. No es raro que se exija a los empresarios que contraten a un sustituto para el empleado que se acoja a la excedencia por cuidado de hijos. Por este y otros motivos, la ley plantea graves problemas a las pequeñas y medianas empresas que no disponen de los recursos de las grandes corporaciones. Los trabajadores coreanos son muy conscientes de estos retos. Por eso, aunque la ley es bastante generosa en lo que respecta a los permisos remunerados, los varones coreanos dudan en utilizar este beneficio A menudo les preocupa que puedan perder su puesto de trabajo tras regresar de la excedencia para el cuidado de los hijos, a pesar de que la ley prohíbe este resultado. El artículo 19 de la Ley de Igualdad de Oportunidades en el Empleo y de Ayuda al Equilibrio Laboral y Familiar establece lo siguiente:

(3) Ningún empleador podrá despedir, ni tomar ninguna otra medida desfavorable contra un trabajador a causa de la excedencia para el cuidado de los hijos, ni despedir al trabajador correspondiente durante el período de la excedencia para el cuidado de los hijos...

(4) Una vez que el trabajador haya finalizado la excedencia por cuidado de hijos, el empresario deberá reincorporarlo al mismo trabajo que tenía antes de la excedencia, o a cualquier otro trabajo con el mismo salario.[40]

Según un artículo aparecido en *Forbes* el 25 de agosto de 2015, solo el dos por ciento de los padres en Corea se acogen al permiso de paternidad.[41] El informe también afirma que otro motivo de la falta de interés de los hombres coreanos por acogerse a esta ley es cultural: «aunque Corea del Sur y Japón ofrecen a los padres el mayor tiempo de baja laboral remunerado, muy pocos hombres lo aprovechan debido a la percepción cultural de que la crianza de un hijo es principalmente tarea de la madre».[42] Otra posible razón por la falta de interés en aprovechar esta opción es la relativamente baja compensación. Según una gráfica facilitada por *Forbes*, la compensación promedio que reciben los padres que se acogen a esta excedencia por cuidado de hijos es el 31% de los ingresos nacionales en 2014.

Gráfica 4: Donde los padres reciben más permisos de paternidad[43]

Donde los padres reciben más permisos de paternidad
Semanas de permiso remunerado y pago promedio relacionado con los ingresos nacionales en 2014

	Semanas de permiso remunerado para los padres	Tasa de pago promedio
Corea del Sur	52.6	31.0%
Japón	52.0	58.4%
Francia	28.0	24.2%
Luxemburgo	26.4	40.0%
Países Bajos	26.4	19.3%
Bélgica	19.3	25.7%
Suecia	10.0	18.9%
Alemania	8.7	47.0%
España	2.1	100.0%
Reino Unido	2.0	20.2%
Canadá	0.0	0.0%
Irlanda	0.0	0.0%
Turquía	0.0	0.0%
Estados Unidos	0.0	0.0%

Fuente: OECD

Forbes statista

Las perspectivas de la enseñanza superior en el contexto de las proyecciones demográficas

Los datos demográficos disponibles aportan antecedentes útiles sobre el futuro de la enseñanza superior en Corea. La disminución de los grupos de dieciocho años desde el año 2000, junto con la alta tasa de desempleo juvenil, puede indicar un aumento de la eficiencia de Corea, dado que el PIB de Corea se ha mantenido estable durante los últimos años. Un artículo publicado en el *Maeil Economy* el 18 de junio de 2018 cita algunas estadísticas muy alentadoras de la Oficina Nacional de Estadísticas de Corea.[44] Esencialmente, los grupos de dieciocho años han disminuido desde el año 2000 y se prevé que sigan disminuyendo al menos hasta el año 2040. Se prevé que esta población disminuya en un asombroso 48% entre 2000 y 2040.[45] Este descenso es claramente un producto de la persistente baja tasa de fecundidad. Los factores que contribuyen a la baja tasa de fecundidad se han analizado anteriormente en este capítulo.

Gráfica 5: Población de dieciocho años actual y proyectada[46]

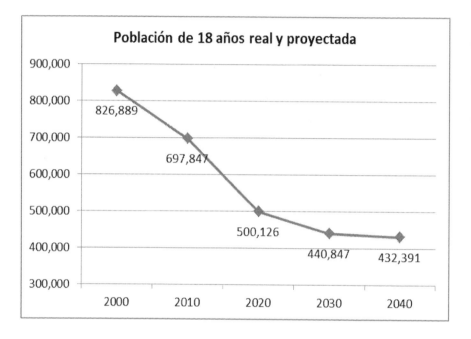

Según el artículo citado, en la actualidad hay 197 universidades de cuatro años y 137 centros de formación profesional de dos años. Para 2019, los dos segmentos de la enseñanza superior han establecido las siguientes cuotas de alumnos de primer año.

Gráfica 6: Cuotas de alumnos de primer año en 2019; universidades de cuatro años y centros de formación profesional de dos años[47]

Segmento de la educación superior	Cuotas de estudiantes de primer año
Universidades de cuatro años	348,834
Centros de formación profesional de dos años	206,207
Total de estudiantes de primer año	555,041

Los grupos de dieciocho años están disminuyendo en tamaño año tras año a un ritmo asombroso. El artículo de *Maeil Economy* compara las cuotas de estudiantes de primer año de 2019 presentadas anteriormente con las de 2021 y pasa a analizar el impacto real de la disminución de la población proyectada sólo en un periodo de dos años. Se prevé que el número de graduados de la escuela preparatoria para el año escolar 2020 sea de 456,000, es decir, unos cien mil estudiantes menos que la cuota total de estudiantes de primer año de 2019 citada anteriormente.[48] Sin embargo, se prevé que alrededor de setenta mil de los graduados de preparatoria para el año escolar 2020 provengan de escuelas preparatorias de formación profesional. Por lo tanto, no se espera que ingresen a la universidad en 2021. Esto implica que se proyecta que ciento setenta mil menos graduados de preparatoria entrarán en las universidades como estudiantes de primer año en 2021.[49] Suponiendo que la cuota de 2021 sea la misma que la de 2019, lo más probable es que el 30% o casi un tercio de la cuota de estudiantes de primer año de universidad no se materialice.

Según *Forbes*, este descenso proyectado en el número de estudiantes universitarios de primer año causará una dificultad financiera a los colegios y universidades que no podrán cumplir con su cuota. Este descenso se traduce en una reducción de la financiación que repercutirá negativamente en la calidad programática de las instituciones de enseñanza superior como consecuencia de la reducción del apoyo financiero. Este menor apoyo también puede afectar a las economías locales.

Los desafíos causados por la prolongada baja tasa de fertilidad exigen que los coreanos de todos los niveles, incluidos los responsables políticos, los profesores y administradores universitarios, los dirigentes de la educación nacional, los economistas, los investigadores, los demógrafos y los ciudadanos de cualquier profesión se pongan a pensar y no sólo elaboren estrategias para afrontar estos desafíos sino que desarrollen un plan a largo plazo para abordarlos. Las soluciones rápidas no funcionan a largo plazo. Parece que sólo prolongan el dolor y agravan la situación mientras dan la apariencia de que se está aplicando una solución eficaz. Cuando personas con diferentes antecedentes y conocimientos se reúnen para afrontar esta difícil tarea, deben ser conscientes de que una nación es como un organismo. Deben adoptar un enfoque holístico. Los retos de esta magnitud no pueden resolverse si se consideran de forma aislada.

Solución a corto plazo para un reto a largo plazo

La decisión de las parejas de optar por un solo hijo es la norma, más que la excepción. Esta elección se pone de manifiesto en la baja tasa de fecundidad que se registra desde hace tiempo. Esta baja tasa de natalidad parece tener un efecto dominó en la economía. Con menos personas jóvenes que se incorporan a la población activa, reduciendo así las posibles contribuciones al costo de la prestación de servicios sociales a un número creciente de jubilados, la economía se ve afectada negativamente.

El efecto de las bajas tasas de fecundidad ya se deja sentir en el ámbito universitario, donde no es raro que disminuyan las matrículas. Algunas universidades están reclutando activamente estudiantes de otros países asiáticos, principalmente de China, donde abundan los estudiantes de edad universitaria. Las facultades universitarias coreanas están preocupadas por la preparación académica de estos estudiantes internacionales. Están preocupadas por la idea de que estos estudiantes son un reto porque en la mayoría de los casos, si no todos, necesitan aprender coreano antes de poder funcionar eficazmente en un entorno académico dentro del sistema de educación superior coreano. Sin el dominio del coreano, el rendimiento académico de estos estudiantes es muy cuestionable. La preocupación general de los administradores es que la afluencia de estudiantes internacionales sin preparación académica puede obligar al profesorado a diluir el plan de estudios. Los estudiantes internacionales también representan un reto adicional para las universidades, ya que tienen que proporcionar la infraestructura necesaria para la adquisición de una segunda lengua, lo que incluye clases de coreano para facilitar el aprendizaje de estos estudiantes. Asimismo, las universidades deben proporcionar los servicios de apoyo adecuados para permitir la adaptación de estos estudiantes a su nuevo entorno.

La práctica de admitir estudiantes internacionales en mayor número en las universidades coreanas es un concepto relativamente nuevo. Por lo tanto, su impacto y sus consecuencias no deseadas en las universidades coreanas pueden dejarse sentir durante mucho tiempo. Parece que esta práctica de reclutar y admitir estudiantes internacionales es, una vez más, otra solución rápida y eficaz para un problema a largo plazo. Las universidades coreanas que no están tan bien clasificadas no tienen otra opción. O aumentan su población estudiantil, o pueden enfrentarse a un posible cierre. Algunas universidades, sobre todo las de la categoría inferior, también tienen la opción de diversificar sus planes de estudio para garantizar que sus graduados adquieran las habilidades necesarias para satisfacer a las empresas y la industria. La pregunta es: «¿están dispuestas a hacerlo?». Esta acción realista y proactiva se consideraría sin duda viable en Estados Unidos.

Suponiendo que se produzca una estabilización de los estudiantes coreanos que van a la universidad, dadas las proyecciones de los hogares citadas anteriormente, las universidades tendrán que abordar el descenso de las matriculaciones como un reto a largo plazo y, por tanto, generar soluciones a largo plazo. Las universidades que decidan identificar la captación de estudiantes internacionales como una posible solución a largo plazo deben reconocer su obligación moral de desarrollar o mejorar la infraestructura necesaria. Esta infraestructura incluye los servicios de apoyo a los estudiantes que existen sin dejar de mantener la integridad académica de la institución. Si desean utilizar esta opción para mantener sus puertas abiertas, deben garantizar el éxito de los estudiantes internacionales y evitar el impacto negativo en los programas académicos. La puesta en marcha de dos programas paralelos, pero académicamente desiguales, no sólo sería poco práctica, costosa y desmesurada, sino que sería un perjuicio para los estudiantes coreanos, los estudiantes internacionales y la reputación de la institución. La construcción de la infraestructura necesaria puede resultar una propuesta costosa. Por tanto, es posible que los beneficios económicos no se materialicen durante un tiempo.

El *infierno de Joseon*

Algunos jóvenes sienten que el milagro económico de Corea no se aplica a ellos. Se sienten enfadados, privados de derechos y defraudados por un sistema competitivo que pretende premiar el trabajo duro y la preparación académica y que, en realidad, incluye una costosa educación privada fuera del programa escolar normal. El costo de la educación privada que agotó los ahorros de toda la vida de sus padres es algo que no pueden permitirse para sus hijos, incluso si se atreven a tener alguno. Este sistema era el mismo en el que sus padres habían confiado para nivelar el terreno de juego para que sus hijos tuvieran carreras respetables, para que los hijos, a su vez, pudieran cuidar de sus padres en sus años dorados. Para las generaciones anteriores, el trabajo duro y la preparación académica proporcionaron una vía para nivelar el terreno de juego para las personas de familias con recursos limitados. Sin embargo, algunos jóvenes de hoy sienten que esto ya no es cierto para la generación actual. Se sienten a la vez decepcionados con el estado de las cosas e impotentes ante la perspectiva de tener que renunciar a las cosas preciosas de la vida que son valoradas por la mayoría de los seres humanos.

Las generaciones actuales de jóvenes coreanos reciben distintos nombres según el número de cosas a las que renuncian en la vida. La generación *Sampo* está formada por quienes se ven obligados a renunciar a las relaciones, al matrimonio y a los hijos.[50] Cuando se añaden a la lista la propiedad de la vivienda y la vida social, se convierten en la generación *Opo*.[51] No es difícil entender la percepción de los jóvenes de que ser propietario de una vivienda en Corea es prácticamente imposible para una persona trabajadora sin ayuda financiera de sus padres o familiares. Según *Numbeo*, el índice de precios de la vivienda en Seúl en 2015 fue de 16.8 años.[52] En otras palabras, teniendo en cuenta el salario medio en Seúl, una persona tendría que ahorrar su salario completo durante 16.8 años para poder permitirse una vivienda de precio medio. Esta cifra parece estar en alza. *Numbeo* informó que el índice de precios de la propiedad para Seúl subió a 18.1 años en base al salario medio en 2018.[53] Una vez que los sueños y las esperanzas se añaden a la lista de sacrificios, se convierten en la generación *Chilpo*.[54]

Para la generación más joven, la lista de cosas a las que deben renunciar es tan completa que se llaman a sí mismos la generación *N-Po*, o aquellos que deben renunciar a todo en la vida.[55]

La situación de esta generación sin derechos se ha vuelto tan desesperada que utilizan un lenguaje autodespectivo para burlarse de su situación. Se jerarquizan como «cuchara de barro» (los que no tienen nada) en contraposición a la «cuchara de oro» (los privilegiados o los que nacen con todo lo que necesitan) o incluso a la «cuchara de plata» (los que nacen con algunos privilegios, pero no con todo). Para ellos, Corea representa una sociedad en la que el estatus de un individuo está predeterminado por la riqueza de su familia o la falta de ella. Por lo tanto, si un individuo nace en una familia con recursos limitados, cualquier sacrificio que haga el individuo o la familia para mejorar su suerte en la vida tiene poca o ninguna importancia. La situación de estos jóvenes se ha vuelto tan desesperada que describen su vida en Corea como un infierno y utilizan el término *infierno de Joseon*, que alude a la era Joseon, para referirse a Corea.[56]

Muchos de estos jóvenes desanimados y desesperados, pero aventureros, han iniciado una tendencia a crear un plan de ahorro para emigrar u obtener un visado de trabajo de otro país, como Australia, para empezar una nueva vida. Esperan comenzar una vida con mayores perspectivas de éxito y mantener al menos algunos de sus sueños vitales intactos. He aquí un caso de mi experiencia personal: un estudiante universitario ahorró dinero para irse de Corea a Australia para formarse como cocinero o chef. Antes de tomar la decisión final de abandonar Corea, nos reunimos en un par de ocasiones con algunos de sus amigos más cercanos. En estas reuniones, pudimos percibir su depresión hasta el punto de preocuparnos por su seguridad. Por suerte, era un joven muy maduro y no actuaba impulsivamente. Con el tiempo, hizo las paces con su decisión de abandonar Corea en busca de un futuro mejor y recuperó su sentido del humor y su sed de vida. Una vez tomada su decisión, nos invitó a asistir a una reunión de despedida con sus amigos en la que todos contribuimos económicamente según nuestras posibilidades para ayudarle a hacer realidad su atrevido viaje. Abandonó Corea persiguiendo su sueño de convertirse en chef, encontrar una situación económica más sólida y llevar una vida con menos competencia y estrés. Posteriormente, su novia se unió a él en Australia, donde siguen viviendo después de casi cinco años. Está trabajando como cocinero, aprendiendo a serlo y disfrutando de la vida más de lo que habría hecho si se hubiera quedado en su Corea natal. Ahora está en proceso de solicitar la residencia australiana.

Tuve la suerte de mantener el contacto con él a través de mensajes de texto. Le conté que estaba escribiendo este libro sobre Corea y le pregunté si estaría dispuesto a responder a algunas preguntas sobre su experiencia en Australia que podrían incluirse en el libro. Aceptó. A continuación, algunas de las reflexiones que compartió sobre su decisión de abandonar Corea:

Me siento muy afortunado de trabajar en la cocina, donde me apoya un buen personal y trabajamos en equipo. Ya he conseguido más de lo que esperaba. Ser un buen chef es lo que quiero ahora.

[Si me hubiera quedado en Corea,] creo que trabajaría como oficinista. En Corea... Mi cuerpo estaría cómodo y relajado, pero mentalmente no creo que hubiera dejado de buscar algo que me haga feliz.

decidí seguir trabajando [en Australia]... no necesito seguir buscando algo relacionado con mi futuro.[57]

La sensación que percibo al leer sus comentarios es de alivio. Estar lejos de Corea le permitió no sólo perseguir su sueño de convertirse en chef sin el estigma social de trabajar en un sector de servicios en lugar de en una oficina como trabajador de cuello blanco, sino que también le liberó del estrés causado por las preocupaciones sobre el futuro empleo. Según mi experiencia, no es un caso aislado. Otros jóvenes coreanos buscan perseguir su sueño en otro país.

¿Qué le ocurrirá a Corea con este éxodo de jóvenes emprendedores y llenos de energía que emigran o se trasladan temporalmente a otros países en busca de una vida mejor?

Los jóvenes que abandonan Corea en busca de un futuro mejor suponen un importante reto y una oportunidad para el país. Este fenómeno no es nuevo en Corea. En los años sesenta y setenta, el éxodo de familias y jóvenes de clase media a Estados Unidos y otros países occidentales se convirtió en una preocupación por la fuga de cerebros. Más tarde, esta preocupación se disipó un poco. Con el tiempo, algunos coreanos de segunda y tercera generación, bien educados y con dominio del inglés, nacidos en Occidente, en su mayoría científicos e ingenieros, regresaron a Corea y contribuyeron a los esfuerzos de globalización del país.

A pesar del éxito económico sin precedentes de Corea desde el final de la guerra de Corea, es evidente que la economía del país ha experimentado algunos problemas en los últimos años. Parte del problema, sobre todo durante y después de la crisis financiera en Estados Unidos, fue causado por la desaceleración de la economía. La disminución de las exportaciones, una baja en la economía china y el descenso del precio del petróleo contribuyen a esta causa. Dado que Corea debe importar todo su petróleo, se podría pensar que el bajo precio del petróleo beneficiaría a la economía. Sin embargo, como Corea es una nación exportadora de máquinas de alta tecnología, automóviles y demás, los países productores de petróleo tenían menos dinero para importar bienes de Corea.

Producto interno bruto y renta per cápita

Según el Banco Mundial, el crecimiento del PIB y la RNB per cápita en cada uno de los últimos cinco años fue el siguiente:

Gráfica 7: Crecimiento del PIB y la RNB per cápita[58]

Año	Crecimiento del PIB	RNB per cápita
2014	3.3%	$27,811
2015	2.8%	$27,105
2016	2.9%	$27,608
2017	3.1%	$29,743
2018	2.7%	$31,363

El Ministro de Finanzas coreano proyectó entonces que la economía alcanzaría un crecimiento del 3.1% en 2016, algo que muchos coreanos dudaban.[59] En retrospectiva, es evidente que la economía no alcanzó el objetivo del Gobierno. Para 2018, el Gobierno proyectó un crecimiento del PIB del 3.2%, que tampoco se materializó. Incluso si se hubiera alcanzado el crecimiento previsto, es dudoso que este crecimiento hubiera sido suficiente para producir el número de puestos de trabajo necesarios para dar cabida al número de graduados universitarios sobre una base anual.

Desempleo juvenil

Aunque el PIB nacional es respetable, el desempleo juvenil se considera elevado: «el desempleo juvenil en Corea del Sur alcanzó un récord del 9.8% en 2017, casi tres veces la tasa nacional del 3.7% y peor que la tasa de desempleo juvenil del 4% en Japón y del 8.1% en Estados Unidos».[60] Un gran porcentaje de jóvenes con un título universitario tiene trabajos irregulares que apenas pueden pagar el costo de un apartamento tipo caja de cerillos, algunos comestibles y el costo de la comida rápida callejera, con un valor nutricional muy cuestionable. Estos jóvenes trabajan en empleos irregulares, a menudo asociados al salario mínimo, o en empleos a tiempo completo con un salario a tiempo parcial y sin beneficios adicionales.

El Gobierno de Moon ha expresado su preocupación por el elevado desempleo juvenil y, en el momento de escribir este libro, su administración tiene previsto proponer un presupuesto suplementario para impulsar las subvenciones a las empresas. Según *The Segye Times*, 21 de marzo de 2018, el propósito del subsidio es cerrar la gran brecha entre el salario de entrada en las grandes empresas (~35,000 dólares o treinta y ocho millones de wones coreanos) y las pequeñas/medianas empresas (~veintitrés mil dólares o veinticinco millones de wones coreanos) de forma temporal. El énfasis se pone en la temporalidad para los próximos tres a cinco años. *The Segye Times* también informa de que muchas personas creen que esta subvención no ayudará a resolver los problemas fundamentales relacionados con el elevado desempleo juvenil. Un programa similar de subsidio al desempleo, aplicado anteriormente, también fracasó. La gente ha expresado su preocupación en las redes sociales sobre los subsidios propuestos. Muchos predicen que el programa fracasará por las siguientes razones:

1. Varios factores parecen indicar que las condiciones de trabajo son mejores en las grandes empresas que en las pequeñas y medianas.

    a. La gente afirma que las horas de trabajo son más largas en las pequeñas/medianas empresas que en las grandes.

    b. Las empresas más pequeñas a veces no pueden pagar los salarios de los empleados a tiempo.

    c. Las empresas más pequeñas tienden a contratar a trabajadores temporales o contratados, normalmente por un máximo de dos años. Estas personas tienen motivos para estar muy preocupadas por su futuro después de los dos años iniciales.

    d. Muchos jóvenes no se conformarían con una situación de correspondencia salarial.

2. Los trabajadores han expresado su preocupación por el hecho de que el subsidio de tres a cinco años sea una medida provisional con efectos potencialmente negativos a largo plazo. Les preocupa que las diferencias salariales y de condiciones de trabajo entre las pequeñas y medianas empresas y las grandes empresas se amplíen una vez que expire el subsidio. En consecuencia, su poder adquisitivo y su calidad de vida se verán afectados negativamente. Los jóvenes temen especialmente poner en peligro su futuro a cambio de una pequeña subvención temporal.

Retorno a las raíces

Teniendo en cuenta las elevadas tasas de urbanización experimentadas entre los años sesenta y principios de los noventa, comentadas en el capítulo seis, no es de extrañar que la población agrícola sufriera un descenso igualmente asombroso entre finales de los sesenta y principios del siglo

XXI: «el número combinado de surcoreanos [que viven] en granjas se redujo a 2.84 millones en 2013 desde los 14.4 millones de 1970".[61]

En los últimos años, sin embargo, ha comenzado a surgir una pequeña pero significativa tendencia. Debido al asombroso ritmo de urbanización que se ha extendido desde la década de 1960, y a los problemas de estilo de vida que conlleva, como la sobrecarga de las infraestructuras, la congestión del tráfico, la escasez de viviendas, los costos exorbitantes de las mismas, los factores medioambientales, la contaminación del aire y el ritmo de vida más rápido de las grandes ciudades, algunas familias están optando por volver a la vida rural. Estas familias buscan un ritmo de vida más lento, un estrecho contacto con la naturaleza y un entorno mucho menos competitivo. El artículo de *Yonhap News* citado anteriormente afirma que, en 2015, «un total de 11,959 hogares que viven en el campo procedían de las grandes ciudades...».[62] Esta cifra representa un aumento del 11.2% respecto a los 10,758 hogares del año anterior.

Aunque pequeña, esta tendencia migratoria hacia la vida rural, junto con el éxodo de los jóvenes, y el sentimiento del *infierno de Joseon*, representan una acusación a algunos de los valores que los coreanos adoptaron como nación y que fueron fundamentales para lograr el milagro del río Han. Habiendo probado el éxito económico y tecnológico, lo más probable es que estas olas contrarias no sean lo suficientemente poderosas como para cambiar el rumbo de Corea. Sin embargo, ¿podrían ser señales de advertencia para el resto del país de que algo anda mal? ¿Podrían ser una llamada de atención para recordar a todos que el péndulo ha oscilado demasiado en una dirección? ¿Podrían ser una llamada de atención a la ciudadanía de que ha llegado el momento de ser más humanistas y cuidar mejor de los demás, prevenir futuras catástrofes y reducir la creciente brecha entre los privilegiados y los desposeídos?

NOTAS

1. Adam H. Callaghan, "¿Deberías beber makgeolli?", *Eater*, 20 de febrero de 2017, *www.eater.com*.

2. "Makgeolli", *Wikipedia*, consultada el 12 de octubre de 2019, www.wikipedia.org.

3. "Rteok", *Trifood*, consultada el 2 de noviembre de 2019, *www.trifood.com*.

4. Michelle Yen, "Primer local de McDonalds en Asia", *Getchee*, 20 de febrero de 2014, *blog.getchee.com*.

5. Ibid.

6. "Creciente odio hacia los ancianos: "Buenas razones para odiar a los ancianos" versus "La necesidad de respetar a los ancianos", traducido por Young Lee, *World Daily*, 18 de septiembre de 2019.

7. Ibid.

8. *Boys Over Flowers*, dirigido por Jeon Ke-Sang, *Netflix*, consultado el 23 de agosto de 2019, *netflix.com*.

9. "Jardín secreto (2010)", *MyDramaList*, consultado el 10 de octubre de 2019, *mydramalist.com*.

10. "Los herederos", *MyDramaList*, consultado el 10 de octubre de 2019, *mydramalist.com*.

11. "Cosméticos", *export.gov*, consultado el 10 de octubre de 2019, *2016. export.gov*.

12. Ibid.

13. Wanda Thibodeaux, "¿Existe una ley que prohíbe pedir una foto con una solicitud de empleo?", *BizFluent*, accedido por última vez el 2 de noviembre de 2019, *bizfluent.com*.

14. "Hospitales", *Visit Medical Korea*, consultado el 21 de agosto de 2019, *english.visitmedicalkorea.com*.

15. "Logro educativo internacional", *NCES National Center for Education Statistics*, última actualización mayo 2020, *nces.ed.gov*.

16. Ibid.

17. Ibid.

18. Ibid.

19. Ibid.

20. Ibid.

21. Kim Young-Nam, "Aumenta la matriculación en las escuelas de formación profesional", *Korea JoongAng Daily*, 23 de enero de 2017, *koreajoongangdaily.joins.com*.

22. "Tasa de autoempleo", *OECD Data*, consultados por última vez el 2 de noviembre de 2019, *data.oecd.org*.

23. Heo In-Hoe, "6.7 millones de pequeños empresarios enfadados por los altos alquileres y la regulación del salario mínimo", traducido por Young Lee, *JoongAng Magazine* no. 11, 17 de octubre de 2018.

24. Ha-Joon Chang, *23 Cosas que no te cuentan sobre el capitalismo*, Nueva York: Bloomsbury Press, 2010.

25. Ibid.

26. Park Sung-Jin, "Los propietarios de pequeñas empresas trabajan 11 horas al día y se toman 3 días libres al mes", translated by Young Lee and John González, *Yonhap News*, consultado el 21 de agosto de 2019, *naver.me*.

27. Ibid.

28. "Principales indicadores de Corea", *Korean Statistical Information Service*, consultado el 2 de noviembre de 2019, *kosis.kr*.

29. Hwangbo Yon, "Los padres gastan aproximadamente una cuarta parte de sus ingresos en criar a sus hijos", *Hankoryeh*, el primero de enero de 2017, *english.hani.co.kr*.

30. Ibid.

31. Ibid.

32. Ibid.

33. *Statistics Korea*, consultado el 10 de octubre de 2019, *kostat.go.kr*.

34. Ibid.

35. "Proyecciones de hogares para Corea, 2015-2045", *Statistics Korea*, consultado el 10 de octubre de 2019, *kostat.go.kr*.

36. Ibid.

37. *Statistics Korea*.

38. Isabella Steger, "Corea del Sur envejece más rápido que cualquier otro país desarrollado", *Quartz*, 31 de agosto de 2017, *qz.com*.

39. Ibid.

40. "Ley de asistencia para la igualdad de oportunidades en el empleo y el equilibrio entre el trabajo y la familia", *Korea Law Translation Center*, consultado el 10 de octubre de 2019, *elaw.klri.re.kr*.

41. Niall MacCarthy, "Dónde reciben los padres la mayor parte del permiso de paternidad", *Forbes*, 25 de agosto de 2015, *forbes.com*.

42. Ibid.

43. Ibid.

44. Kim Hyo-Hye, "60 universidades de 4 años podrían no recibir ningún estudiante en 2020", traducido por Young Lee, *Maeil Economy*, 18 de junio de 2018, *news.naver.com*.

45. Ibid.

46. Ibid.

47. Ibid.

48. Ibid.

49. Ibid.

50. "Los jóvenes y enfermos: 'Opo' a 'Chilpo', La generación que 'se rinde'", *Korea BANG*, consultado el 22 de agosto de 2018, *koreabang.com*.

51. Ibid.

52. "Costo de vida", *Numbeo*, consultado el 10 de octubre de 2019, *numbeo.com*.

53. Ibid.

54. "Los jóvenes y enfermos", *Korea BANG*.

55. Ibid.

56. Ibid.

57. Entrevista personal anónima por mensaje de texto de John González, 8 de septiembre de 2019.

58. *Banco Mundial*, consultado el 24 de agosto de 2018, *data.worldbank. org*.

59. Donald Kirk, "¿Qué 'milagro coreano'? 'El infierno de Joseon' se parece más a él mientras la economía se hunde", *Forbes*, 27 de febrero de 2016, *forbes.com*.

60. *Reuters*, consultado por última vez el 10 de octubre de 2019, *reuters. com*.

61. "Más surcoreanos regresan a la vida rural en 2015", *Yonhap News Agency*, 30 de junio de 2016, *m-en.yna.co.kr*.

62. Ibid.

Epílogo

Desde el final de la guerra de Corea, las características distintivas del pueblo coreano, trabajador, emprendedor, orientado a objetivos, práctico y sacrificado han contribuido enormemente a los avances macroeconómicos y tecnológicos de la nación. De importancia igual para el milagro del río Han fue el enorme valor que los coreanos dan a la educación y la eficiencia. Reconocen que tanto la educación como la eficiencia son las claves del éxito de los individuos en el entorno altamente competitivo del país. Como ya se ha dicho, la educación es uno de los pilares de la cultura coreana. Por ello, se hace hincapié en ella desde la escuela primaria hasta la de posgrado. Además, la eficiencia está igualmente arraigada en el tejido de la cultura desde una edad temprana en la educación y desde las empresas hasta los niveles más altos de los estratos socioeconómicos y políticos. Esto último se pone de manifiesto en la expectativa pública de un crecimiento anual del 3% del PIB. Esta expectativa se basa en el crecimiento anual real del PIB del país en los últimos años. Desde 2013, el crecimiento económico de Corea ha oscilado constantemente entre el 2.7% y el 3.3%.[1] Dado que el éxito de una presidencia se determina en gran medida por esta métrica anual durante el único mandato de cinco años, se pone énfasis en los objetivos a corto plazo en lugar de a largo plazo. Esta expectativa ejemplifica la obsesión de Corea por los resultados rápidos.

Algunos coreanos con los que he hablado creen que ha llegado el momento de revisar la cuestión del mandato presidencial único y considerar la adopción de un límite de dos mandatos. Si este cambio se promulgara, permitiría a un presidente en funciones establecer objetivos a corto y largo plazo para la nación. Las actitudes de otros coreanos sobre este cambio van desde las dudas hasta el escepticismo. El último grupo, el de los escépticos, teme que la implantación de un límite de dos mandatos pueda abrir la puerta a una posible dictadura. El recuerdo de un gobierno dictatorial trae a la memoria años pasados, sobre todo para las personas nacidas durante el *boom* de natalidad de la posguerra. Además, los coreanos parecen tener una comprensible e instintiva aversión a las dictaduras, dada la constante amenaza del Norte, además de su propia historia pasada. Esta preocupación es válida y merece ser respetada. Está claro que el pueblo coreano debe decidir si mantiene el formato actual y se centra en los objetivos a corto plazo. De lo contrario, podrían adoptar un límite de dos mandatos, lo que daría continuidad a las políticas nacionales y cambiaría la atención nacional de los objetivos a corto a los de largo plazo, con objetivos intermedios medibles adecuados. Este cambio fundamental al nivel nacional, si se aplica, requeriría un cambio de paradigma en todo el resto de la sociedad, tal como poner menos énfasis en los resultados rápidos y más en los objetivos sólidos y de largo alcance.

En esencia, el límite de un solo mandato resuena con el concepto de eficiencia. Si, por un lado, un presidente aplica políticas que promueven una economía fuerte y contribuyen a un régimen «exitoso», la misión estará cumplida. Por otro lado, si las políticas del presidente son consideradas por el pueblo como ineficaces, incluida la incapacidad de mantener un PIB anual fuerte del 3% o superior, se considera que la administración no ha tenido éxito. En tal caso, el dolor se soporta sólo durante un mandato. Después, un nuevo líder tiene la oportunidad de cambiar el rumbo y llevar al país a tiempos más prósperos.

El papel de la educación

Como ya se ha comentado, la naturaleza competitiva de la sociedad coreana ha hecho que Corea ponga el acento en la educación, y concretamente en la educación privada, en mayor medida que en otros países. La nación ha abrazado el concepto de que la educación es una vía de escape de la pobreza y una forma de mantener o mejorar el estatus socioeconómico. La promoción de la educación como una fórmula eficaz o una panacea para el futuro bienestar económico ha convertido Corea en un país no sólo con una de las tasas de alfabetización más altas, sino también con uno de los porcentajes más altos de una población educada del mundo.

La creencia de que la educación es la clave del éxito, y el fervor con el que los coreanos persiguen títulos de educación superior, ha creado un periodo de inflación de títulos. En la actualidad, Corea experimenta una sobresaturación de personas que poseen títulos de grado y postgrado. Como ya se ha dicho, tradicionalmente una licenciatura en Artes o Ciencias de una universidad de renombre abría la puerta al «trabajo soñado» con un salario más alto y seguridad laboral en uno de los conglomerados o *chaebols*. Sin embargo, la trayectoria laboral actual en Corea es muy diferente a la de los *baby boomers*. Hoy en día, una licenciatura en una universidad de primer nivel ya no garantiza un trabajo ideal. Por ello, los jóvenes coreanos se sienten frustrados por la incapacidad del Gobierno y de las grandes empresas de crear puestos de trabajo permanentes bien remunerados en número suficiente para dar cabida al número de estudiantes que se gradúan anualmente en las universidades. El insuficiente número de empleos permanentes deseables ha contribuido enormemente a la naturaleza competitiva de la sociedad coreana. Es importante aclarar que, en este caso, la designación de empleos «permanentes» excluye los empleos contingentes a tiempo completo que se permiten por un periodo máximo de dos años. Varios factores han contribuido a que Corea haga hincapié en la eficiencia en el lugar de trabajo. Estos se reflejan en el amplio uso de trabajadores contingentes para minimizar los costos laborales, así como la crisis financiera asiática de 1997, conocida entre los coreanos como la crisis del FMI, la globalización, que exige a las empresas sobrevivir en un mercado global competitivo, y la dependencia de la economía coreana de las exportaciones. Esto obliga a las empresas coreanas a ser delgadas para competir con éxito contra otros fabricantes globales.[2]

Las familias coreanas, así como los niños, pagan un precio muy alto por los logros académicos en un entorno extremadamente competitivo. Las familias hacen sacrificios económicos y los estudiantes soportan un entorno estresante. Este entorno de alto estrés, a su vez, puede contribuir a una tasa de suicidio inusualmente alta entre los jóvenes de nueve a veinticuatro años.

El efecto dominó del alto costo de la educación privada

El destacado papel de la educación en la cultura coreana y las grandes sumas de dinero que gastan los padres en clases particulares hacen que la educación esté entrelazada con la economía coreana hasta un punto inusual. Aunque algunos jóvenes ven la educación como una promesa incumplida, como demuestra el epíteto *infierno de Joseon*, y dada la dificultad que encuentran los estudiantes para conseguir un puesto en las grandes empresas, la previsible búsqueda de una licenciatura, y la prolongación de las estancias en la universidad han mantenido a flote algunas universidades más pequeñas de tercer nivel.

El elevado costo de los bienes inmuebles, así como el de la educación privada, disuaden a muchas parejas jóvenes de tener hijos. En consecuencia, Corea experimenta una baja tasa de fertilidad persistente que comenzó antes del cambio de siglo. Esta tasa, a su vez, genera menos hijos por generación y, por tanto, menos matriculaciones en universidades de segundo y tercer nivel. Algunas de estas instituciones se inclinan por la contratación de estudiantes internacionales para cubrir las plazas vacías y recibir financiación del Gobierno. Aunque es eficaz como medida provisional, esta estrategia parece crear otros retos académicos importantes e imprevistos. Ahora es necesario que las universidades proporcionen a los estudiantes internacionales más tiempo y apoyo para que adquieran el idioma coreano y puedan desenvolverse en un entorno académico. El reto económico que supone la baja matriculación universitaria es un subproducto directo de las bajas tasas de fertilidad, las cuales siguen disminuyendo. Por ello, el Gobierno no tiene más remedio que considerar algunas de las universidades públicas más pequeñas y con menos éxito como posibles objetivos de cierre.

El impacto de las estrategias de preparación de exámenes a lo largo de la vida

La dependencia de los resultados de los exámenes en aras de una teórica equidad y eficiencia pone de manifiesto el aspecto despiadado y competitivo de la cultura coreana. Tanto los conglomerados como las universidades se basan casi exclusivamente en los resultados de los exámenes para hacer ofertas que podrían cambiar la vida. Este énfasis excesivo en los exámenes alimenta una costosa industria educativa privada de uso universal en Corea. Los proveedores de educación privada, concretamente los que se especializan en la preparación de exámenes, se basan principalmente en estrategias que se centran exclusivamente en el aumento de la memoria a corto plazo. La memorización, la repetición y la práctica de exámenes se practican a expensas de la creatividad, el pensamiento independiente y la autoexpresión.

Las estrategias de eficiencia aprendidas para la resolución de problemas en un entorno de preparación de exámenes parecen trasladarse a la vida cotidiana. Un mayor énfasis en la eficiencia revela la incapacidad del público en general para identificar y resolver con éxito las causas sistémicas y recurrentes de los accidentes, en general. Por lo tanto, tanto los accidentes provocados por la humanidad como los industriales suelen resolverse de manera eficiente sin tener en cuenta los problemas sistémicos. Para volver rápidamente a la normalidad, las empresas y las entidades gubernamentales no abordan ni reconocen los factores fundamentales que contribuyen a estos accidentes problemáticos cuando los problemas salen a la luz. Finalmente, abordan estos problemas sistémicos vitales cuando se desarrolla un patrón y los funcionarios se ven presionados por el público. Mientras tanto, se pierden vidas inocentes innecesariamente.

Accidentes

No hace falta decir que los accidentes ocurren incluso en las sociedades más avanzadas. Sin embargo, Corea ha tenido más que su cuota de accidentes trágicos. Cuando los «accidentes» ocurren con frecuencia, hay que considerar hasta qué punto son verdaderos «accidentes» y no el resultado de imperativos culturales. No se trata de que los accidentes se produzcan sólo en Corea, sino de que las pautas de comportamiento recurrentes, incluidas las del público en general, han contribuido enormemente a algunos de estos accidentes. Estas pautas de comportamiento parecen estar profundamente arraigadas en las actitudes de la sociedad.

Hay que reconocer que cuando se producen accidentes graves, los coreanos demuestran su resistencia y su capacidad para unirse a una causa nacional. Como nación, afrontan con firmeza situaciones difíciles, como la tragedia del transbordador *Sewol* y el incendio del hospital de Jecheon. En estos y otros casos, el Gobierno ha movilizado recursos para ayudar a las víctimas y sus familias. Además de los demandantes que interpusieron una querella pidiendo daños y perjuicios al Gobierno y a Cheonghaejin Marine en relación con el desastre del transbordador *Sewol*, algunos periodistas y editores de periódicos insisten en que hubo errores en la operación de rescate del *Sewol*.[3] Aun así, el hecho es que la operación de rescate del *Sewol* parece ser mucho más palpable que la del *Sohae* dos décadas antes.

386

Esto es un indicio de que se están haciendo algunos progresos en cuanto a las operaciones de rescate y recuperación. No hace falta decir que este progreso en las operaciones de rescate y recuperación de la nación es de poco consuelo para las familias de las trescientos cuatro víctimas de la tragedia del transbordador *Sewol*.

Ya he hablado de los componentes concretos de la reacción instintiva del público tras el accidente, después de la conmoción inicial y el periodo de luto. Basta decir que, para un observador occidental como yo, que suscribe el imperativo moral occidental de la seguridad individual que promueve la vida en cualquier circunstancia y rechaza la muerte innecesaria por cualquier motivo, incluso por el bien del país, el público coreano podría examinar más de cerca las causas fundamentales de estos accidentes. Si el objetivo final de Corea es evitar que se repitan esos incidentes, parece que la reacción del público tras el accidente echa en falta un análisis del papel que desempeñan las actitudes sociales, un reconocimiento de la complicidad del público y un plan concreto para evitar accidentes similares en el futuro.

Lo que parece faltar, una vez concluida la investigación, es la aplicación de cambios de actitud fundamentales y sostenibles. Estos cambios fundamentales incluirían la adopción de penas severas para los infractores de la ley, el compromiso del público en general de interiorizar la razón de ser de las normas de seguridad pública y el cumplimiento de los estatutos de seguridad existentes o recién adoptados para evitar o minimizar la probabilidad de que se repitan accidentes similares. No estoy diciendo que una disculpa sincera a la sociedad en general, y en particular a las familias de las víctimas, así como el enjuiciamiento de los infractores no sean importantes; lo son. Lo que sugiero es que la sociedad coreana necesita un profundo cambio de actitud si decide que las vidas humanas son más valiosas que el beneficio económico general. Si se persigue y castiga a los infractores, pero se mantiene un sistema defectuoso que permite la complicidad del público impulsada por la miopía y el énfasis en tomar atajos en aras de la conveniencia o las ganancias financieras a corto plazo, la probabilidad de que se produzcan más infracciones y, en consecuencia, futuros accidentes, es alta. Dicho de otro modo, la sociedad coreana hace hincapié en las soluciones rápidas y fáciles para volver a la normalidad lo más pronto posible. Estas soluciones no hacen más que subrayar el énfasis de la sociedad en la eficiencia, en lugar del análisis sistémico de los factores que contribuyen a estos incidentes, que requiere una apreciación de la vida humana individual. No es de extrañar que algunos coreanos se pregunten públicamente: ¿no hemos aprendido de todos estos accidentes?

Concienciación

Algunos coreanos, en particular los académicos, empiezan a señalar la ausencia de un enfoque sistémico para tratar eficazmente la seguridad pública. También se preguntan por los enfoques para afrontar la actitud de los coreanos respecto a la seguridad pública, y la necesidad de cambiarla. Como ejemplo de esta incipiente toma de conciencia, un artículo titulado «La seguridad antes que el dinero - La gente tiene que cambiar para que el país/Gobierno cambie», aparecido en *The Seoul Times* el 16 de abril de 2018, cita al profesor Kim Dae Gun, de Ciencias de la Administración Pública de la Universidad de Gangwon:

La conciencia y la respuesta a los accidentes han mejorado. Sin embargo, los aspectos normativos y sistémicos no han seguido el ritmo de dicho progreso. Los legisladores son muy deliberados a la hora de aprobar nuevas normas de seguridad más estrictas. Para que Corea evolucione como país seguro, es necesario que la conciencia y la actitud de los coreanos hacia la seguridad pública evolucionen. Este cambio entre los coreanos puede influir en los legisladores para que aprueben las normas de seguridad y aplicación necesarias. La aplicación de la seguridad a través de la normativa ayudará a cambiar el comportamiento de los coreanos.[4]

Es alentador ver esta incipiente toma de conciencia. Estoy totalmente de acuerdo con la opinión del profesor Kim Dae Gun de que hay que adoptar normas de seguridad más estrictas y políticas de aplicación de las mismas, y que debe cambiar la mentalidad de la gente respecto a la seguridad pública. Estos cambios son necesarios para que Corea evolucione y reclame el lugar que le corresponde entre los países altamente desarrollados del mundo, no sólo económica y tecnológicamente, sino también en el ámbito de la seguridad pública. Reconozco que una normativa más estricta y su aplicación no eliminarán por sí solas todos los accidentes futuros. Una población plenamente consciente de la razón de ser de las normas de seguridad y de la necesidad de cumplirlas debe formar parte de la fórmula para reducir significativamente el número de accidentes.

Tras el incendio de Jecheon, un artículo de opinión escrito por Lee Jae-min, profesor de Derecho de la Universidad Nacional de Seúl, subraya la necesidad de que la gente cambie de actitud ante otro asunto relacionado con la seguridad pública. El profesor Lee denomina a esta inquietante molestia pública «estacionamiento aleatorio» o «estacionamiento liberal», que se ha identificado como un importante obstáculo para el personal de extinción de incendios a la hora de responder a emergencias. En algunos casos, el estacionamiento ilegal ha contribuido a que se produzcan víctimas mortales en incendios de grandes estructuras. Por lo tanto, aunque el tema del estacionamiento aleatorio o liberal pueda parecer mundano a personas de otros países desarrollados, no se puede subestimar su impacto en la psique de Corea.[5]

En su artículo de opinión, Lee identifica la relación entre el amor de los coreanos por la conveniencia personal y las ganancias financieras a corto plazo y la propensión a romper las reglas y a incomodar a sus compatriotas para lograr sus objetivos. Además, el urgente llamamiento del profesor Lee al cambio social supone un soplo de aire fresco en un país que ha soportado innumerables tragedias humanas derivadas de la aceptación del sacrificio de una minoría en beneficio de la mayoría, así como de la asfixiante insistencia en perpetuar comportamientos muy arraigados y negarse a aceptar cambios que beneficien a la mayoría de los ciudadanos. Artículos como el citado muestran que hay elementos que empiezan a contribuir al proceso de concienciación de las masas. De acuerdo con un código ético que valora las vidas humanas individuales, a Corea le corresponde contar con personas que demuestren el valor de sensibilizar al público en general sobre la importancia de respetar las normas de seguridad y de cumplir la normativa incluso en ámbitos tan mundanos como el estacionamiento.

Como ya se ha dicho, tras los accidentes industriales y otros casos, se ha hecho hincapié en castigar a la persona o personas responsables en lugar de revisar el incidente desde una perspectiva sistémica. Si se considera el incidente desde la perspectiva de un fallo sistémico, se podría determinar mejor dónde ha fallado el sistema y dónde es vulnerable a las infracciones. El país puede ser capaz de implementar cambios duraderos si los sistemas de revisión hacen hincapié tanto en la persecución de los infractores como en la corrección del sistema. Así, estas correcciones garantizarán la existencia de normas de seguridad apropiadas y vigentes, así como la aplicación estricta de multas para desalentar futuras infracciones. Estas medidas enviarían un claro mensaje al público en general sobre la importancia primordial de la seguridad pública y la tolerancia cero con los infractores. Además, contribuirían en gran medida a disuadir a los individuos de seguir fijándose únicamente en la comodidad y la eficiencia en aras de obtener rápidos beneficios económicos sin tener en cuenta la seguridad pública.

Tengo fe que los coreanos acabarán dando los pasos necesarios para elevar el nivel de conciencia de toda la nación para hacer avanzar la seguridad pública y la vida humana hasta un nivel tan destacado como el de los rendimientos financieros, o más. Es parte de la evolución humana. La adopción de la «Ley Kim Yong-kyun» es un pequeño paso en la dirección correcta. Sin embargo, es el pueblo coreano el que debe decidir si hace honor a *Hong-ik In-gan*», [홍익인간], el lema no oficial de Corea y un principio fundador de la nación, que significa «beneficiar ampliamente a la humanidad/devoción al bienestar humano»[6] o «luchar por el bienestar de la humanidad».[7]

¿Está el país preparado para un cambio profundo?

El Gobierno no puede legislar el cambio de actitud. El deseo de cambio debe provenir del público en general. Sólo la gente puede instigar avances significativos hacia la adopción de una cultura que valore la seguridad pública, reconozca la intención y apoye el estricto cumplimiento de las normas de seguridad.

Garantizar la seguridad pública requerirá la aplicación de un plan estratégico de varios frentes que incluya al menos cuatro pasos:

1. Promover un cambio de paradigma por parte del pueblo. Optar por defender la seguridad pública y reconocer que un cambio de actitud hacia la seguridad pública redunda en beneficio de todos. Reconocer que el énfasis en la seguridad pública llevará tiempo y tendrá un precio elevado en forma de inconvenientes personales y precios más altos de los bienes y servicios. Comprometerse a

equilibrar la búsqueda de beneficios económicos a corto plazo con la defensa de la seguridad pública.

2. Deshacer años de medidas de reducción de costos inspeccionando los edificios existentes en busca de prácticas de construcción cuestionables, reforzando, adaptando las estructuras o abordando los problemas de seguridad y demoliendo y reconstruyendo cuando los problemas de seguridad no puedan resolverse de otra manera.

3. Garantizar que las inspecciones de seguridad se lleven a cabo de forma minuciosa y oportuna por parte de personas con la formación adecuada, asegurándose de que las normas de seguridad están al día. Reconocer que la realización de revisiones detalladas y honestas de los procesos y sistemas es costosa y requiere mucho tiempo, pero a largo plazo estas revisiones producen resultados más sostenibles y duraderos que las actuales soluciones de señalamiento y arreglo rápido.

4. Revisar a fondo la relación entre contratistas y subcontratistas y su impacto en la economía y la seguridad pública. Aprobar nuevas leyes, o actualizar las existentes, para regular las relaciones entre contratistas y subcontratistas con el fin de evitar la «externalización de los peligros», mantener el control y promover la gestión de los riesgos industriales, y garantizar la protección de los trabajadores irregulares en forma de formación en seguridad y contención de los riesgos. También, realizar un análisis exhaustivo del impacto de la enmienda a la Ley de Seguridad y Salud en el Trabajo, comúnmente conocida como la «Ley Kim Yong- kyun», en honor al empleado subcontratado que murió en la Central Térmica de KOWEPO en Taean.

La implementación de un cambio cultural de esta magnitud no será rápida, fácil ni sin repercusiones financieras. Sin embargo, a largo plazo, el país saldrá ganando. Corea podrá ocupar su lugar entre las naciones de élite del mundo y, lo que es más importante, se salvarán vidas inocentes.

Señales positivas

A pesar de la letanía de recientes accidentes industriales y provocados por el hombre, algunos signos alentadores indican que se está avanzando hacia el establecimiento de un mayor nivel de conciencia del sufrimiento individual. Los funcionarios del Gobierno, los legisladores y el público parecen estar dando pasos significativos hacia procedimientos que reducen el número de muertes en accidentes de cualquier origen. En concreto, como resultado de la presión pública, los funcionarios gubernamentales y los legisladores están adoptando medidas más duras y leyes que protegen los derechos de los trabajadores eventuales y defienden la seguridad pública. Por ejemplo, el Gobierno Metropolitano de Seúl adoptó la enmienda a la Ley Marco de Servicios de Extinción de Incendios. La enmienda, que entró en vigor el 27 de junio de 2018 y se aplicó el 10 de agosto del mismo año, da autoridad a la policía local y a los departamentos de bomberos para tratar de forma más proactiva y decisiva a los infractores, aumentando las multas y permitiendo que los departamentos de bomberos actúen de forma más decidida en situaciones de extinción de incendios.

La aprobación, el 27 de diciembre de 2018, de la enmienda a la Ley de Seguridad y Salud en el Trabajo es un ejemplo más del avance en la legislación de la protección del trabajo eventual y la defensa de la seguridad pública.

Además, los funcionarios del Gobierno parecen tomarse más en serio la seguridad pública colectiva. A diferencia de las acciones que rodearon el derrumbe del edificio de los Grandes Almacenes Sampoong en junio de 1995, que fueron impulsadas por la corrupción y la codicia, el 12 de diciembre de 2018, la Oficina del Distrito de Gangnam tuvo el valor de ordenar la evacuación y el cierre del edificio Daejong de 15 pisos debido a los informes de que el edificio había mostrado signos de «defectos estructurales».[8]

Fijación de objetivos con logros medibles

En enero de 2018, el exviceprimer ministro de asuntos económicos, Kim Dong Yeon, anunció su plan de desarrollo económico y tecnológico. Este plan contenía objetivos concretos con alcanzables medibles. Estos objetivos incluían un crecimiento anual del PIB del 3% y una RNB per cápita de 32,000 dólares. Además, propuso la implantación de un sistema de autobuses autónomos en Seúl para 2020 y la utilización de tres mil setecientos drones en servicios públicos, como el reparto de correo, los servicios policiales y la lucha contra los incendios para 2021.[9] Aunque estos objetivos ya no son aplicables porque el Viceprimer Ministro de Asuntos Económicos ha sido sustituido, al hacerlos públicos en su momento, el Gobierno los convirtió en objetivos nacionales oficiales, lo que significa que se necesitaba el apoyo de la ciudadanía.

Por el contrario, los pronunciamientos gubernamentales relacionados con la seguridad parecen ser de naturaleza algo general y carecen de métricas concretas. El lenguaje suele incluir: «queremos hacer de Corea un lugar seguro», o «queremos asegurarnos de que estos accidentes no se repitan» o «nos aseguraremos de que se cumplan las normas de seguridad». No está claro cuál es la definición de «seguridad» para el Gobierno coreano. ¿Significa seguridad un 10%, un 15% o un 20% menos de accidentes al año? ¿O un accidente menos al año? ¿Cómo van a garantizar los funcionarios del Gobierno que el público obedezca las normas de seguridad? ¿Se van a imponer multas estrictas y duras a los infractores? ¿Se van a aplicar las sanciones existentes? ¿Se van a aumentar las sanciones actuales para que sean realmente disuasorias para los posibles infractores? En resumen, no está claro cómo se alcanzarán estos elevados objetivos generales ni qué medidas se tomarán para garantizar su cumplimiento. A diferencia de los objetivos económicos a los que se refería Kim Dong Yeon, no se han presentado parámetros específicos y concretos para los objetivos de seguridad pública que garanticen que se pueda medir el éxito o el fracaso de los mismos.

La diferencia entre los objetivos económicos específicos declarados por el exviceprimer ministro de asuntos económicos, Kim Dong Yeon, y los elevados objetivos generales relativos a la seguridad pública expresados por los funcionarios públicos tras los accidentes de cualquier índole es sorprendente. Cuando se establecen criterios objetivos o métricas concretas, los funcionarios públicos, los ejecutivos de las grandes corporaciones y los propietarios de pequeñas empresas pueden ser considerados responsables de alcanzar o no los objetivos establecidos. Si los objetivos no se cumplen, los individuos en posiciones de liderazgo se verán obligados a explicar por qué no se alcanzaron los objetivos.

Sin embargo, cuando se establecen objetivos imprecisos sin parámetros concretos y sin estipular quién será el responsable de cumplirlos, es difícil hacer que alguien se responsabilice de ellos. En este último caso, los objetivos vagos se convierten en promesas vacías. Estas promesas pueden salvar la cara, apaciguar a una nación o ambas cosas. En el caso de las construcciones de mala calidad, propensas a los accidentes o a la rápida propagación del fuego, y de los edificios que no cumplen las normas de seguridad, ¿no tendría sentido ser transparente y decir al público —por ejemplo— cuántos edificios se inspeccionarán cada año para determinar si cumplen las normas de seguridad? Además, una vez realizadas esas inspecciones, ¿no tendría sentido ser transparente y compartir con el público qué porcentaje de los edificios no cumplen las normas de seguridad? ¿Cuántos de esos edificios deben ser demolidos y reconstruidos siguiendo estrictas normas de seguridad? ¿No tendría sentido ser transparente y publicar el número de propietarios de edificios que han sido multados, y por cuánto dinero, por haber infringido las normas de seguridad, como remodelar una parte del edificio sin obtener la aprobación o los permisos adecuados, no procurar la inspección de edificios apropiada, permitir el bloqueo de las salidas de emergencia, permitir el estacionamiento ilegal que bloquea el acceso de los equipos de emergencia o desactivar ilegalmente los sistemas de rociadores contra incendios? Si estas soluciones no tienen sentido por razones de seguridad nacional o de otra índole, también podrían declararse explícitamente.

Cambiar paradigmas sociales que están profundamente arraigados en el tejido de una nación y deshacer años de construcción de edificios que no cumplen las normas de seguridad llevará tiempo y dinero. Sin embargo, el esfuerzo y la inversión financiera en este sentido demostrarán un serio compromiso con la seguridad pública. Será la señal de una nueva era para Corea, en la que todos, incluidos los funcionarios del Gobierno, las corporaciones y las pequeñas empresas, así como el público en general, tendrán que sacrificar algunas ganancias financieras a corto plazo a cambio de la seguridad pública.

Las palabras se las lleva el viento

La seguridad pública debe ser uno de los valores fundamentales de las grandes empresas que prestan servicios o fabrican productos que afectan la vida de muchas personas. Independientemente de la industria, estas corporaciones influyen en todos los sectores empresariales, desde las compañías farmacéuticas hasta aerolíneas, centrales eléctricas y ferrocarriles. Sin embargo, no basta con que las empresas adopten elevados valores fundamentales que hagan hincapié en la seguridad pública si no respaldan sus palabras con acciones y financiación suficiente. Las empresas pueden perder rápidamente la confianza del público si anteponen la eficiencia o los beneficios económicos a la seguridad pública. Y lo que es más importante, poner en peligro la vida de las personas, ya sean clientes, pacientes, pasajeros o trabajadores, en aras de la eficiencia o los beneficios económicos, es inconcebible.

Korail, el operador ferroviario nacional de propiedad estatal, ha adoptado la seguridad como componente de uno de sus valores fundamentales. En el momento de escribir esta obra, estos valores se expresan en el sitio web oficial de Korail de la siguiente manera: «Valores fundamentales: La seguridad es lo primero, la satisfacción del cliente, el cambio y el desafío... Damos prioridad a la seguridad sobre el rendimiento laboral».[10]

Sin embargo, el público ha cuestionado el compromiso de la empresa con la seguridad. A pesar de este compromiso, se ha producido un importante número de accidentes relacionados con los trenes, especialmente los de alta velocidad KTX, y con el metro. Durante un periodo de tres semanas en noviembre y diciembre de 2018, se produjeron un total de diez accidentes que culminaron con el descarrilamiento del KTX con destino a Seúl desde Gangneung.[11] Estos accidentes dejaron heridas a quince personas. Los informes indican que el tren de alta velocidad viajaba a ciento tres kilómetros por hora. Según los informes, los expertos expresaron su preocupación de que el descarrilamiento podría haber «causado graves víctimas».[12] Estas víctimas se habrían producido si el tren hubiera viajado más rápido o si hubiera «pasado por un tramo curvo».[13] *The Korea Times* informó que «según los registros de Korail, [hubo] más de 660 fallas mecánicas en sus trenes entre 2013 y julio [de 2018]».[14]

Los accidentes de trenes representan algo más que fallas mecánicas. Según se informa, estos accidentes también reflejan una reducción en el presupuesto de mantenimiento de Korail. Según *The Korea Times*:

A pesar del creciente número de fallas en los trenes cada año, Korail recortó su presupuesto de contratación de trabajadores de mantenimiento y reparación ferroviaria en unos 10,000 millones de wones (8.9 millones de dólares) de 2015 a 2017. Sus registros muestran que operó con 205 trabajadores de reparación menos de lo recomendado para mantener casi 10,000 kilómetros de ferrocarril en condiciones de funcionamiento.

Se espera que los recortes de gastos, con riesgo para la seguridad de los pasajeros, continúen. Korail registró una pérdida operativa de más de 500 mil millones de wones [~445.1 millones de dólares] [en 2017].[15]

Informes indican que tres factores relacionados con el número de fallas mecánicas crecientes y las consiguientes pérdidas operativas han obligado a Korail a reducir de forma significativa su presupuesto de mantenimiento. En primer lugar, según el número de fallas mecánicas, parece que Korail no ha cumplido con su compromiso público de seguridad, que afirma en su sitio web. En segundo lugar, la opinión pública ha planteado dudas sobre los nombramientos políticos en puestos clave de Korail y otras empresas públicas. Los medios de comunicación han puesto en duda que los dirigentes designados para dirigir la empresa cuenten con la experiencia y los conocimientos necesarios en materia de seguridad ferroviaria. En concreto, un artículo de opinión aparecido en *The Korea Times* el 14 de diciembre de 2018 cuestiona explícitamente los nombramientos de personas no expertas en puestos altamente sensibles que tienen que ver con la seguridad pública. El artículo cita como ejemplo la dimisión bajo fuego del anterior director general de Korail, Oh Young-sik, que «ofreció su renuncia tras una fuerte reacción contra su falta de experiencia en trenes y transporte público».[16] Además, el artículo critica duramente otros nombramientos para puestos relacionados con la seguridad pública:

> Parece que apenas pasa un día sin que haya un problema relacionado con la seguridad. El presidente Moon Jae-in ha mencionado a menudo el naufragio del ferry *Sewol* para destacar su énfasis en la seguridad pública. Pero incluso después de toda la controversia sobre el nombramiento del antiguo dirigente de Korail, Moon nombró esta semana a otro no experto para dirigir la Corporación Aeroportuaria de Corea.

> La última serie de accidentes, junto con los incomprensibles nombramientos en empresas públicas estrechamente vinculadas a la vida de las personas, hacen pensar a muchos que esta administración no se toma muy en serio el hacer las cosas mejor que sus predecesores para garantizar la seguridad pública.[17]

En tercer lugar, dado el historial de fallas mecánicas de la empresa y sus enormes pérdidas operativas, ¿es hora de que el Gobierno reconozca que el actual modelo de negocio no funciona? ¿Es hora de probar algo diferente? La locura, según Einstein y otros, es hacer lo mismo una y otra vez y esperar un resultado diferente. Si los dirigentes del Gobierno quieren realmente obtener resultados diferentes de Korail, deben tener la fortaleza de hacer algo diferente y probar algo nuevo.

Un paradigma nuevo

Algunos coreanos abogan por ser fieles a la fórmula que llevó al país desde el nivel de pobreza del final de la guerra de Corea hasta tener un puesto garantizado entre las naciones del G20. Esa fórmula, argumentarán, incluye un énfasis en la eficiencia y las ganancias financieras a corto plazo. Sin embargo, los avances económicos y tecnológicos del país han situado a la nación en un nivel muy diferente, basado en unos cimientos sólidos como una roca, lo que permite a los ciudadanos forjar el futuro del país y aprovechar el impulso hacia adelante en lugar de temer la pérdida de terreno frente a los países competidores. Esta posición privilegiada ha hecho que Corea se gane el respeto y la admiración de amigos y enemigos por igual. Ha llegado el momento de que los responsables políticos, los líderes empresariales y, sobre todo, el público en general, establezcan un nuevo paradigma. Este incluya un enfoque en las metas a largo plazo con objetivos medibles a intervalos designados, una ciudadanía con una mentalidad que comprenda la razón de ser de las normas de seguridad y equilibre las ganancias financieras a corto plazo con la seguridad pública, líderes gubernamentales con la energía necesaria para aprobar estrictas normas de seguridad y la fortaleza para hacerlas cumplir rigurosamente. También es imprescindible tener líderes empresariales y políticos dispuestos a desempeñar un papel proactivo en la seguridad pública con la voluntad de trabajar con académicos y otros para analizar los asuntos de seguridad pública utilizando un enfoque sistémico.

El rostro público de Corea

Cualquiera que haya visto la ceremonia de inauguración de los Juegos Olímpicos de invierno de PyeongChang 2018 ha sido testigo de un evento cuidadosamente coreografiado y tecnológicamente saturado que incluía el uso de más de mil doscientos drones y un montón de rostros hermosos, algunos probablemente cincelados artificialmente, excepto los niños que eran naturalmente hermosos como la mayoría de los niños lo son. Este evento sirvió para mostrar al mundo una imagen pulida de Corea con tintes históricos y simbólicos. Sin duda, todos los países que acogen este tipo de eventos hacen lo posible por presentar una imagen pulida al mundo. Por lo tanto, Corea no es una excepción. Sin embargo, me pregunto si los coreanos que se han visto afectados por alguna de las tragedias recientes, e incluso los coreanos en general, por muy orgullosos que estén y deban estar de los avances económicos y tecnológicos de su país, podrían identificarse con la lustrosa imagen de Corea presentada al mundo durante la ceremonia de inauguración. Una encuesta informal y no científica realizada a algunos de mis amigos coreanos me dice que, por muy orgullosos que se sientan los coreanos de ser anfitriones de los Juegos Olímpicos de invierno de 2018, algunos de hecho no se identificaron con la ceremonia de apertura. Este ejercicio de relaciones públicas no difiere de la costumbre que tienen los coreanos a nivel micro de revisar su imagen en espejos situados en lugares públicos, ya sea en un ascensor o en el vestíbulo de un edificio, para asegurarse de que tienen el mejor aspecto ante el mundo, su piel está resplandeciente y cada pelo está en su sitio, ya sea que refleje o no la realidad.

Detrás de la fachada pública, la tormenta perfecta

No es de extrañar que la estelar trayectoria económica y tecnológica del país haya ido acompañada de dolores de crecimiento, desafíos y trágicas catástrofes. Otros países desarrollados o en vías de desarrollo que han madurado desde una etapa agraria, pasando por la Revolución Industrial, hasta llegar a la Era de la Información, también se han encontrado con dolores de crecimiento similares. Uno de estos retos para Corea fue lo que se conoció como la crisis del FMI (hacia 1997–2001), durante la cual el país se recuperó para superar una crisis económica aceptando duras medidas de austeridad, liberalizando su comercio, reestructurando su gobierno corporativo y pagando un préstamo de rescate del FMI sin precedentes tres años antes de lo previsto. En la actualidad, aunque la economía coreana es la duodécima más grande del mundo, según el FMI y el Banco Mundial, el país se enfrenta a duros retos macroeconómicos. Algunos incluso podrían decir que estos retos pueden estar señalando las condiciones propicias para una tormenta perfecta, que se avecina en el horizonte. Algunos de estos retos son los siguientes:

» una tasa de fecundidad baja desde hace mucho tiempo,

» una inmigración limitada que no compensa el impacto económico de una tasa de fertilidad baja,

» una población cada vez más envejecida que requiere un gasto adicional en servicios sociales,

» un aumento de la brecha entre los ricos y los pobres,

» los precios del mercado inmobiliario están por las nubes, impulsados por unos tipos de interés muy bajos, lo que puede fomentar las inversiones especulativas en el sector inmobiliario, sobre todo en grandes ciudades como Seúl y Busán, y hacer menos atractivas otras inversiones,

» una elevada tasa de trabajadores autónomos que constituye un alto porcentaje de la población económicamente activa,

» una elevada tasa de quiebra de pequeñas empresas familiares,

» una tasa récord de desempleo juvenil,

» una elevada tasa de «daños intencionados» como principal causa de muerte entre los jóvenes de nueve a veinticuatro años.

Es cierto que varias economías capitalistas, incluida la de Estados Unidos, están experimentando condiciones similares, como una baja tasa de fertilidad persistente, un envejecimiento de la población cada vez mayor, un aumento de la brecha entre los que tienen y los que no tienen, precios inmobiliarios elevados y tipos de interés bajos. Sin embargo, algunas de las condiciones imperantes, como la elevada tasa de trabajadores autónomos, no existen en Estados Unidos ni en otros países desarrollados. Otra ventaja en países como EE. UU. es que, históricamente, la inmigración ha compensado el impacto económico de una tasa de fertilidad baja. La tasa de fecundidad, medida por el total de nacimientos por mujer, en EE. UU. fue inferior a 2.0 desde 1973 hasta 1988 y, de nuevo, desde 2010 hasta 2017.[18] Otros países además de Corea, como Japón, se han enfrentado o se enfrentan a condiciones similares causadas por circunstancias comparables, incluyendo una baja tasa de fertilidad, una población cada vez más envejecida, una inmigración limitada que no logra contrarrestar el impacto económico de una tasa de fertilidad persistentemente baja, y los precios inmobiliarios por las nubes. Sin embargo, Corea tiene también algunos aspectos culturales únicos que pueden agravar el panorama de la tormenta perfecta.

Varias razones nos llevan a Young Lee y a mí a creer que el pronóstico de tormenta perfecta potencial de Corea puede ser más pronunciado que en otros países capitalistas. Algunas de las diferencias entre Corea y otros países capitalistas parecen tener un origen cultural, como las políticas de inmigración. Corea dificulta la inmigración y esa es una de las razones por las que la nación se ha mantenido homogénea. Como ya se ha dicho, otros países capitalistas, como Estados Unidos, han estado históricamente más abiertos a la inmigración, lo que ha ayudado a contrarrestar el impacto económico de una tasa de fertilidad baja. Young Lee y yo no sugerimos que la liberalización de la inmigración sea la solución para Corea, ya que puede agravar no sólo la elevada tasa de desempleo juvenil, sino el desempleo en general.

La proliferación y el alto costo de la educación privada es otra condición especialmente pronunciada en Corea. Esta condición contribuye a que los padres tengan unos ahorros para la jubilación relativamente limitados. Debido al énfasis único en la educación privada y a los tipos de interés persistentemente bajos, su inversión suele concentrarse en la propiedad de la vivienda. En consecuencia, si los precios de los inmuebles disminuyen considerablemente, el impacto en el patrimonio neto de los padres será mucho más grave. Además, la eficiencia de los costos, el alto grado de competencia en el mercado laboral y la limitación de los puestos de trabajo hacen posible que los empresarios empujen a los coreanos a la «jubilación» a partir de los cuarenta a cincuenta años. Estos «jubilados forzados» tienen muy pocas opciones fuera de convertirse en empresarios y trabajadores autónomos, a menudo sin mucha formación en materia de emprendimiento y gestión empresarial. Como se ha mencionado anteriormente, Corea tiene uno de los porcentajes más altos de propietarios de pequeñas empresas entre las naciones desarrolladas. Esto es muy diferente de lo que ocurre en otros países capitalistas desarrollados, donde el porcentaje de pequeñas empresas en propiedad se sitúa por debajo del 12% de la población económicamente activa y a menudo se queda en un solo dígito. La brutal competencia entre las pequeñas empresas también provoca una elevada tasa de quiebras. Dado que la economía coreana es relativamente pequeña en comparación con otros países capitalistas desarrollados, un alto índice de quiebras en este segmento de empresas e industrias tiene un impacto más considerable en la economía.

Directamente relacionados con el problema del elevado desempleo juvenil hay dos factores. En primer lugar, la democratización de la enseñanza superior ha provocado un enorme reto de inflación de títulos al graduar anualmente a más jóvenes con título de licenciatura de los que la economía puede absorber. La inflación de títulos, sin embargo, va más allá de los bachilleres. El entorno competitivo del mercado de trabajo ha llevado a las personas que desean obtener una ventaja en el mercado laboral a obtener títulos de postgrado en un número superior al que necesita la economía. Estas acciones han exacerbado el abrumador desafío de la inflación de títulos y han impulsado la competencia por los puestos de trabajo a un nivel aún más alto. En segundo lugar, el desequilibrio económico causado por la concentración de la riqueza y los recursos en los conglomerados o *chaebols* también ha contribuido al elevado desempleo juvenil. Cuando la economía se ralentiza, las grandes empresas, así como las medianas, reducen naturalmente sus contrataciones. De ahí que cualquier aumento del desempleo se aplique demográficamente y el empleo juvenil suele ser el primero en verse afectado.

Los bajos tipos de interés generalizados presentan otros posibles problemas macroeconómicos, aparte de la tendencia del pueblo a buscar inversiones de riesgo que generen mayores rendimientos. Una de esas opciones es el sector inmobiliario. Las inversiones especulativas desenfrenadas a menudo hacen que la propiedad inmobiliaria sea difícil de pagar para una gran parte de la población y pueden acabar mal creando burbujas económicas y perjudicando a los inversores, además de dañar la economía en general. Normalmente, los tipos de interés ultra bajos también pueden contribuir a la fuga de dinero al extranjero. Sin embargo, cualquier cambio en los tipos de interés debe abordarse con cautela, teniendo en cuenta el posible impacto negativo en la ya elevada tasa de quiebra de las pequeñas empresas familiares que pueden tener préstamos pendientes. También hay que tener en cuenta los posibles efectos adversos sobre las hipotecas existentes, que pueden haber sido generadas por un frenesí especulativo y por familias dispuestas a sacrificar todo, incluso a pedir dinero prestado, para permitir a sus hijos la mejor educación privada posible.

Por estas razones, Young Lee y yo pensamos que Corea tiene un capitalismo con sabor más concentrado y, por lo tanto, una tormenta perfecta más desafiante puede estar asomando en el horizonte que en otras naciones desarrolladas en circunstancias similares. Las adversidades económicas parecen más desalentadoras dados los factores culturales únicos. Estos retos combinados pueden estar señalando la tormenta perfecta que el Gobierno y los líderes empresariales coreanos, así como el público, deben afrontar juntos. Sin embargo, es esencial reconocer que estas cuestiones requerirán soluciones a largo plazo y no a corto plazo, que el pueblo ha favorecido y tolerado históricamente. El énfasis en la eficiencia que impregna toda la cultura, que se refuerza a través de una educación privada centrada en la preparación de exámenes, puede estar incitando a algunas personas a culpar del actual estado de las cosas a la presente administración. Esta reacción no difiere mucho de la actitud de la ciudadanía tras un accidente grave, que busca un chivo expiatorio, identifica a los principales culpables y a los responsables, los castiga y vuelve a la normalidad lo antes posible.

Algunas personas se están impacientando con la tendencia de la actual administración a proponer lo que se considera soluciones a corto plazo, parches para los desafíos sistémicos. Las soluciones a corto plazo pasan por alto el hecho de que muchos de estos problemas se han estado desarrollando durante muchos años, incluso antes de que la actual administración asumiera el cargo. Las actitudes sociales alimentaron estos problemas y patrones de comportamiento que reflejan la naturaleza competitiva de la nación y el énfasis en la eficiencia.

Indicadores de felicidad

Es muy interesante observar que, aunque Corea del Sur se ha vuelto más próspera como país en términos de PIB y RNB per cápita, y los coreanos parecen poner un mayor énfasis en el materialismo, la eficiencia y las ganancias financieras a corto plazo, la clasificación de Corea en el Informe Mundial de la Felicidad cayó de manera significativa del puesto cuarenta y uno en 2012 al cincuenta y siete en 2017. Luego, en 2018, aumentó ligeramente hasta el puesto cincuenta y cuatro de los 156 países que informan.

Según el informe: «las clasificaciones generales de la felicidad de los países se basan en los resultados agrupados de las encuestas de Gallup World Poll de 2015 a 2017, y muestran tanto cambios como estabilidad».[19] Los resultados de la encuesta están organizados por países. Por lo tanto, la comparación del ranking de felicidad de Corea de 2012 a 2017 y 2018 proporciona una indicación de cómo los propios coreanos ven su nivel de felicidad en base a los resultados de la encuesta de esos dos años. En otras palabras, basándose en la caída de la clasificación, los resultados de la encuesta nos indican que los coreanos consideran que fueron menos felices en 2017 y 2018 que en 2012.

El informe de 2017 identifica las siguientes seis variables que sustentan el bienestar:

El PIB per cápita, los años de esperanza de vida saludable, el apoyo social (medido por tener a alguien con quien contar en tiempos difíciles), la confianza (medida por la percepción de ausencia de corrupción en el Gobierno y las empresas), la percepción de libertad para tomar decisiones en la vida y la generosidad (medida por las donaciones recientes). Los diez primeros países se sitúan en una posición alta en estos seis factores.[20]

Dado que Corea va tan bien en muchos ámbitos y, sin embargo, su nivel de felicidad disminuyó de 2012 a 2017, dos de las variables merecen cierta atención: la confianza, medida por la percepción de ausencia de corrupción en el Gobierno y las empresas, y la RNB per cápita, antes denominada PIB per cápita.

En lo que respecta a la confianza medida por la percepción de ausencia de corrupción en el Gobierno y las empresas, esta medida de felicidad en particular debería dar pie a la reflexión de los políticos, los líderes empresariales y el público en general, sobre todo en vista de la historia reciente del país en el nivel más alto del Gobierno. Depende de toda la nación coreana determinar si el país tiene la fortaleza para erradicar este cáncer o seguir viviendo con él.

Si nos centramos en la RNB per cápita, Corea parece ir bien según las últimas estadísticas del Gobierno. Sin embargo, ¿cuál es la calidad del crecimiento alcanzado? El Informe Mundial sobre la Felicidad 2017 citado anteriormente subraya la importancia de hacer hincapié tanto en la felicidad como en la RNB per cápita. La directora del Programa de las Naciones Unidas para el Desarrollo es citada en el informe hablando en contra de lo que denominó «la tiranía del PIB», en su lugar:

> ...argumentando que lo que importa es la calidad del crecimiento[:] «Prestar más atención a la felicidad debería formar parte de nuestros esfuerzos para lograr tanto el desarrollo humano como el sostenible».[21]

La clasificación del *Informe Mundial sobre la Felicidad* es extremadamente significativa y debe tomarse en serio porque los seres humanos, por naturaleza, se esfuerzan por ser felices. Además, la felicidad es una métrica que puede utilizarse para determinar el progreso humano.

La búsqueda de la felicidad por parte del pueblo coreano se refleja en sus acciones y su cultura. Por ejemplo, los padres quieren que sus hijos sean felices, por lo que hacen todo lo posible para que reciban la mejor educación posible. Saben que, si lo hacen, aumentarán las posibilidades de éxito de sus hijos en un entorno competitivo. Si estos tienen éxito, les proporcionarán la mejor educación posible a sus hijos también. Ellos también serán felices y el ciclo se repetirá. Sin embargo, cuando la vieja fórmula del éxito y la felicidad se vuelve cada vez menos fiable a pesar de los sacrificios y el esfuerzo realizados tanto por los padres como por los hijos, se deduce que la gente expresará un menor nivel de felicidad.

Sustainable Development Solutions Network (La Red de Soluciones para el Desarrollo Sostenible) ha publicado el informe anualmente desde 2012. Según la iteración del informe de 2017:

> [Se publicó]... en apoyo de la Reunión de Alto Nivel de la ONU sobre la felicidad y el bienestar. Desde entonces hemos recorrido un largo camino. La felicidad se considera cada vez más la medida adecuada del progreso social y el objetivo de las políticas públicas.[22]

Entonces, pregunto: ¿es la felicidad uno de los objetivos de las políticas públicas en Corea?

Este descenso sustancial de Corea en la clasificación del *Informe Mundial de la Felicidad* parece coincidir con otro posible indicador de felicidad que he analizado en este libro y que parece ser un signo de angustia, que es el uso del término *infierno de Joseon* por parte de jóvenes desencantados y posiblemente privados de sus derechos. Como ya se ha comentado, parece ser su forma de expresar su aparente rechazo al estado actual de las cosas, incluso el elevado desempleo juvenil, así como

409

la naturaleza competitiva de la sociedad coreana en general, y la promesa incumplida del tradicional y bien establecido camino hacia el «éxito», que incluye una alta dosis de costosa educación privada y sacrificio. Este descontento entre los *millennials* por el estado de las cosas parece ser una llamada al cambio. Algunos pueden argumentar que esta condición sólo se aplica a un pequeño subconjunto de la población coreana. Sin embargo, en una sociedad libre, el cambio social a menudo no se origina con las masas detrás de una causa, sino con un grupo de ciudadanos que expresan su descontento con una injusticia causada por una condición social. Sus voces sensibilizan a otros que también están afectados o que pueden simpatizar con la causa, y finalmente las voces se hacen más fuertes y la sociedad en general presta atención a las peticiones de cambio.

Otro segmento de la población que parece verse afectado negativamente por el entorno económico extremadamente competitivo de la nación está compuesto por personas que forman parte de la población activa pero que se ven obligadas a jubilarse anticipadamente a partir de los cuarenta a cincuenta años. Son especialmente vulnerables desde el punto de vista financiero si son padres y han tenido que echar mano de sus ahorros para la jubilación para pagar la costosa educación privada y la matrícula universitaria de sus hijos. A esa edad, siguen siendo ciudadanos productivos con obligaciones familiares. Sin embargo, la sociedad les está obligando a abandonar la población activa. Por lo tanto, si desean seguir siendo ciudadanos productivos y autosuficientes, no les queda más remedio que arriesgarse económicamente incorporándose a las filas de los trabajadores autónomos con poca o ninguna formación en gestión empresarial. Aunque este segmento de la población no utiliza el término *infierno de Joseon*, es comprensible el nivel de estrés de su situación.

El descenso en la clasificación de Corea en el *Informe Mundial sobre la Felicidad* parece triangular con la tasa de suicidio relativamente alta del país. Según el World Health Rankings, basado en datos de la Organización Mundial de la Salud de 2017, las 16,078 muertes por suicidio en Corea representaron el 6.56% del total de muertes: «La tasa de mortalidad ajustada por edad es de 24.21 por cada 100,000 habitantes, lo que sitúa a Corea del Sur en el puesto número 10 del mundo».[23] Estos dos indicadores, así como la elevada tasa de daños intencionados que se ha identificado como la principal causa de muerte entre los jóvenes de nueve a veinticuatro años, y la insatisfacción con las condiciones actuales de Corea expresada por los jóvenes deberían levantar una bandera roja entre los responsables políticos y el público en general.[24] Estos factores, entre otros, no son en absoluto triviales, sobre todo para un país que tiene la cuarta economía de Asia y la duodécima del mundo. ¿Es este el precio que tiene que pagar el pueblo por alcanzar el éxito económico? ¿El fin justifica los medios? ¿En qué momento la balanza se inclina hacia el lado de ser humano y nos preocupamos de verdad por los demás como seres humanos, frente a ser eficiente en aras de lograr una prosperidad económica que no alcanza la verdadera felicidad?

Dada la trayectoria estelar de Corea desde el final de la guerra de Corea, no sería sorprendente que personas de otros países, como China, Vietnam y muchos otros, se fijaran en Corea como modelo a seguir en la búsqueda del éxito económico y tecnológico. No se puede subestimar el poder del cine, la televisión y los medios de comunicación. Como hemos visto, hoy en día Corea exporta su cultura moderna y de alta tecnología a través de las imágenes brillantes, los rostros finamente esculpidos y el glamour extravagante de las telenovelas, las películas, el K-Pop y los eventos deportivos mundiales. Antes de emprender un camino similar, convendría que otros países en desarrollo que deseen emular a Corea tomaran en cuenta el precio que los coreanos, tanto adultos como niños, han tenido que pagar en el proceso de alcanzar logros económicos y tecnológicos en la escena internacional. En las décadas de 1950, 1960 y

1970, mientras Corea se recuperaba de los estragos de la guerra de Corea, Japón desempeñaba un papel de liderazgo económico y tecnológico entre los países asiáticos. Ahora, es el turno de Corea. El país que sustituya a Corea en esta envidiable posición se beneficiaría enormemente si estudiara no sólo los éxitos, sino también las áreas en las que Corea se ha quedado corta. De igual importancia sería un examen de las tendencias de comportamiento, tanto culturales como capitalistas, que impulsaron el éxito del país, como el énfasis en la eficiencia y las ganancias financieras a corto plazo a toda costa, incluso la seguridad pública.

NOTAS

1. "Crecimiento del PIB (% anual) – Corea, rep.," *The World Bank*, consultado el 22 de junio de 2019, *data.worldbank.org*.

2. "Trabajadores irregulares", traducido por Young Lee, *Wikipedia.com*, consultado el 23 de octubre de 2019". *ko.wikipedia.org*.

3. Park Yoon-Bae, "Los viejos hábitos tardan en morir", *The Korea Times*, 4 de junio de 2014, *koreatimes.co.kr*.

4. Lee Jung-Soo, "La seguridad antes que el dinero: La gente tiene que cambiar para que el país / Gobierno cambie", *The Seoul Times*, traducido por Young Lee, 16 de abril de 2018, *theseoultimes.com*.

5. «Con retraso, todo el mundo se da cuenta ahora de lo peligroso que es este problema [estacionamiento aleatorio o liberal]. Nos hemos enterado de que en el incendio mortal de la ciudad de Jecheon en diciembre [de 2017], más de veinte coches se alinearon a lo largo de los callejones y pasajes, para bloquear el acceso de los camiones de bomberos y retrasar las operaciones de rescate. Como lo ocurrido allí puede repetirse en otras grandes ciudades del país, el público lo percibe ahora como un importante problema de seguridad social.

En respuesta, se han modificado recientemente las leyes pertinentes para dotar a los bomberos sobre el terreno de más discreción y autoridad en situaciones de emergencia: Los coches estacionados ilegalmente pueden ser apartados del camino, remolcados o incluso destruidos, cuando sea necesario, sin... preocuparse por los problemas de responsabilidad e indemnización asociados. Una enmienda adecuada, sin duda.

Hay otros cambios normativos que deben hacerse. Las sanciones deberían hacerse efectivas y aplicarse de forma más estricta. Habría que imponer la obligación de acreditar el espacio de estacionamiento a los constructores de edificios e instalaciones de, al menos, determinados tamaños. Tal vez habría que exigir a los restaurantes que no disponen de plazas de estacionamiento propias que demuestren cómo van a gestionar los coches de sus clientes antes de poner en marcha las cabinas de aparcacoches. Ahora mismo, los propietarios [de restaurantes] ganan dinero por el aumento de clientes, los operadores de aparcacoches también ganan dinero si estacionan el mayor número de coches posible, y los clientes también se benefician porque pueden olvidarse de sus coches [al llegar] a un restaurante. El precio de estas ganancias y beneficios lo pagamos todos.

Lo más importante es que la actitud del público cambie. El estacionamiento aleatorio o liberal, como quiera que se llame, no es una práctica inevitable o consentida en Seúl. Ahora se ha convertido en un grave problema de seguridad social». Lee Jae-Min, "El estacionamiento liberal no es una práctica aprobada", *The Korea Herald*, consultado el 23 de octubre de 2019, *koreaherald.com*.

6. "Hongik Ingan", *Wikipedia*, consultado el 1 de septiembre de 2019, *Wikipedia.com*.

7. Robert W. Compton, *Transformación de la política nacional e internacional de Asia oriental: El impacto de la economía y la globalización*, Nueva York: Ashgate Publishing, 2012, p. 109.

8. La Oficina del Distrito ordenó una inspección de seguridad de emergencia de la estructura y «determinó que la seguridad del edificio estaba en el nivel E, el más bajo en su índice de medición de seguridad». "Incesantes fallas de seguridad", *The Korea Times*, consultado el 31 de marzo de 2019, *koreatimes.co.kr*.

9. "Informe del Gobierno coreano sobre la 4ª revolución industrial y el crecimiento innovador", *Naver*, traducido por Young Lee, 24 de enero de 2018, *n.news.naver.com*.

10. "Misión y Visión", *Korail*, consultado el 23 de octubre de 2019, *info.korail.com*.

11. Lee Suh-Yoon, "Korail bajo más presión tras un nuevo accidente", *The Korea Times*, consultado el 23 de octubre de 2019, *koreatimes.co.kr*.

12. Ibid.

13. Ibid.

14. Ibid.

15. Ibid.

16. "Incesantes fallas de seguridad"

17. Ibid.

18. "Tasa de fecundidad total (de nacimientos por mujer)", *The World Bank*, consultado el 23 de octubre de 2019.

19. J. Helliwell, R. Layard, y J. Sachs, *Informe sobre la felicidad en el mundo 2018*, Nueva York: Sustainable Development Solutions Network, 2018.

20. J. Helliwell, R. Layard, y J. Sachs, *Informe sobre la felicidad en el mundo 2017*, Nueva York: Sustainable Development Solutions Network, 2017.

21. Ibid.

22. Ibid.

23. "Corea del Sur: Suicidio", Clasificación mundial de la salud, consultado el 23 de octubre de 2019, *worldlifeexpectancy.com*.

24. Ibid.

Agradecimientos

Estamos muy agradecidos con Ana Greenberg no sólo por su inestimable contribución a este proyecto, sino por creer en él. Su esfuerzo, dedicación y compromiso son especialmente dignos de mención dados los retos de nuestro tiempo. Su pasión por el proyecto nos motivó a seguir adelante con convicción. Su consideración, minuciosidad, profesionalismo y, sobre todo, su compasión por la condición humana son una verdadera inspiración. Juntos, hemos superado los obstáculos y alcanzado la visión que inicialmente nos propusimos. Gracias.

Made in the USA
Middletown, DE
09 November 2021